敬赠：郑可馨留念

望小姑娇娇勿忘中

华文化

小姑夫

乙未年九月初五

公元2015年10月17日

唐诗三百首

中华经典藏书

顾青 编注

中华书局

前　言

　　一代有一代之文学,诗歌作为唐代的主要文学形式,在唐朝二百八十九年间发展到了高度成熟的阶段,诸体完备,名家辈出,流派众多。至今流传下来的诗作有五万多首,可考的诗人有两千八百馀人。在唐诗的普及和流播过程中,历代唐诗选本难以胜数,其中流传最广、在中国民间影响最大的是《唐诗三百首》。著名学者钱锺书先生曾在他的诗集序言中回忆《唐诗三百首》对自己的影响:"余童时从先伯父与先君读书,经、史、古文而外,有《唐诗三百首》,心焉好之。独索冥行,渐解声律对偶。"(钱锺书:《槐聚诗存·序》,生活·读书·新知三联书店2002年版)而作家王蒙在《非常中国》中赞道:"最能表达汉语汉字的特色的,我以为是中国的旧诗。一个懂中文的华人,只要认真读一下《唐诗三百首》,他或她的心就不可能不中国化了。"

　　《唐诗三百首》编成于清乾隆二十八年(1763),仅署名"蘅塘退士",直到上世纪五十年代经过一些学者的考证,才确知他为孙洙。其生平事迹从清顾光旭编《梁溪诗钞》卷四十二、窦镇《名儒言行录》卷下、《锡金游庠同人自述汇刊》之《孙谔鸿自述》(孙谔鸿乃孙洙五世孙)可知:孙洙(1711—1778),字临西,或作苓西,别号蘅塘退士,江苏无锡人。乾隆十六年（1751）进士，历官直隶大城、卢龙、山东邹平知县。乾隆二十七年（1762），任山东乡试同考官，后改江宁府儒学教授。少年时家贫，"隆冬读书，恒以一木握掌中，谓木生火，可御寒"。晚年归里，著有《蘅塘漫稿》。他的继室徐兰英善书工诗，《无锡县志》和《清朝书画家笔录》均有小传，曾得过御赐"江南女士"的印章。乾隆二十八年（1763），夫妻二人切磋商讨，编成这部唐诗选作为家塾课本。

《唐诗三百首》在编定之初曾达到家弦户诵，"风行海内，几至家置一编"（见乾隆十一年仲夏月中浣四藤吟社主人《唐诗三百首序》）的流行程度。迄今二百馀年来仍在启蒙教育、培养人们的审美感受、陶冶艺术趣味等方面发挥着不可忽视的作用。《唐诗三百首》所发挥的巨大文化功能与其选诗标准和编选体例有着直接的关系。

蘅塘退士在自序中明确申明自己的选诗标准是："专就唐诗中脍炙人口之作，择其尤要者"，"俾童而习之，白首亦莫能废"，即所选择的唐诗都是精品中的精品，是长幼咸宜、雅俗共赏的篇章。由此可见，蘅塘退士所确定的这个选诗标准是非常高的，而实际上《唐诗三百首》也的确达到了这一要求。据统计，《唐诗三百首》选诗三百一十馀首，其中二百七十首见于王士禛编选的《古诗选》、《唐贤三昧集》、《唐人万首绝句选》，有二百三十九首见诸沈德潜《唐诗别裁集》，其馀则见于明高棅的《唐诗品汇》、明唐汝询的《唐诗解》等著名唐诗选本中。从所选的具体诗人和诗作看，突出盛唐和晚唐两个时期。盛唐时期突出了王维、孟浩然、李白、杜甫和韦应物,晚唐时期则突出杜牧和李商隐。抓住重点诗人的代表诗作,仅这七位诗人的作品就选录一百五十七首之多,占到全书的二分之一强。在这些具有代表性的诗人当中,编者在选取他们的作品时,并没有平均使用力量,而是抓住他们所擅长的诗歌体裁,选取他们成就最高的代表作,如选取杜甫诗歌共三十九首,其中他最擅长的律诗占到二十三首,选取最能体现李白个性和风格的古体诗和乐府诗合计十九首,占所选李白二十九首诗篇的近三分之二,选录李商隐诗二十四首,其中选取李商隐最擅手的律诗十五首,也占到近三分之二比例。如此重点突出,使全书的作品成为最优的选择。白居易的诗入选六首,数量不多,但因选入了《长恨歌》、《琵琶行》两篇脍炙人口的长篇"感伤诗",使得白居易在书中占据了特殊的位置。

为全面反映唐诗的整体风貌,避免出现见树不见林的问题,在突出重点的同时,《唐诗三百首》还注意选取上至皇帝、宰执,下到僧人、歌女,反映社会各个阶层的社会生活的诗人和诗作,即使如綦毋潜、王之涣、金昌绪、马戴等存诗不多的诗人,只要有脍炙人口之作也不遗漏。在诗作题材上,无论山水田园、咏史怀古、登山临水,还是赠别怀远、边塞出征、思妇宫怨等等,只要是经典诗歌便予以录入。因此,虽然《唐诗三百首》所选诗人共七十七家,此外还有一位无名氏,仅占唐代可考诗人的 2.79%,但诗人和诗作却囊括了唐代最著名的诗人和各流派优秀的诗篇。所有这些诗作或慷慨激昂、或哀怨悲歌、或飘逸豪放、或沉郁顿挫,但总体却都符合当时温柔敦厚、怨而不怒的"雅正"、"中正和平"(沈德潜《唐诗别裁序》)的诗教要求。

蘅塘退士自序中还在批评《千家诗》的同时确立自己的编排体例,认为《千家诗》:"其诗随手掇拾,工拙莫辨,且止五七律绝二体,而唐宋人又杂出其间,殊乖体制。"因此,《唐诗三百首》八卷,力避《千家诗》的缺欠,按诗体分为五言古诗、七言古诗、五言律诗、七言律诗、五言绝句、七言绝句六大类,并单列乐府诗于每类之后,囊括了唐代诗歌的全部体裁。这种先古体后律体、绝句的诗体安排一方面是唐代诗歌发展历程的体现,另一方面也是对自唐以来要求从古体入律体的学诗传统的秉承。古体诗风格简劲、有风骨,以抒情言志为职能;而律诗因声律、对仗要求复杂,起初主要用于宫廷贵族宴游,颇有逞才角技意味。因此从唐殷璠《河岳英灵集序论》开始就分别以风骨与声律论古体和律体,唐人便主张学诗从古体着手以确立情志为本的主干,避免舍本逐末,只追求调声逐对。蘅塘退士认为《千家诗》作为童蒙读本却只编选五七律绝二体便步入了轻情志逐声对的歧途。

曾有人对在五古、七古、七律、五绝、七绝后附列乐府很不以为然,认为蘅塘退士按乐府的句式和字数在六类后硬分派相应的乐府讲不通,这是以宋郭茂倩《乐府诗集》按乐府曲调分类标准衡量的结果。其实,蘅塘退士出于"为家塾课本"的编选目的,更多考虑的是如何便于吟诵和利于学习诗歌,并且,乐府和古体、律体、绝句在形式上虽有相似之处,但体制源流上是有区别的,单列一则更能体现其初期与音乐关系密切的特殊性,再则也更明显见出律诗由乐府发展而来的文学演进轨迹。

《唐诗三百首》自编成以来,屡刻每有增补,有三百一十三首、三百一十七首、三百二十一首等不同版本。此次以二十世纪五十年代中华书局刊印的光绪间日本四藤吟社刊本为底本,进行了重新注释整理。所做的工作主要有:

一、参校相关的总集、别集,改正了原刻的错讹并删落蘅塘退士的批注和陈婉俊的补注。

二、在每种诗体前都向读者介绍了此类诗体的基本情况,如大致发展衍变,写作要求、风格特点等,使读者在"熟读唐诗三百首,不会吟诗也会吟"时获得简明的理论指点。

三、借鉴最新研究成果写作诗人小传,除介绍诗人生卒、籍贯、仕履、作品存佚外,主要描述其创作特点和艺术风格,以期利于读者全面把握诗人的艺术成就。

四、在每首诗的第一个注释里进行解题,即大致提示诗歌内容或主旨,甚至只是点明诗歌题材类别或创作背景,尽量不对诗歌意境和思想内容做过多解释,以免给读者先入为主的印象束缚了思维,但对特别曲折隐晦的也做了比较详细的讲解,所坚守的原则是:既可以使读者在"书读百遍,其义自见"过程中享受到"发现"的审美乐趣和愉悦,又有利于读者形成自己独特的认识和阅读感受。

五、每首诗歌都进行了注释,侧重疑难字词的注音、解释和典故名物的介绍说明，并对个别诗句做了详细的注释和疏解，帮助读者由了解而进入欣赏的境界。

唐诗集先秦以降中国古典诗歌之大成，同时又开启此后一切诗体形式和诗歌流派之渊源。但愿我们的工作能对现代读者更方便、更准确、更"历史"地理解和欣赏唐诗中这三百多首最优秀的篇章有所助益。

编注者
2009 年 6 月

目　录

五言古诗三十三首

乐府七首

七言古诗二十八首

乐府一首

五言绝句二十九首

乐府八首

乐府九首

五言古诗 三十三首

　　五言古诗,又称五言古风,简称"五古",古体诗的一种,形成于汉、魏时期。每句字数为五个,每篇句数不拘,不求对仗,但一般遵守"拈二"原则,即每句的第二个字要尽量依照粘对原则。平仄和用韵比较自由,可用仄声韵,也可转韵。其内容"非指言时事,即感伤己遭"(胡震亨)。五言古诗篇幅短者,一般直赋其情或比兴寄托,较长者可叙事、议论、抒情。风格以高古、雄浑、有风骨为正。

　　五言古诗在唐代较为流行,唐人的五古笔力豪纵,气象万千,其代表作家有李白、杜甫、王维、孟浩然、韦应物等。

张九龄

张九龄(678—740),一名博物,字子寿,韶州曲江(今广东韶关)人。长安二年(702)中进士。张九龄守正嫉邪,敢言直谏,被视为开元贤相。有《曲江张先生文集》二十卷传世,《全唐诗》存其诗三卷。

张九龄的诗作,最为人称道的是他的五言古诗,词旨冲融,委婉深秀,上追汉魏而下开盛唐;尤其是《感遇》十二首,感事寄兴,历来与陈子昂的《感遇》三十八首并称。明胡震亨在《唐音癸签》中说:"张曲江五言以兴寄为主,而结体简贵,选言清泠,如玉磬含风,晶盘盛露,故当于尘外置赏。"清沈德潜在《唐诗别裁集》中说:"唐初五言古渐趋于律,风格未遒。陈正字(子昂)起衰而诗品始正,张曲江继续而诗品乃醇。"清管世铭在《读雪山房唐诗钞序例》中说:"张曲江襟情高迈,有遗世独立之意,《感遇》诸诗,与子昂称岱、华矣。"

感　遇①二首

张九龄

兰叶春葳蕤②,桂华秋皎洁③。
欣欣此生意④,自尔为佳节⑤。
谁知林栖者⑥,闻风坐相悦⑦。
草木有本心,何求美人折⑧。

注释:

①原诗共有十二首,作于唐开元二十五年(737)张九龄被贬
　为荆州长史时。本诗借歌咏兰草和桂花抒发自己不慕权

贵、不求名利的高尚情操。

②兰:即兰草,古人视兰草为香草,用来比喻高洁的操守。葳
蕤(wēiruí):指草木枝叶茂盛的样子。

③桂华:即桂花,也是香草。古人常以"兰桂"连称。皎洁:
明净。

④欣欣:欣欣向荣,指草木蓬勃茂盛。生意:即生机。

⑤自尔:从此。佳节:指春秋二季因为有了兰桂而成了最好
的季节。

⑥林栖者:指山林隐士。

⑦闻风:指沐浴在兰桂的芬芳里。坐:因。悦:爱,赏。

⑧"草木"二句:春兰和秋桂竞相开放,吐露芬芳是它们的天性,
并不是为了取悦于人,让人摘取欣赏的。作者以此比喻自
己要尊从美好的天性,行芳志洁,而不求人赏识,博取名利。
本心,本质,天性。

江南有丹橘①,经冬犹绿林②。

岂伊地气暖③,自有岁寒心④。

可以荐嘉客⑤,奈何阻重深。

运命惟所遇,循环不可寻⑥。

徒言树桃李,此木岂无阴⑦。

注释:

①橘为嘉木,屈原曾作《橘颂》,称赞它志向高洁。此诗是作
者借歌咏丹橘,来倾诉遭受排挤的愤懑心情,进而表达自
己坚贞不屈的态度。丹橘:红橘。

②经冬:经过了整个冬天。犹:尚,还。

③岂：难道。伊：那里，此指江南。

④岁寒心：据《论语·子罕》，孔子有"岁寒，然后知松柏之后凋也"之语，后用以比喻节操坚贞。此指橘具有耐寒的本性。

⑤荐：赠给。

⑥"运命"二句：人的命运只能随境遇的起伏沉降而定，循环往复，其中的道理没法预料追寻。运命，犹言命运。

⑦"徒言"二句：只听有人说种桃树、李树，能得其荫，能吃其果实，难道这橘树就没有绿荫吗？树桃李，《韩诗外传》记载，赵简子说："春树桃李，夏得阴其下，秋得食其实。"树，种植。阴，同"荫"。

李　白

　　李白（701—762），字太白，号青莲居士。祖籍陇西成纪（今甘肃秦安），出生于中亚碎叶城（今吉尔吉斯斯坦托克马克城）。五岁时随父迁回四川绵州彰明（今属四川江油）。二十五岁出蜀漫游，仗剑任侠，访道学仙，纵酒赋诗，结交文友，狂放个性和天赋诗才闻名遐迩。贺知章见到他的《蜀道难》诗，称之为"谪仙人"。天宝元年（742），李白应诏入京，供奉翰林，受到唐玄宗特殊的礼遇，但唐玄宗只是把他当作一个清客。天宝三年（744）春天，因权贵谗毁，被玄宗"赐金放还"。至洛阳，与杜甫、高适相会，同游梁宋、齐鲁。安史之乱中，李白隐卧庐山，永王李璘东巡，被召至幕中。至德二年（757），李璘谋乱兵败，李白受牵连，流放夜郎（今贵州桐梓），途中遇赦而回。宝应元年（762）在其族叔当涂令李阳冰处病逝。

　　李白是个天才的诗人。杜甫称赞他"白也诗无敌，飘然思不群"(《春日忆李白》)、"笔落惊风雨、诗成泣鬼神"(《寄李十二白二十韵》)。王安石曾用李白本人的诗句形容他的诗"清水出芙蓉，天然去雕饰"(宋胡仔《苕溪渔隐丛话》前集卷五)。裴敬更说他"为诗格高旨远，若在天上物外，神仙会集，云行鹤驾，想见飘然之状"(《翰林学士李公墓碑》)。黄庭坚体会他的诗"如黄帝张乐于洞庭之野，无首无尾，不主故常，非墨人椠工所可拟议"(《题李白诗草后》)。

李白诗以乐府、绝句最为杰出。明李攀龙说："太白古乐府，窈冥惝恍，纵横变幻，极才人之致。"(见明王世贞《艺苑卮言》)明胡震亨说："太白于乐府最深，古题无一弗拟，或用其本意，或翻案另出新意，合而若离，离而实合，曲尽拟古之妙。"(《唐音癸签》)明陆时雍称之为"想落意外，局自变生，真所谓'驱走风云，鞭挞海岳'。其殆天授，非人力也"(《诗境总论》)。李白的绝句被李攀龙称作"实唐三百年一人"(明王世贞《艺苑卮言》)。明胡应麟说他"绝句超然自得，冠古绝今"(《诗薮》)。这是因为在诸体诗中，乐府歌行和绝句较少拘束，最适合李白展示其豪迈纵逸的天才。今有《李太白全集》行世，《全唐诗》编其诗二十五卷。

下终南山过斛斯山人宿置酒①

李白

暮从碧山下，山月随人归。
却顾所来径②，苍苍横翠微③。
相携及田家④，童稚开荆扉⑤。
绿竹入幽径，青萝拂行衣⑥。

欢言得所憩⑦，美酒聊共挥⑧。
长歌吟松风⑨，曲尽河星稀⑩。
我醉君复乐，陶然共忘机⑪。

注释：

①这是一首访友诗，将下山之景、田家之幽和友人间的乐饮酬歌描写得情景如画。终南山：为秦岭的主峰之一，在今陕西西安市南，是著名的隐居地。过：拜访，访问。斛(hú)斯山人：指复姓斛斯的山中隐士。

②却顾：回头望。

③翠微：山坡上草木翠绿茂盛。

④及：至，到。田家：农家。此指斛斯山人之家。

⑤童稚：小孩子。荆扉：用小树枝编成的院门，指柴门。

⑥青萝：即松萝，一种悬垂的绿色植物。

⑦憩(qì)：休息。

⑧挥：指举杯畅饮。

⑨松风：指古琴曲《风入松》。

⑩河星稀：银河中星光稀微，此指天快亮了。

⑪忘机：忘却世俗机巧之心。

月下独酌①

李白

花间一壶酒，独酌无相亲。
举杯邀明月，对影成三人②。
月既不解饮③，影徒随我身。

暂伴月将影④，行乐须及春。

我歌月徘徊，我舞影零乱。

醒时同交欢，醉后各分散。

永结无情游⑤，相期邈云汉⑥。

注释：

①原诗有四首，此为第一首。以月下独饮为背景，想象以"月"
　与"影"为伴，抒发孤独无知音的苦闷。酌(zhuó)：喝酒。

②三人：指李白自己、月亮和人的影子。

③不解饮：不会饮酒。

④将：和。

⑤无情游：忘情的游乐。

⑥相期：相约。邈（miǎo）：远。云汉：银河。此指天上的
　仙境。

春　思①

李白

燕草如碧丝，秦桑低绿枝②。

当君怀归日，是妾断肠时。

春风不相识，何事入罗帏③。

注释：

①此诗为闺情诗，描写春天将临，秦地少妇思念远戍燕地的
　丈夫之苦。

②"燕草"二句：燕地的草嫩绿如丝时，秦中的桑树早已茂盛，

枝条也低垂了,说明两地时序不同。燕(yān),今河北一带,诗中征人所在地。秦,今陕西一带。

③罗帏:丝织的帏帐。此指女子的闺房。

杜　甫

　　杜甫(712—770),字子美。原籍襄阳(今湖北襄樊),其十三世祖杜预,乃京兆杜陵(今陕西长安县东北)人,故杜甫自称"杜陵布衣"。曾祖时迁居巩县(今河南巩义)。杜审言之孙。杜甫曾居长安城南少陵附近,故又尝自称"少陵野老",世称"杜少陵"。开元二十三年(735)举进士落第,游齐、赵。天宝三载(744)与李白、高适同游梁宋、齐鲁间。十载(751),进《三大礼赋》,为唐玄宗称赞,命待制集贤院。十五载(756)得授右卫率府胄曹参军。安史之乱中,被困长安。至德二年(757)赴凤翔,拜左拾遗。乾元元年(758)为华州司功。因饥年,于第二年弃官入蜀,在成都营草堂,后称"杜甫草堂"。宝应元年(762)蜀乱,流亡梓州、阆州,两年后得归成都。故人严武镇蜀,表荐杜甫为节度参谋、检校工部员外郎。后世因称"杜工部"。大历五年(770)病死于湘中。

　　杜甫是古代最伟大的诗人,被称为"诗圣";其诗因能全面反映当时的政治、军事、社会情况,故世称"诗史",后人以之与李白并称"李杜"。韩愈曰:"李杜文章在,光焰万丈长。"(《调张籍》)元稹曰:"至于子美,盖所谓上薄风骚,下该沈宋,言夺苏李,气吞曹刘,掩颜谢之孤高,杂徐庾之流丽,尽得古今之体势,而兼今人之所独专矣。……则诗人以来,未有如子美者。"(《唐故检校工部员外郎杜君墓系铭并序》)秦观曰:

"于是杜子美者,穷高妙之格,极豪逸之气,包冲淡之嗓,兼峻洁之姿,备藻丽之态,而诸家之作所不及焉。"(《韩愈论》)胡应麟曰:"盛唐一味秀丽雄浑,杜则精粗、巨细、巧拙、新陈、浅深、浓淡、肥瘦靡不毕具,参其格调,实与盛唐大别。其能荟萃前人在此,滥觞后世亦在此。且言理近经,叙事兼史,尤诗家绝睹。"(《诗薮》)李维桢曰:"昔人云诗至子美集大成,不为四言,不用乐府旧题,虽唐调时露,而能得风雅遗意。七言歌行扩汉魏而大之,沉郁瑰琦,巨丽超逸。五言律体裁明密,规模宏远,比耦精严,音节调畅;七言律称是。至于长律,阖辟驰骤,变化错综,未可端倪,冠绝古今矣。"(《雷起部诗选序》)今有《杜工部集》二十卷、《补遗》一卷行世,《全唐诗》编其诗十九卷。

望 岳①

杜甫

岱宗夫如何②,齐鲁青未了③。

造化钟神秀④,阴阳割昏晓⑤。

荡胸生层云⑥,决眦入归鸟⑦。

会当凌绝顶,一览众山小⑧。

注释:

①此诗作于开元二十四年(736)杜甫游齐、赵时,由望岳而生登临之想,表现了青年杜甫壮志凌云的气概和抱负。岳:指东岳泰山。

②岱宗:即泰山。因泰山别称岱山,位居五岳之首,故称岱宗。

③齐鲁:春秋时,齐国在泰山之北,鲁国在泰山之南。后泛指山东一带为齐鲁。青:指泰山青翠的山色。未了:不尽,无穷无尽之意。

④造化:大自然。钟:聚集。

⑤阴:山北为阴,即山之背阴面。阳:山南为阳,即山之向阳面。割:分割。昏晓:山北背日故曰昏,山南向日故曰晓。

⑥荡胸生层云:意为山中云气吞吐,涤荡胸襟。

⑦决眦(zì):睁大眼睛。决:裂开。眦,眼眶。

⑧"会当"二句:表达了作者昂扬向上,积极进取,欲攀登绝顶俯视一切的豪情。会当,终将,定要。凌,登上。绝顶,即泰山的最高峰。一览众山小,此句出自《孟子·尽心上》"登泰山小天下"。这是孔子的理想。

赠卫八处士①

杜甫

人生不相见,动如参与商②。

今夕复何夕③,共此灯烛光。

少壮能几时,鬓发各已苍。④

访旧半为鬼⑤,惊呼热中肠⑥。

焉知二十载⑦,重上君子堂⑧。

昔别君未婚,儿女忽成行。

怡然敬父执⑨,问我来何方。

问答未及已⑩,儿女罗酒浆⑪。

夜雨剪春韭,新炊间黄粱⑫。

主称会面难,一举累十觞⑬。

十觞亦不醉，感子故意长⑭。

明日隔山岳，世事两茫茫。

注释：

①此诗作于乾元二年(759)，杜甫为华州司功参军时。时逢
战乱，又遇荒年，老友相逢，感慨万千。卫八处士：姓卫，行
八，名不详。处士，隐士。

②动如：动不动就像。动，动辄，往往。参(shēn)与商：即参
星与商星。参星居西方，商星居东方，天各一方，一星升
起，一星落下，永不能相见。

③今夕复何夕：语出《诗经·唐风·绸缪》："今夕何夕，见此
良人。"

④苍：灰白色。

⑤访旧：打听老朋友的消息。半为鬼：多半人已死去。

⑥热中肠：内心激动。

⑦焉知：哪知。

⑧君子：指卫八处士。

⑨怡然：和悦的样子。父执：父亲的好友。

⑩未及已：还没有说完。

⑪罗酒浆：摆酒设筵。

⑫新炊：新做的饭。间(jiàn)：掺和。黄粱：黄小米。

⑬累：接连。十觞：指好多杯。

⑭子：指卫八处士。故意：老友的情意。

佳　人①

杜甫

绝代有佳人②，幽居在空谷③。

自云良家子④，零落依草木⑤。

关中昔丧乱⑥，兄弟遭杀戮。

官高何足论，不得收骨肉⑦。

世情恶衰歇⑧，万事随转烛⑨。

夫婿轻薄儿，新人美如玉⑩。

合昏尚知时，鸳鸯不独宿⑪。

但见新人笑，那闻旧人哭。

在山泉水清，出山泉水浊⑫。

侍婢卖珠回，牵萝补茅屋⑬。

摘花不插发⑭，采柏动盈掬⑮。

天寒翠袖薄⑯，日暮倚修竹⑰。

注释：

①此诗作于乾元二年(759)杜甫寓居秦州时。诗中写了一位
　在战乱中被抛弃的女子，同时也寄寓了诗人怀才不遇之感。

②绝代有佳人：语出汉乐府《李延年歌》："北方有佳人，绝世
　而独立。"绝代，冠绝当代，举世无双。

③幽居：隐居。

④良家子：好人家的子弟。

⑤零落：飘零沦落之意。依草木：指居住在林中。

⑥关中：函谷关以西古称关中。丧乱：战乱。此指天宝十五

年(756)，安禄山攻陷长安事。

⑦收骨肉：指收葬兄弟的尸骨。

⑧世情恶衰歇：谓因家势衰落而遭世俗的嫌恶。衰歇，衰败，指母家衰败失势。

⑨转烛：烛光随风而转动，飘摇不定。比喻世事多变无常。

⑩"夫婿"二句：意谓轻薄的丈夫又娶新人入门了。

⑪"合昏"二句：意谓花鸟也有情谊，而丈夫却薄幸绝情。合昏，即夜合花，又称合欢树，其叶朝开夜合，故名。常用它喻夫妻恩爱。

⑫"在山"二句：以山中清洁的泉水自喻其高洁之情操。

⑬"侍婢"二句：写佳人生活之艰辛。卖珠，指卖珠以谋生。

⑭摘花不插发：谓佳人无心妆饰。

⑮柏：柏树为常绿不凋之木，此处比喻佳人坚贞不变之心。

　盈掬：一满把。掬，双手捧，此指一捧。

⑯翠袖：绿色的衣服，这里泛指衣衫。

⑰修竹：长竹，比喻佳人高尚的节操。

梦李白二首①

杜甫

其一

死别已吞声，生别常恻恻②。

江南瘴疠地③，逐客无消息④。

故人入我梦，明我长相忆⑤。

恐非平生魂，路远不可测⑥。

魂来枫林青⑦，魂返关塞黑⑧。

君今在罗网⑨，何以有羽翼⑩？

落月满屋梁,犹疑照颜色⑪。
水深波浪阔,无使蛟龙得⑫。

注释:

①乾元元年(758)李白因参加永王李璘(玄宗第十六子)的军事行动,系浔阳狱,长流夜郎(今贵州桐梓县),第二年遇赦而归。此二首诗作于乾元二年(759)杜甫流寓秦州时。此时杜甫尚不知李白赦还,忧念成梦,成此二诗。

②"死别"二句:意谓生离比死别更让人伤痛。吞声,饮泣,泣不成声之意。已,只,止。恻恻,悲痛的样子。

③瘴疠地:南方湿热蒸郁,是易于致病之地。瘴疠,指瘴气瘟疫。

④逐客:被放逐的人,这里指李白。

⑤明:知晓。

⑥路远不可测:意谓担心李白在途中遭遇不测。

⑦枫林:宋玉《楚辞·招魂》:"湛湛江水兮上有枫。"此指李白所在的南方地区。枫,指枫香树。

⑧关塞:指杜甫所在的秦陇地区。

⑨在罗网:指李白获罪流放,如鸟在罗网之中。罗网,原为捕鸟的工具,此指法网。

⑩何以有羽翼:语出《胡笳十八拍》"焉得羽翼兮将汝归"句。

⑪犹疑:隐约。颜色:指李白之容颜。

⑫"水深"二句:祝福李白,道路艰险,万分小心,别再遭人陷害。

其二

浮云终日行，游子久不至①。

三夜频梦君，情亲见君意②。

告归常侷促③，苦道来不易④。

江湖多风波，舟楫恐失坠⑤。

出门搔白首，若负平生志。

冠盖满京华⑥，斯人独憔悴⑦。

孰云网恢恢，将老身反累⑧。

千秋万岁名，寂寞身后事⑨。

注释：

①"浮云"二句：语出《古诗十九首》"浮云蔽白日，游子不顾反"诗意。浮云，飘浮不定的云。游子，在此指李白。

②情亲：情意亲厚。

③告归：告辞。侷促：不安的样子。

④苦道：反复诚恳地诉说。

⑤"江湖"二句：化用《汉书·贾谊传》"若夫经制不定，是犹度江河，亡维楫，中流而遇风波，船必覆矣"之意。楫，划船的用具，此指船。恐失坠，只怕翻船落水。

⑥冠盖：冠冕与车盖，在此指达官贵人。

⑦斯人：此人，指李白。憔悴：困苦萎靡的样子。

⑧"孰云"二句：谁说天道公正，名满天下的李白到老了却还被不幸牵累。网恢恢，老子《道德经》有"天网恢恢，疏而不漏"句，谓天理宏大公正，谁也不能逃脱。

⑨"千秋"二句：李白之名能千古流传，却无补于身后寂寞之

悲。身后，死后。

王　维

王维(701—761)，字摩诘，祖籍太原祁县(今属山西晋中市)人，后迁居蒲州河东(今山西永济)。开元九年(721)进士，当过右拾遗、左补阙、给事中等职。安史之乱后，虽因曾任伪职而被贬官，但不久复为太子左庶子、中书舍人、给事中；上元元年(760)为尚书右丞，世称"王右丞"。

王维多才多艺，诗文、书画、音乐无不精通，这使他的诗作既富音律之韵，又多绘画之美。唐殷璠评论道："维诗词秀调雅，意新理惬，在泉为珠，着壁成绘，一字一句，皆出常境。"(《河岳英灵集》)宋苏轼则说："味摩诘之诗，诗中有画；观摩诘之画，画中有诗。"(《书摩诘蓝田烟雨图》)王维又笃志奉佛，晚年在退朝之馀，焚香默坐，以诵禅为事。因而他的诗作极富禅趣，尤其是其山水田园诗，"意趣幽闲，妙在文字之外"(明许学夷《诗源辨体》)，"读之身世两忘，万念俱寂"(明胡应麟《诗薮》)。这都使王维的诗表现出"澄澹精微"(司空图《与李生论诗书》)、"淳古淡泊"(宋欧阳修《书梅圣俞稿后》)的特色。

王维诗兼众体，尤擅长五言律绝，当时就有"天下文宗"(《代宗皇帝批答手敕》)之誉；与孟浩然齐名，被视作盛唐山水田园诗派的代表，世称"王孟"。王维死后，代宗命人辑其遗文，编成《王维集》十卷，另请赵殿成撰有《王右丞集笺注》。《全唐诗》编其诗四卷。

送綦毋潜落第还乡①

王维

圣代无隐者②,英灵尽来归③。

遂令东山客④,不得顾采薇⑤。

既至金门远⑥,孰云吾道非⑦?

江淮度寒食,京洛缝春衣⑧。

置酒长安道,同心与我违⑨。

行当浮桂棹⑩,未几拂荆扉⑪。

远树带行客,孤城当落晖⑫。

吾谋适不用,勿谓知音稀⑬。

注释:

①此诗是诗人送友人归乡的赠行诗。綦(qí)毋潜:字孝通,
　盛唐诗人。落第:应试不中。

②圣代:当代的美称。

③英灵:杰出的人才。

④东山客:指隐士。东晋时谢安曾隐居会稽东山,故后世称
　隐居者为"东山客"。

⑤采薇:周武王灭商后,孤竹君之子伯夷、叔齐兄弟不食周粟,
　采薇于首阳山。薇:指野菜。此后遂以"采薇"代指隐居。

⑥金门远:此喻落第。金门,金马门,汉宫门名。汉代征召英
　才时,令贤士待诏金马门。此处指代朝廷。

⑦吾道非:《史记·孔子世家》记载,孔子出游,被困于陈蔡之
　间,对弟子说:"吾道非耶? 吾何为至此?"子贡答:"夫子之
　道至大也,故天下莫能容夫子。"此句是对綦毋潜的安慰。

⑧"江淮"二句:这是推测说,綦毋潜由京返乡的途中,在洛阳自缝春衣在江淮过寒食节。江淮,长江、淮水。这是綦毋潜回乡必经之路。寒食,节名,古时以清明前一日或二日为寒食节,当日不得举火。京洛,洛阳。

⑨违:分离,分别。

⑩行当:即将,将要。浮桂棹(zhào):指乘船。桂棹,语出《离骚》:"桂棹兮兰枻。"指用桂木做的船桨,后泛指船。

⑪未几:没过多久。荆扉:用荆条做的门,即柴门。

⑫当:对着。

⑬"吾谋"二句:安慰綦毋潜,偶然失利不必挂心,来日方长,还是有人会赏识你的才华的。吾谋适不用,《左传·文公十三年》载,秦大夫绕朝说:"子无谓秦无人,吾谋适不用也。"此处是说,綦毋潜的才华未被考官所赏识。知音稀,《古诗十九首》中《西北有高楼》有"不惜歌者苦,但伤知音稀"之句。知音,原指通晓音律的人,后亦称知己好友为"知音"。

送　别①

王维

下马饮君酒②,问君何所之③。

君言不得意④,归卧南山陲⑤。

但去莫复问,白云无尽时。

注释:

①这是一首送别仕途受挫归隐终南山友人的诗,对友人的归隐不无羡慕向往。

②饮(yìn)君酒:请君喝酒。饮,请别人喝。

③何所之:往什么地方去。

④不得意:指仕途遭际不顺,无法展示才华。

⑤南山:指终南山。陲:边。

青 溪^①

王维

言入黄花川^②,每逐青溪水^③。

随山将万转,趣途无百里^④。

声喧乱石中,色静深松里。

漾漾泛菱荇^⑤,澄澄映葭苇^⑥。

我心素已闲^⑦,清川澹如此^⑧。

请留磐石上,垂钓将已矣^⑨。

注释:

①此诗作于开元二十五年(737)王维入蜀途中,描写随山泛水的舟行景色,表达一种归隐之意。青溪:地名,在今陕西省沔县东。

②言:发语助词。黄花川:在今陕西省凤县。

③逐:沿着。

④趣途:指走过的路程。趣,奔走之意。

⑤漾漾:水波流动的样子。泛:漂浮。菱荇(xìng):泛指水草。

⑥葭苇:芦苇。初生时称葭,生成后称苇。

⑦素:向来。

⑧澹:恬静。

⑨垂钓:东汉时严光曾隐居于富春江畔垂钓,后以此指隐居。

将已矣:将以此终其一生。

渭川田家①

王维

斜阳照墟落②,穷巷牛羊归③。

野老念牧童,倚杖候荆扉④。

雉雊麦苗秀⑤,蚕眠桑叶稀⑥。

田夫荷锄至⑦,相见语依依。

即此羡闲逸⑧,怅然吟式微⑨。

注释:

①此诗以自然的笔触描写了乡村黄昏的山水田园景象,寄托
向往之情,抒发宦海沉浮的彷徨。渭川:渭水。

②墟落:村庄。

③穷巷:深巷。

④荆扉:柴门。

⑤雉雊(zhì gòu):野鸡鸣叫。

⑥蚕眠:蚕成长时,在蜕皮前,不食不动,似睡眠样,称"蚕眠"。

⑦荷(hè):扛着。

⑧即此:就这样,此指所见上述的农家情景。羡闲逸:羡慕闲
散安逸的生活。

⑨怅然:失意的样子。式微:《诗经·邶风》有《式微》一篇,咏
服役者思归之情,有"式微,式微,胡不归"句。王维取其思

归之意,表达去官归隐田园的愿望。

西施咏①

王维

艳色天下重,西施宁久微②。

朝为越溪女③,暮作吴宫妃。

贱日岂殊众④,贵来方悟稀。

邀人傅脂粉⑤,不自著罗衣⑥。

君宠益娇态,君怜无是非⑦。

当时浣纱伴,莫得同车归。

持谢邻家子⑧,效颦安可希⑨。

注释:

①王维此诗,借咏西施,感慨世事之无常。西施:春秋时越国
　美女。据《吴越春秋》卷九记载,越王勾践被吴王夫差所
　败,从苎萝山得卖柴人家的女儿西施,献给夫差,极受宠
　爱,致使吴王夫差迷惑乱政,最终为越国所灭。

②宁:岂。微:卑贱。

③越溪:指若耶溪,在今浙江绍兴市东南,传说西施曾在此
　浣纱。

④殊众:与众不同。

⑤邀:吩咐。傅:通"敷",即搽抹之意。

⑥著:穿。罗衣:丝绸衣服。

⑦怜:爱。无是非:不辨是与非,即言听计从之意。

⑧持谢:奉告。谢:劝告。邻家子:此指传说中的东施。

⑨效颦(pín)：此典出《庄子·天运》。相传西施因病，捧心皱眉，邻里中有丑女见而为美，也学着捧心皱眉，结果把人都吓跑了。颦，皱眉，蹙眉。安可希：意思是怎能期望得到别人的赏识呢？

孟浩然

孟浩然(689—740)，襄州襄阳(今湖北襄樊)人。早年隐居鹿门山，开元间入长安，应试不第。开元二十五年(737)入荆州长史张九龄幕为从事，次年归里。二十八年(740)病卒。孟浩然虽终身是个布衣，但当时的诗名却很大。唐殷璠曰："浩然诗文文采芊茸，经纬绵密，半遵雅调，全削凡体。"(《河岳英灵集》)他的诗冲澹清远，"出语洒落，洗脱凡近，读之浑然省净，而采秀内映，虽悲感谢绝，而兴致有馀"(明徐献忠《唐诗品》)。何景明称他的诗"秀雅不及王(维)，而闲澹颇自成局"(明胡震亨撰《唐音癸签》引)。沈德潜说："襄阳诗从静悟得之，故语淡而味终不薄，此诗品也。"(《唐诗别裁集》)孟浩然最擅长做五言诗，"天下称其尽美"(王士源《孟浩然集序》)。明谢榛称赞说："浩然五言古诗近体清新高妙，不下李杜。"(《四溟诗话》)明胡应麟说："孟五言不甚拘偶者，自是六朝短古，加以声律，便觉神韵超然。"(《诗薮》)明许学夷称"浩然五言律兴象玲珑，风神超迈"，"乃盛唐最上乘"(《诗源辨体》)。今有《孟浩然诗集》三卷传世，《全唐诗》编其诗二卷。

秋登兰山寄张五①

孟浩然

北山白云里,隐者自怡悦②。

相望试登高,心随雁飞灭③。

愁因薄暮起④,兴是清秋发。

时见归村人,沙行渡头歇⑤。

天边树若荠⑥,江畔洲如月⑦。

何当载酒来⑧,共醉重阳节⑨。

注释:

①此诗描写清秋登高忆友的情景。兰山:一作"万山",在今
湖北襄阳县,山上多兰草,故名"兰山"。张五:当是张诹,
永嘉人,官至刑部员外郎,与王维相善,长于书画。

②"北山"二句:化用晋陶弘景《诏问山中何所有赋诗以答》
"山中何所有,岭上多白云。只可自怡悦,不堪持赠君"诗
意。北山:即上文所提"兰山"、"万山"。因山在襄阳县北,
故称北山。隐者:孟浩然自称。

③灭:消失。

④薄暮:太阳将落山之时。

⑤沙行:在沙地上行走。渡头:渡口。

⑥天边树若荠(jì):远看天边的树像荠菜一般细小。荠,荠
菜,一种野菜,茎高数寸,叶可食用。

⑦洲:水中的小沙丘。

⑧何当:何时能够。

⑨重阳节:旧以阴历九月九日为重阳节,在这一天民间有登

高、赏菊、饮酒等习俗。

夏日南亭怀辛大①

孟浩然

山光忽西落,池月渐东上②。
散发乘夕凉③,开轩卧闲敞④。
荷风送香气,竹露滴清响。
欲取鸣琴弹,恨无知音赏⑤。
感此怀故人,终宵劳梦想。

注释:

①此诗由夏夜乘凉所见的自然景观巧妙过渡到怀念老友,景情相生。辛大:其人未详,但却是孟浩然的老朋友。

②池月:映在池水中的月亮。

③散发:披散开头发。古人在正式场合要束发戴冠,闲时就松开头发,披散下来。

④轩:窗。闲敞:宽绰幽静的地方。

⑤知音:相传春秋时钟子期能听出伯牙琴声中《高山》、《流水》之曲意,伯牙称之为知音。后以之比喻知心朋友。

宿业师山房待丁大不至①

孟浩然

夕阳度西岭,群壑倏已暝②。
松月生夜凉,风泉满清听。

樵人归欲尽，烟鸟栖初定^③。

之子期宿来^④，孤琴候萝径^⑤。

注释：

①此诗描写诗人在山中等候友人的情景。宿：过夜，住宿。

　业师：名字叫业的僧人。山房：山中的屋舍，此指僧房。丁

　大：即丁凤，排行老大，生平不详，是诗人的朋友。

②壑（hè）：山谷。倏（shū）：忽然。暝：昏暗。

③烟鸟：暮霭中的飞鸟。

④之子：此人。期：约定。

⑤萝径：长满悬垂植物的小路。

王昌龄

王昌龄（约 694—约 757），字少伯，京兆万年（今陕西西安）人。开元十五年（727）进士，授秘书省校书郎。二十二年（734）登博学宏词科，授汜水尉。后曾先后被贬为江宁尉和龙标尉，故世称"王江宁"或"王龙标"。安史之乱中，被亳州刺史阎丘晓所杀。王昌龄在开元、天宝年间诗名极著，有"诗家夫子王江宁"之称。殷璠编《河岳英灵集》，选入王诗达十六首，居诸家之首，并云："元嘉以还，四百年后，曹、刘、陆、谢风骨顿尽。顷有太原王昌龄、鲁国储光羲颇从厥迹。且两贤气同体别，而王稍声峻。"王昌龄做得最好的是七绝。明王世贞说："七言绝句，王江宁与太白争胜毫厘，俱是神品。"（《艺苑卮言》）王世懋也说盛唐七绝"惟青莲、龙标二家诣极"（《艺圃撷馀》）。清王夫之说："七言绝句，唯王江宁能无疵颣。"（《姜斋

诗话》)沈德潜形容王昌龄绝句"深情幽怨,意旨微茫,令人测之无端,玩之不尽,谓之唐人《骚》语可"(《唐诗别裁集》)。今《全唐诗》编其诗四卷。

同从弟南斋玩月忆山阴崔少府^①

王昌龄

高卧南斋时,开帷月初吐②。

清辉澹水木,演漾在窗户③。

荏苒几盈虚④?澄澄变今古。

美人清江畔⑤,是夜越吟苦⑥。

千里共如何⑦?微风吹兰杜⑧。

注释:

① 此诗由赏月而思慕友人并颂扬友人高洁的节操。从弟:指
王销,王昌龄堂弟,生平不详。山阴:地名,在今浙江绍兴
市。崔少府:即崔国辅,清河人,唐时著名诗人,开元中任
山阴县尉。唐时称县尉为少府。

② 帷:帘帐,帘幕。月初吐:指月亮初升。

③ 演漾:形容月色溶溶如水波荡漾。

④ 荏苒(rěnrǎn):渐渐地。盈虚:指月满月缺。

⑤ 美人:指思念之人,即崔少府。

⑥ 是夜:今夜。越吟:据《史记·张仪列传》记载,越人庄舄在
楚国任职,以吟越歌来寄托乡思。后用以比喻思乡之情。

⑦ 千里:语自谢庄《月赋》:"美人迈兮音尘绝,隔千里兮共明
月"句。指自己与崔少府远隔千里,无以相见。

丘 为

　　丘为（约703—约798），嘉兴（今属浙江）人。累试不第，归山读书数年。天宝二年（743）进士及第。累官太子右庶子，以左散骑常侍致仕，九十六岁卒。丘为与王维、刘长卿友善，时相唱和。明唐汝询评他的诗"未免染吴音，然亦清倩不凡"（《唐诗解》）。《全唐诗》存其诗十三首。

寻西山隐者不遇①

丘 为

绝顶一茅茨②，直上三十里。

扣关无僮仆③，窥室惟案几。

若非巾柴车④，应是钓秋水⑤。

差池不相见⑥，黾俛空仰止⑦。

草色新雨中，松声晚窗里。

及兹契幽绝⑧，自足荡心耳⑨。

虽无宾主意，颇得清净理。

兴尽方下山，何必待之子⑩。

注释：

①此诗写攀山访友不遇却意外悟得纯任自然的玄理。

②茅茨(cí)：草屋。

③扣关：敲门。

④巾柴车：盖上了帷幔、构造简陋的车子，指隐士用的车。后
　引申为乘车行之意。语见自晋陶渊明《归去来兮辞》："或
　命巾车，或棹孤舟。"又见江淹《拟陶》诗"日暮巾柴车"句。

⑤钓秋水：在秋水中垂钓。《庄子·秋水》载庄子钓于濮水，
　不接受楚国官职事，后指隐居。

⑥差(cī)池：原为参差不齐。此指我来你往，交叉而错过
　之意。

⑦黾俛(mǐnmiǎn)：踌躇不定的样子。仰止：敬慕、仰望。语
　自《诗经·小雅·车辇》："高山仰止，景行行止。"

⑧契：惬意、融洽之意。

⑨荡心耳：指山中美景使感官与心胸涤荡清净。

⑩"兴尽"二句：语出《世说新语·任诞》，晋王徽之雪夜乘船到剡
　溪访友戴逵，至其门不入而返。人问其故，答曰："吾本乘兴而
　来，兴尽而返，何必见戴？"待，等待。之子，此人。指西山
　隐者。

綦毋潜

綦(qí)毋潜(生卒年不详)，字孝通，虔州南康(今江西
赣县)人。开元十四年(726)进士及第，当过宜寿尉、校书郎、
右拾遗、著作郎。天宝末年归隐。綦毋潜与张九龄、孟浩然、
储光羲、高适、卢象等友善，与李颀、王维唱和诗尤多。唐殷
璠评他的诗"屹峚峭蒨足佳句，善写方外之情"(《河岳英灵
集》)。宋严羽在《沧浪诗话》中将他列为"大名家"。《全唐
诗》收其诗一卷。

春泛若耶溪①

綦毋潜

幽意无断绝②，此去随所偶③。

晚风吹行舟，花路入溪口。

际夜转西壑④，隔山望南斗⑤。

潭烟飞溶溶⑥，林月低向后，

生事且弥漫⑦，愿为持竿叟⑧。

注释：

①此诗描绘春夜泛舟若耶溪的幽美情趣和感受。若耶溪：即
越溪，在今浙江绍兴市东南若耶山下，相传为越国美女西
施浣纱处，故又名浣纱溪。

②幽意：指隐居之心。

③偶：二人相遇。

④际夜：至夜，到了夜晚。

⑤南斗：即天上的星座名，因在北斗之南，故称。

⑥溶溶：形容暮霭迷濛。

⑦生事：指世间之事。弥漫：渺茫混沌之意。

⑧持竿叟：即钓鱼翁。

常 建

常建（生卒年里不详），开元十五年（727）进士及第，曾
任盱眙尉。后仕途失意，往来山林幽隐之地。常建之诗在当
时极受推重。殷璠在《河岳英灵集》中评论说："其旨远，其兴
僻，佳句辄来，惟论意表。"刘辰翁形容常诗"情景沉冥，不类

著色"(《唐诗品汇》)。灵慧雅秀、轻隽幽玄是其诗的特点。有《常建诗集》一卷,《全唐诗》录其诗一卷。

宿王昌龄隐居①

常建

清溪深不测,隐处惟孤云②。

松际露微月,清光犹为君。

茅亭宿花影,药院滋苔纹③。

余亦谢时去④,西山鸾鹤群⑤。

注释:

①这首诗作于辞官归隐途中,夜宿挚友入仕前居所,触景生情。王昌龄:字少伯,盛唐著名诗人,他与常建是同榜进士。

②隐处:隐居之处。

③药院:种着芍药的庭院。滋:生。

④余:我。谢时:摆脱世俗之累。

⑤鸾鹤群:与鸾鸟、仙鹤为伍。

岑 参

岑参(717—770),祖籍南阳(今属河南),后徙居荆州江陵(今属湖北)。天宝三年(744)进士。八年(749)入安西节度使高仙芝幕为掌书记。十年(751)回长安。十三年(754)又入安西北庭节度使封常清幕为节度判官。至德二年(757)入朝为右补阙。宝应元年(762)又入幕府,为关西节度判官。

大历元年(766)以殿中侍御史随剑南西川节度使杜鸿渐入蜀。以嘉州刺史终，世称"岑嘉州"。

岑参"早岁孤贫，能自砥砺，遍览史籍，尤工缀文"(杜确《岑嘉州诗集序》)。同时，他"累佐戎幕，往来鞍马烽尘间十馀载，极征行离别之情"(辛文房《唐才子传》)，所以，他创作了许多描绘边塞风光、生活的诗作，与高适并称为盛唐边塞诗派的代表，世称"高岑"。殷璠评论其边塞诗曰："语奇体峻，意亦造奇。"(《河岳英灵集》)徐献忠论曰："嘉州诗一以风骨为主，故体裁峻整，语亦造奇，持意方严，竟鲜落韵。"(《唐诗品》)奇峭苍峻是岑诗的特点。他最擅长五古、七古，胡应麟称赞其五古"清新奇逸，大是俊才"(《诗薮》)，施补华称其七古"劲骨奇翼，如霜天一鹗，故施之边塞最宜"(《岘佣说诗》)。有《岑嘉州集》七卷行世，《全唐诗》编其诗四卷。

与高适薛据登慈恩寺浮图①

岑参

塔势如涌出②，孤高耸天宫。

登临出世界③，蹬道盘虚空④。

突兀压神州⑤，峥嵘如鬼工⑥。

四角碍白日⑦，七层摩苍穹⑧。

下窥指高鸟，俯听闻惊风。

连山若波涛，奔走似朝东。

青槐夹驰道⑨，宫观何玲珑⑩。

秋色从西来，苍然满关中。

五陵北原上⑪，万古青濛濛⑫。

净理了可悟⑬，胜因夙所宗⑭。

誓将挂冠去⑮，觉道资无穷⑯。

注释：

① 此诗作于天宝十一年(752)秋，岑参与高适、薛据、杜甫、储光羲五人同登慈恩寺塔。五人都有诗记其事，现惟薛诗佚失。高适：字达夫，一字仲武，渤海蓨(tiáo)(今河北景县)人，唐诗人。薛据：河东宝鼎人，开元进士，历任县令、司议郎、水部郎中等，终老于终南山别业。慈恩寺浮图：即今陕西西安大雁塔，为唐高宗永徽三年(652)唐僧玄奘所建。慈恩寺，在今西安市，是唐高宗作太子时，在贞观二十年(646)为其母文德皇后建造的，故以慈恩为名。浮图，梵语"佛陀"的音译，即佛塔。

② 涌出：语本《法华经·见宝塔品》："佛前有七宝塔，……从地涌出，住在空中。"此处意谓塔突起于平地。

③ 出世界：走出尘世。世界，佛语，世指时间，界指空间，连用指宇宙。

④ 蹬道：梯级，指塔内阶梯石道。

⑤ 突兀：高耸的样子。神州：指中国。《史记·邹衍传》："中国名曰赤县神州。"

⑥ 峥嵘：高峻的样子。如鬼工：意谓非人力所能为。

⑦ 碍：遮挡。

⑧ 摩：挨、擦，即"直接"意。

⑨ 驰道：指皇帝车驾专用的御道。

⑩ 宫观：指皇帝的宫殿。玲珑：灵巧精致。

⑪ 五陵：指汉代五个皇帝的陵墓：高祖长陵、惠帝安陵、景帝

阳陵、武帝茂陵、昭帝平陵。

⑫濛濛：苍润、茂盛的样子。

⑬净理：佛家清净的佛理。了：明白。

⑭胜因：佛语，指善因善缘。夙：平素，向来。宗：信奉。

⑮挂冠：辞官。

⑯觉道资无穷：此句是说，佛理中的善根功德对人的帮助是无穷尽的。觉道，正悟之大道，即佛道。资，意谓以善根功德资助自身。

元　结

元结（719—772），字次山，自号元子、猗玗子、漫郎、聱叟等。汝州鲁山（今河南鲁山）人。天宝十三年（754）举进士。安史之乱中，为右金吾兵曹参军、山南东道节度参谋，击讨史思明。唐代宗时，拜著作郎，后两度出任道州刺史，颇有政声。后又迁容州刺史，当过御史中丞。大历七年（772）病死于旅舍。

元结是盛唐著名的文学家。他的文章"笔力雄健，意气超拔"（欧阳修《集古录跋尾》），为古文运动之先驱。他的诗歌自创一格，"欲质不欲野，欲朴不欲陋，欲拙不欲固"（湛若水《元次山集序》），"以真朴自立门户"（贺贻孙《诗筏》）。尤其是他在道州所作的《悯农诗》、《春陵行》、《贼退示官事》等诗，以忧道悯世之思，"质实无华，最为淳古"（许学夷《诗源辨体》），开中唐元、白诗风。元结著述颇富，惜散佚亦多。后人辑有《元次山文集》十卷，《全唐诗》编其诗二卷。

与高适薛据登慈恩寺浮图

贼退示官事^①并序

元结

癸卯岁，西原贼入道州^②，焚烧杀掠，几尽而去^③。明年，贼又攻永破邵^④，不犯此州边鄙而退^⑤。岂力能制敌欤？盖蒙其伤怜而已。诸使何为忍苦征敛^⑥？故作诗一篇，以示官吏。

昔年逢太平，山林二十年。

泉源在庭户^⑦，洞壑当门前。

井税有常期^⑧，日晏犹得眠^⑨。

忽然遭世变^⑩，数岁亲戎旃^⑪。

今来典斯郡^⑫，山夷又纷然^⑬。

城小贼不屠，人贫伤可怜。

是以陷邻境，此州独见全^⑭。

使臣将王命^⑮，岂不如贼焉。

今被征敛者，迫之如火煎^⑯。

谁能绝人命，以作时世贤^⑰？

思欲委符节^⑱，引竿自刺船^⑲。

将家就鱼麦^⑳，归老江湖边。

注释：

①唐代宗广德元年(763)癸卯年十二月，"西原蛮"攻陷道州。次年五月，元结任道州刺史。七月，"西原蛮"又攻破永州，但没有犯道州而去。朝廷派来的催征官吏却又来横征暴敛。元结感慨百姓贫困，不愿同流合污，故赋诗明志。贼：

指对抗官府者。

②西原贼:指今广西西原地区的少数民族。因当时少数民族
反对压迫,多次起义,与朝廷对抗,起义者被贬称为"贼"。
道州:在今湖南道县。

③几:几乎。

④永:永州,在今湖南零陵县。邵:邵州,在今湖南邵阳市。

⑤此州:指道州。边鄙:边境。

⑥使:官吏。何为:为什么。

⑦户:门。

⑧井税:指田赋。常期:一定的日期。

⑨晏:晚。

⑩世变:指安史之乱。

⑪数岁:好几年。亲戎旃:指亲自参与战事。元结于乾元二
年(759)任山南东道节度参谋,参加对叛军作战。戎旃,军
中营帐。

⑫典斯郡:指任道州刺史。典,治理。

⑬山夷:山居的少数民族,即指"西原蛮"。

⑭见全:得以保全。

⑮使臣:指朝廷派来催征的官吏。将:奉。

⑯迫:逼迫。

⑰"谁能"二句:谁能断绝了百姓的生路,还被称作当今的贤
臣呢?

⑱委符节:即弃官。委,弃。符节,古代将官受任时的凭证,
是用玉、金属和竹等做成的,在上面刻上字从中分之,各取
一半,有事时则相合以为信。古时使臣出行须持符节,唐
时刺史也持符节。

⑲刺船:撑船。

⑳将家:携带着全家。就鱼麦:意谓隐居乡间。

韦应物

　　韦应物(约737—约792),京兆万年(今陕西西安)人。天宝年间为玄宗侍卫,后入太学读书,历任洛阳丞、京兆府功曹、比部员外郎、滁州刺史等。贞元元年(785)为江州刺史,三年(787)为左司郎中,四年(788)出任苏州刺史。故世称"韦江州"、"韦左司"或"韦苏州"。

　　韦应物交游广泛,诗名颇著。李肇称:"其为诗驰骤建安以还,各得其风韵。"(《唐国史补》)白居易说:"韦苏州歌行,才丽之外,颇近兴讽。其五言诗,又高雅闲澹,自成一家之体。"(《与元九书》)何良俊曰:"左司性情闲远,最近风雅,其恬澹之趣,不减陶靖节。唐人中,五言古诗有陶、谢遗韵者,独左司一人。"(《四友斋丛说》)许学夷评曰:"其源出于渊明,以萧散冲淡为主。"(《诗源辨体》)他诸体皆工,而以五言古体为最出色,与王维并称为"五言之宗匠"(张戒《岁寒堂诗话》)。纪昀评曰:"其诗七言不如五言,近体不如古体。五言古体源出于陶,而熔化于三谢,故真而不朴,华而不绮。"(《四库全书总目》)今存《韦应物集》十卷,《全唐诗》编其诗十卷。

郡斋雨中与诸文士燕集①

韦应物

兵卫森画戟②,燕寝凝清香③。

海上风雨至,逍遥池阁凉。

烦疴近消散④,嘉宾复满堂。

自惭居处崇⑤,未睹斯民康⑥。

理会是非遣,性达形迹忘⑦。

鲜肥属时禁⑧,蔬果幸见尝。

俯饮一杯酒,仰聆金玉章⑨。

神欢体自轻,意欲凌风翔。

吴中盛文史⑩,群彦今汪洋⑪。

方知大藩地,岂曰财赋强⑫。

注释:

①此诗作于贞元五年(789)韦应物在苏州刺史任上,表现了诗人作为当时东南诗坛领袖的气度。郡斋:指官署中的房舍。燕集:饮酒聚会。

②森:众多,密集。画戟:有刻饰的古兵器。此指官署中的仪仗。

③燕寝:卧室。凝清香:指所焚之香在屋里缭绕。

④烦疴(kē):即烦闷。疴,疾病。

⑤崇:高。

⑥斯民:百姓。康:安乐。

⑦"理会"两句:意谓领悟事物的情理就能排遣是非,性情旷达就能不拘世俗。理会,领悟事物之通理。遣,排遣,消释。性达,个性旷达。形迹,指世间俗务。

⑧鲜肥:此指荤腥之食物。时禁:古代正月、五月、九月禁止杀生,称为时禁。此诗中宴会正当五月时禁,不能食荤,只能吃素。

⑨聆:听。金玉章:指诸文人的篇章。

⑩吴中:苏州的古称,此指苏州地区。盛文史:文史之学昌盛。

⑪彦：美士，才德杰出的人。

⑫"方知"二句：方才知道苏州之所以被称为大郡，不仅仅是因为物产赋税收入比别的郡强，而且人文荟萃，学术昌明。大藩地，指大郡。藩，王侯封地称藩。

初发扬子寄元大校书①

韦应物

凄凄去亲爱②，泛泛入烟雾。

归棹洛阳人③，残钟广陵树④。

今朝此为别，何处还相遇。

世事波上舟，沿洄安得住⑤。

注释：

①此诗作于大历九年(774)韦应物客游江汉返程时，描写与友人离别的情景。初发：启程。扬子：渡口名，在今江苏江都县南。元大：其人未详。校书：官名，校书郎的省称。

②去：离别。亲爱：指好友。

③棹(zhào)：桨，也引申指船。洛阳人：去洛阳之人，即韦应物自称。

④广陵：即今江苏扬州市。

⑤沿：顺流。洄：逆流。

寄全椒山中道士①

韦应物

今朝郡斋冷②，忽念山中客。

涧底束荆薪③，归来煮白石④。
欲持一瓢酒，远慰风雨夕。
落叶满空山，何处寻行迹⑤。

注释：

①此诗作于韦应物滁州刺史任上，描写清秋寂寞，风雨怀人。
全椒：今安徽省全椒县，唐时属滁州。山：指全椒县西三十
里的神山。宋王象之《舆地纪胜》记载："神山在全椒县西
三十里，有洞极深。唐韦应物《寄全椒山中道士》诗，此即
道士所居也。"

②郡斋：指官署中的房舍。

③束：捆。荆薪：柴草。

④白石：典出葛洪《神仙传》卷二："白石先生者，中黄大人弟
子也。……不肯修升天之道，但取不死而已，不失人间之
乐。……常煮白石为粮，因就白石山居，时人故号曰'白石
先生'。"此借喻全椒山中道士。

⑤"欲持"四句：本想执酒上山慰问，但风雨中的神山满是落
叶，不知到何处去寻道士的踪迹。

长安遇冯著①

韦应物

客从东方来，衣上灞陵雨②。
问客何方来？采山因买斧③。
冥冥花正开④，飐飐燕新乳⑤。
昨别今已春⑥，鬓丝生几缕⑦？

注释:

①此诗作于大历十一年(776)春冯著自关东来长安时,于平
易中写出朋友间深挚的情谊。冯著:河间(今河北河间)
人,曾任洛阳尉、左补阙,与韦应物友善,多有唱酬。

②灞陵:即霸陵,汉文帝陵墓,在今西安市东,因地处霸上而
得名。

③采山因买斧:此句有归隐山林之意。采山,进山采樵。

④冥冥:昏暗。形容下雨。

⑤飐飐:形容飞翔。燕新乳:此指初生之燕。

⑥昨别:上一年冬,冯著到过长安,故言。

⑦鬓丝:鬓间白发。

夕次盱眙县①

韦应物

落帆逗淮镇②,停舫临孤驿③。

浩浩风起波,冥冥日沉夕。

人归山郭暗④,雁下芦洲白⑤。

独夜忆秦关⑥,听钟未眠客。

注释:

①此诗作于建中三年(782)夏韦应物自赴滁州途中,描写旅
途遇风止宿的客愁。次:止宿。盱眙(xūyí):即今江苏省
盱眙县,唐时属淮南道楚州。

②逗:停留。淮镇:即指盱眙城,在淮河南岸。

③舫:船。驿:驿站。

④山郭暗:指远山和城郭都被暮色笼罩。

⑤芦洲白:指芦苇丛生的水泽一片灰白。

⑥秦关:今陕西省关中地区为古秦地,多关隘,此指长安。韦应物是长安人。

东　郊①

韦应物

吏舍跼终年②,出郊旷清曙③。

杨柳散和风,清山澹吾虑④。

依丛适自憩⑤,缘涧还复去⑥。

微雨霭芳原,春鸠鸣何处。

乐幽心屡止,遵事迹犹遽⑦。

终罢斯结庐⑧,慕陶直可庶⑨。

注释:

①此诗作于韦应物任滁州刺史任上,描写春日郊游的情景。

②跼(jú):拘束。终年:一年到头。

③旷清曙:在清朗的曙色中心境开阔。

④澹:消弥。虑:思绪。

⑤丛:树林。憩(qì):休息。

⑥缘:沿着。涧:山沟。

⑦"乐幽"二句:自己喜欢此地的清幽,好几次想住下来,却因为公事在身,行迹总是匆匆忙忙。遽(jù),匆忙。

⑧终罢:终将辞官去职。斯结庐:在此地造屋。语自陶渊明《饮酒》:"结庐在人境,而无车马喧。"

⑨慕陶:追慕陶渊明之志,指归隐田园。庶:庶几,差不多。

送杨氏女①

韦应物

永日方戚戚②，出行复悠悠③。
女子今有行④，大江溯轻舟⑤。
尔辈苦无恃⑥，抚念益慈柔。
幼为长所育⑦，两别泣不休。
对此结中肠，义往难复留⑧。
自小阙内训⑨，事姑贻我忧⑩。
赖兹托令门⑪，任恤庶无尤⑫。
贫俭诚所尚⑬，资从岂待周⑭。
孝恭遵妇道，容止顺其猷⑮。
别离在今晨，见尔当何秋⑯。
居闲始自遣⑰，临感忽难收⑱。
归来视幼女，零泪缘缨流⑲。

注释：

①此诗作于建中兴元年间韦应物任滁州刺史任上，是送女出嫁时的叮嘱训诫。杨氏女：指嫁到杨家的女儿。此女为韦应物之长女。

②永日：整天。戚戚：伤悲的样子。

③悠悠：形容路途遥远。

④女子今有行：语本《诗经·邶风·泉水》："女子有行，远父母兄弟。"行，指出嫁。

⑤溯:逆水而行。

⑥尔辈:你们。指韦应物的孩子们。无恃:指母逝失去依靠。
韦应物妻于大历十二年(777)去世。恃,依靠。

⑦幼为长所育:此句下作者自注曰:"幼女为杨氏所抚育。"

⑧义往:指长女到了婚嫁年龄,应该出嫁。

⑨阙内训:指自幼丧母,缺乏闺中妇德的教诲。

⑩事姑:侍奉婆婆。贻我忧:意谓我担心她侍姑不周。
贻,留。

⑪托:托付。令门:有名望的好人家。

⑫任:信任。恤:体恤,关怀。庶:庶几,差不多。无尤:没有
过失。

⑬尚:推崇。

⑭资从:嫁妆。周:完备。

⑮容止:指仪容、行为举止。猷(yóu):规矩。

⑯尔:你,指长女。何秋:哪一年。

⑰自遣:自我排解。

⑱临感:临别时的伤感。难收:不能控制。

⑲零泪:流泪。缘:沿着。缨:系在下巴下的帽带。

柳宗元

柳宗元(773—819),字子厚,祖籍河东(今山西永济)
人,故世称"柳河东"。贞元九年(793)登进士第。十四年
(798)登博学宏词科,曾当过监察御史。永贞元年(805)因参
与王叔文革新,被贬为永州司马。元和十年(815)召还京师,
又出为柳州刺史,四年后卒于任上。人称"柳柳州"。

柳宗元是唐代古文大家,与韩愈同为古文运动的主将,

世称"韩柳"。他又工于诗,苏轼评其诗曰:"发纤秾于简古,寄至味于澹泊"(《书黄子思诗集后》);又说:"所贵于枯澹者,谓其外枯而中膏,似澹而实美,渊明、子厚之流是也。"(《东坡题跋·评韩柳诗》)方回评曰:"柳柳州诗精绝工致,古体尤高。"(《瀛奎律髓汇评》)后人评诗常把他与韦应物并称为"韦柳",但苏轼和严羽都认为,柳宗元的古诗在韦应物之上,尤其是他在永州、柳州期间的山水之作,"高者逼陶、阮"(刘克庄《后村诗话》),"句澹雅而味深长"(魏庆之《诗人玉屑》)。今有《柳河东集》三十卷行世,《全唐诗》编其诗四卷。

晨诣超师院读禅经①

柳宗元

汲井漱寒齿,清心拂尘服②。

闲持贝叶书③,步出东斋读。

真源了无取④,妄迹世所逐⑤。

遗言冀可冥,缮性何由熟⑥?

道人庭宇静⑦,苔色连深竹。

日出雾露馀,青松如膏沐⑧。

澹然离言说⑨,悟悦心自足⑩。

注释:

①此诗是柳宗元被贬为永州司马时所作,抒写读经的感想。诣(yì):到。超师:法名为超的僧人。禅经:即佛经。

②"汲井"二句:意谓井水漱口,可以清心;穿衣时掸去灰尘,可以去垢;内外清洁,方可读佛经。汲井,从井中打水。清心,内心清静。服,穿衣。

③贝叶书:即佛经。因古印度僧人常用贝多罗树叶写经,故称。

④真源:指佛家的真谛。

⑤妄迹:虚妄之事,即指世俗事务。逐:追求。

⑥"遗言"二句:对佛经中的遗言,我还有希望能够心领神会,却不知道通过什么途径使我的本性修炼到精熟完满的程度。遗言,指佛家先贤的遗言。此指佛经中语。冀,希望。冥,暗合,指心悟。缮性,修养本性。熟,精熟。

⑦道人:有道之人,此指超师。

⑧"日出"二句:青松经雨露晨雾滋润后,在阳光的照耀之下,像油脂洗过一样润泽。膏,油脂。

⑨澹然:形容心境宁静。离言说:难以用言语来表达。

⑩悟悦:悟道之乐。足:满足。

溪　居①

柳宗元

久为簪组束②,幸此南夷谪③。

闲依农圃邻④,偶似山林客⑤。

晓耕翻露草,夜傍响溪石⑥。

来往不逢人,长歌楚天碧⑦。

注释:

①此诗是柳宗元被贬永州时所作,描写闲居的佳境。溪居:

　指柳宗元在永州零陵的冉溪边筑的屋舍。

②簪组：官吏的冠饰，此处用指为官生涯。束：束缚。

③南夷：古时对南方少数民族的贬称。此指永州地区。谪：
　贬官。

④农圃：农田。

⑤偶似：有时好像。

⑥响溪石：船桨碰溪石所发出的响声。

⑦楚天：指永州，因永州古属楚地之故。

乐府 七首

乐府，最初指古代音乐官署。据《汉书·礼乐志》记载，汉武帝开始建立乐府，掌管朝会宴飨、道路游行时所用的音乐，兼采集民间诗歌和乐曲。乐府作为一种诗体，最初就是指乐府官署所采集、创作的乐歌。后来魏晋至唐代可以入乐的诗歌和后人仿效乐府古题的作品也称为"乐府诗"，简称"乐府"。宋元以后的词、散曲和剧曲，因配合音乐，有时也称乐府。因此，乐府诗是古体诗中依据其源流及与音乐的关系所划分出的一种类别。其字数、句数和格律都没有严格的要求。

五言古诗与五古乐府，虽然在发生学上别有系统，但二者在句式和字数上有类似之处，即都要求每句五个字，句数长短不拘。而按照乐府曲调来说，五古乐府既有沿用乐府旧题写时事以抒发自己情感的，也有摹仿民歌以写男女恋情的，还有"悲如蛩螀"（姜夔《白石道人诗说》）的吟体。

塞上曲^①

王昌龄

蝉鸣空桑林^②，八月萧关道^③。

出塞入塞寒，处处黄芦草。

从来幽并客^④，皆共尘沙老。

莫学游侠儿^⑤，矜夸紫骝好^⑥。

注释:

①此为写幽、并健儿的边塞诗。塞上曲：为唐新乐府辞，出自汉乐府《出塞》、《入塞》，属横吹曲辞。此题一作"塞下曲"。

②空桑林：指秋天桑林叶落，变得空疏。

③萧关：在今宁夏固原县东南。

④幽并(bīng)客：幽州和并州的人。幽、并二州在今河北、山西和陕西一部分，此概指燕赵之地。

⑤游侠儿：指重意气、以勇武驰骋天下的人。

⑥矜夸：夸耀。紫骝：古骏马名。此指骏马。

塞下曲^①

王昌龄

饮马度秋水，水寒风似刀。

平沙日未没，黯黯见临洮^②。

昔日长城战^③，咸言意气高^④。

黄尘足今古^⑤，白骨乱蓬蒿^⑥。

注释:

①这是一首具有非战意味的边塞诗。塞下曲:唐新乐府辞,
属横吹曲辞。

②黯黯:隐隐约约的样子。临洮:在今甘肃省岷县,唐时为边
防要地。古长城西边的起点。

③长城战:指开元二年(714)唐军在临洮和吐蕃的战争。

④咸:都。

⑤足:充满。今古:从古至今。

⑥蓬蒿:野草。

关山月①

李白

明月出天山②,苍茫云海间。

长风几万里,吹度玉门关③。

汉下白登道④,胡窥青海湾⑤。

由来征战地⑥,不见有人还。

戍客望边邑⑦,思归多苦颜。

高楼当此夜⑧,叹息未应闲。

注释:

①关山月为古乐府名,本为诉离别之苦。李白用此题写边塞
戍士思归及闺中思夫的内容。

②天山:此指甘肃境内祁连山。

③玉门关:故址在今甘肃省敦煌西,为唐时边关,是通西域的
关塞要道。

④汉:指汉朝。下:出兵之意。白登:白登山,在今山西省大
　同市东。据《汉书》记载,汉高祖亲征匈奴,曾被困于白
　登山。
⑤胡:此指吐蕃。青海湾:指青海湖,在今青海省西宁附近。
⑥由来:从来。
⑦戍客:守边将士。
⑧高楼:指在高楼中的远征边塞将士的妻子。

子夜吴歌①

李白

长安一片月,万户捣衣声②。
秋风吹不尽,总是玉关情③。
何日平胡虏④,良人罢远征⑤。

注释:
①李白此题下有四首,分咏春夏秋冬。此为第三首《秋歌》,
　写女子秋夜思念远征丈夫。子夜吴歌:古乐府名。相传是
　东晋一位名叫子夜的女子所作,因起于吴地,故名。《清商
　曲·吴声歌曲》有《子夜歌》、《子夜四时歌》、《大子夜
　歌》等。
②捣衣:深秋时,家家少妇捣衣,准备冬衣,同时寄托对远戍
　边关丈夫的思念。
③玉关情:指对玉门关外戍边丈夫的思念之情。
④胡虏:侵扰边境的敌人,此指匈奴。
⑤良人:古时妻子对丈夫的尊称。罢:停止。

长干行①

李白

妾发初覆额②,折花门前剧③。

郎骑竹马来④,绕床弄青梅⑤。

同居长干里,两小无嫌猜。

十四为君妇,羞颜未尝开⑥。

低头向暗壁,千唤不一回。

十五始展眉⑦,愿同尘与灰⑧。

常存抱柱信,岂上望夫台⑨。

十六君远行,瞿塘滟滪堆⑩。

五月不可触⑪。猿声天上哀⑫。

门前迟行迹,一一生绿苔。

苔深不能扫,落叶秋风早。

八月蝴蝶黄,双飞西园草。

感此伤妾心,坐愁红颜老。

早晚下三巴⑬,预将书报家⑭。

相迎不道远⑮,直至长风沙⑯。

注释:

①此诗代商人妇自白,回忆其与夫君青梅竹马的童年,抒发
盼君早归的急切和挚爱。长干行:乐府《杂曲歌辞》旧题,
本为江南一带民歌,内容多写男女恋情。长干,地名,古时
建业(今江苏南京市)有长干里,处秦淮河南岸,地近长江。

《舆地纪胜》:"江东谓山陇之间曰干,金陵五里有山冈,其间平地民庶杂居,有大长干,小长干,东长干,并是地名。"

②妾:古代妇女自称。

③剧:游戏。

④郎:古代妻子对丈夫的称呼。竹马:儿童游戏时,把竹竿当马骑,即称竹马。

⑤床:井栏杆。弄:玩。

⑥羞颜未尝开:指结婚后的害羞之意还没有释解。

⑦展眉:指懂得人事,不再害羞。

⑧愿同尘与灰:意谓愿与丈夫同生共死。

⑨"常存"二句:表达对夫妻情爱的坚信不疑。抱柱信,典出《庄子·盗跖》,相传古代尾生和一女子约会于桥下,到时女子未来,而潮水已至,尾生坚持不去,抱桥柱而被淹死。此后用来比喻信守诺言、忠贞不二。望夫台,古时传说有丈夫久出不归,妻子在台上眺望,久而成石,此台称望夫台。

⑩瞿塘:瞿塘峡,长江三峡之一,在今重庆市奉节县。滟滪(yànyù)堆:瞿塘峡口的一块大礁石。

⑪五月不可触:指船只不要碰到礁石。阴历五月江水上涨,滟滪堆被江水淹没,往来船只极易触礁。《太平寰宇记》中民谣有"滟滪大如襆,瞿塘不可触"句。

⑫猿声天上哀:瞿塘峡两岸,高山耸立,山中群猿啼声凄厉,船行其间,闻猿啸之声似在天上。

⑬下三巴:指丈夫离开三巴顺流而下。三巴,巴郡、巴东、巴西统称三巴,地在今重庆市东部。

⑭书:家信。

⑮不道远:不嫌远。

⑯长风沙:地名,在今安徽省安庆东长江边,地险水急。

孟 郊

孟郊(751—814),字东野,湖州武康(今浙江德清)人,郡望平昌(今山东安丘)。贞元十四年(798)登进士第,当过溧阳尉、水陆转运从事、大理评事。元和九年(814)暴疾卒。孟郊生性孤直,不谐世媚俗,一生穷困潦倒,却刻意吟诗,到了"刿目鉥心,刃迎缕解,钩章棘句,掐擢胃肾"(韩愈《贞曜先生墓志铭》)的地步。

他的诗"蹇涩穷僻,琢削不假,真苦吟而成"(魏泰《临汉隐居诗话》),"横空盘硬语,妥帖力排奡"(韩愈《荐士》)。张为《诗人主客图》把他列为"清奇僻苦主",苏轼将他与贾岛并称为"郊寒岛瘦"(《祭柳子玉文》)。但大家最喜欢的却还是孟郊为数不多的平易自然的作品,如《游子吟》、《列女操》、《结爱》等。传有《孟东野诗集》十卷,《全唐诗》编其诗十卷。

列女操①

孟郊

梧桐相待老②,鸳鸯会双死③。
贞妇贵殉夫④,舍生亦如此。
波澜誓不起,妾心古井水⑤。

注释:

①此诗代贞妇写其节烈自誓。列女操:古乐府《琴曲》歌辞旧题。列,同烈。操,是琴曲中的一种体裁。

②梧桐:树名,据说梧树为雄树,桐树为雌树,并立而生,相伴到老。

③鸳鸯：水鸟，鸳鸯鸟总是雌雄相随，结伴而行，同生共死。
会：总是。双死：双双就死。
④贵：崇尚。殉夫：随同去世的丈夫一同死去。
⑤"波澜"二句：指烈女为夫守节。妾，古时女子自称。古井水，指井水波澜不起，比喻人心不会动摇。

游子吟①

孟郊

慈母手中线，游子身上衣。
临行密密缝，意恐迟迟归。
谁言寸草心，报得三春晖②。

注释：

①此题下有自注："迎母溧上作。"可知此诗是孟郊为溧阳县尉时，迎养母亲时所作的。吟：诗体之一。
②"谁言"二句：谁说儿女微薄的孝心能报答得了阳光般温暖的母爱呢？寸草心，指小草生出的嫩芽，又象征儿女的孝心。寸草，小草。三春晖，指春天的阳光，也象征母爱。三春，春天。因春季有三个月，故称。

七言古诗 二十八首

　　七言古诗,又称七言古风,简称"七古",一般是对七言古诗和歌行的统称。作为古体诗的一种,七言古诗起源于汉代民间歌谣,甚至更早。每句字数一般为七个,但也并不绝对如此,只要诗中多数句子是七个字就可以,每篇句数不拘。七言古诗是中国古典诗歌的主要形式之一,其形式活泼、体裁多样、句法和韵脚的处理较为自由,而且富有极强的抒情、叙事的表现力。尤其是其中篇幅较长者,容量较大,用韵也非常灵活。

　　现在公认最早、最完整的七古是曹丕的《燕歌行》。南北朝时期,鲍照致力于七古创作,将之发展成一种充满活力的诗体。唐代七古气象宏放,手法多样,深沉开阔,代表诗人有李白、杜甫、韩愈、李颀、岑参等。

陈子昂

陈子昂(661—702),字伯玉,梓州射洪(今属四川)人。文明元年(684)登进士第,当过麟台正字、右卫胄曹参军、右拾遗。世称"陈正字"或"陈拾遗"。圣历元年(698)辞官回乡,被县令段简陷害,死于狱中。陈子昂是初唐诗歌革新的先驱,他反对齐梁诗风,提倡复兴"汉魏风骨"。刘克庄评曰:"陈拾遗首唱高雅冲淡之音,一扫六代之纤弱。"(《后村诗话》)高棅盛赞为:"继往开来,中流砥柱,上遏贞观之微波,下决开元之正派。"(《唐诗品汇·五言古诗叙目》)他的《感遇诗》三十八首"尽削浮靡,一振古雅"(胡应麟《诗薮》),"词旨幽邃,音节豪宕"(朱熹《斋居感兴二十首序》),直追阮籍《咏怀》,以至于方回极称《感遇诗》三十八首为唐诗"古体之祖"(《瀛奎律髓汇评》)。今有《陈伯玉文集》十卷行世,《全唐诗》编其诗二卷。

登幽州台歌①

陈子昂

前不见古人,后不见来者。
念天地之悠悠②,独怆然而涕下③。

注释:

① 此诗是万岁通天初年(696),陈子昂随军北征契丹,登台而作。其诗意本《楚辞·远游》:"惟天地之无穷兮,哀人生之长勤。往者余弗及兮,来者吾不闻。步徙倚而遥思兮,怊惝恍而乖怀。"慨叹人生短暂,宇宙无穷。幽州台:即蓟北楼,又叫蓟丘、燕台,相传是燕昭王为招揽人才而筑的黄金

台,故址在今北京市。幽州,郡名,治所蓟,在今北京大
兴县。

②悠悠:无穷无尽的样子。

③怆然:伤感悲凉的样子。涕:眼泪。

李　颀

李颀(生卒年不详),赵郡(今河北赵县)人,居住颍阳
(今河南登封)。开元二十三年(735)进士,当过新乡尉,后弃
官隐居颍阳。他交游广泛,与王昌龄、崔颢、高适、岑参、王
维、綦毋潜等著名诗人都有交往,诗名颇著。

殷璠评论李颀的诗"发调既清,修辞亦绣,杂歌咸善,玄
理最长"(《河岳英灵集》)。贺贻孙认为:"唐李颀诗虽近于幽
细,然气骨则沉壮坚老。"(《诗筏》)他最擅七言,胡应麟把他
与高适、岑参、王维并称,形容为"音节鲜明,情致委折,浓纤
修短,得衷合度"(《诗薮》)。他的七律更是大受称誉,陆时雍
称其"诗格清炼,复流利可诵,是摩诘以下第一人"(《唐诗
镜》)。王士禛更说:"唐人七言律,以李东川、王右丞为正
宗。"(《师友诗传录》)今存《李颀诗集》,《全唐诗》存其诗
三卷。

古　意①

李颀

男儿事长征②,少小幽燕客③。

赌胜马蹄下④,由来轻七尺⑤。

杀人莫敢前⑥,须如猬毛磔⑦。

黄云陇底白云飞，未得报恩不得归。

辽东小妇年十五⑧，惯弹琵琶解歌舞⑨。

今为羌笛出塞声⑩，使我三军泪如雨。

注释：

①此诗为写幽燕客立功边关雄心和思乡之情的边塞诗。古
　意：即拟古诗。

②事长征：从军远征。

③幽燕：泛指今辽宁、河北一带，在唐时为边境地区。

④赌胜：逞强争胜。

⑤轻七尺：意谓不惧怕死亡。七尺，七尺之躯，此谓生命。

⑥杀人莫敢前：奋勇杀敌，使敌人不敢近前。

⑦须如猬毛磔(zhé)：意谓胡须如刺猬毛一样纷张，以形容形
　貌威猛。猬毛磔，语本《晋书·桓温传》，称桓温姿貌威武，
　"眼如紫石棱，须作猬毛磔"。猬，刺猬。磔，张开。

⑧小妇：少妇。

⑨解：擅长之意。

⑩羌笛：据说笛出于羌中，故称。

送陈章甫①

李颀

四月南风大麦黄，枣花未落桐叶长。

青山朝别暮还见，嘶马出门思旧乡。

陈侯立身何坦荡②，虬须虎眉仍大颡③。

腹中贮书一万卷，不肯低头在草莽。

东门酤酒饮我曹④，心轻万事如鸿毛。

醉卧不知白日暮，有时空望孤云高。

长河浪头连天黑，津吏停舟渡不得⑤。

郑国游人未及家⑥，洛阳行子空叹息⑦。

闻道故林相识多⑧，罢官昨日今如何⑨。

注释:

①此诗是李颀送陈章甫罢官还乡之作。陈章甫:楚人,开元
   中进士。

②陈侯:对陈章甫的尊称。

③虬(qiú)须:蜷曲的胡须。大颡(sǎng):宽额。

④酤(gū)酒:买酒。饮(yìn):使喝,作动词。我曹:我辈,
   我们。

⑤津吏:管理渡口的小官。

⑥郑国游人:指陈章甫。河南春秋时属郑国,陈曾在河南居
   住了很久。

⑦洛阳行子:作者自指。因李颀曾任新乡县尉,地近洛阳。

⑧故林:故乡。

⑨昨日:犹言过去。

琴　歌①

李颀

主人有酒欢今夕，请奏鸣琴广陵客②。

月照城头乌半飞③，霜凄万木风入衣。

铜炉华烛烛增辉④，初弹《渌水》后《楚妃》⑤。

一声已动物皆静,四座无言星欲稀⑥。
清淮奉使千馀里⑦,敢告云山从此始⑧!

注释:

①此诗写作者在酒宴上听琴的情景,以及由此生发的感触。

②广陵客:本指嵇康,因他曾作琴曲《广陵散》,故称。《世说新语·雅量》载嵇康临刑东市,神色不变,索琴弹之,奏《广陵散》。曲终,曰:"昔袁孝尼尝从吾学《广陵散》。吾每靳固之不与,《广陵散》于今绝矣。"此处指善于弹琴的人。

③乌:乌鸦。

④华烛:饰有文采的蜡烛。

⑤《渌水》、《楚妃》:均为琴曲名。

⑥星欲稀:指夜渐渐深了。

⑦清淮奉使:李颀曾任新乡(今河南新乡县)县尉,地近淮水,故言。淮,淮水。奉使,奉命出使。

⑧敢告云山:即有归隐山林之意。后李颀归隐颍阳(今河南登封县西南)之东川。敢告,敬告之意。

听董大弹胡笳弄兼寄语房给事①

李颀

蔡女昔造胡笳声②,一弹一十有八拍。
胡人落泪沾边草,汉使断肠对归客③。
古戍苍苍烽火寒,大荒阴沉飞雪白。
先拂商弦后角羽④,四郊秋叶惊摵摵⑤。
董夫子⑥,通神明,深松窃听来妖精⑦。

言迟更速皆应手,将往复旋如有情⑧。
空山百鸟散还合,万里浮云阴且晴。
嘶酸雏雁失群夜,断绝胡儿恋母声⑨。
川为静其波,鸟亦罢其鸣。
乌珠部落家乡远⑩,逻娑沙尘哀怨生⑪。
幽音变调忽飘洒,长风吹林雨堕瓦。
迸泉飒飒飞木末⑫,野鹿呦呦走堂下⑬。
长安城连东掖垣⑭,凤凰池对青琐门⑮。
高才脱略名与利⑯,日夕望君抱琴至。

注释:

① 此诗描摹董大用琴来弹胡笳的声音,向房给事举荐董大。
董大:董庭兰,唐肃宗宰相房琯的门客,因善于弹琴而深得
房琯宠信。后招纳贿赂,以致房琯受到弹劾。胡笳弄:胡
笳本是一种用芦叶卷成的吹奏乐器。据《乐府诗集·琴曲
歌辞》转录唐刘商序文中云:"后董生(董庭兰)以琴写胡笳
声为十八拍,今之《胡笳弄》是也。"则知《胡笳弄》是董庭兰
创作的用琴声来模仿胡笳乐声的琴曲。房给事:即房琯,
因他曾官任"给事中",故称。

② 蔡女:蔡琰,即蔡文姬。蔡文姬为东汉文学家蔡邕之女,董
卓之乱时,被董卓部下羌兵掳去,流落匈奴左贤王部伍中,
曾作《胡笳十八拍》曲。

③ 归客:指蔡文姬。建安十二年(207),曹操派使节把她从匈
奴赎回。

④ 商弦、角、羽:古时以宫、商、角、徵、羽为五声音阶之名。古

琴七弦,配宫、商、角、徵、羽及变宫、变徵为七音。

⑤摵(shè)摵:形容叶落声。此处形容琴声。

⑥董夫子:尊称董大。

⑦"通神明"二句:董大的技艺能感动鬼神。

⑧"言迟"二句:无论急奏还是慢弹,都得心应手,其指法就好
　像能传达情感。

⑨"嘶酸"二句:这是作者听琴声而产生的联想。嘶酸,令人
　悲凄心酸的鸣叫。胡儿恋母,蔡文姬归汉时,和与匈奴人
　生的孩子诀别。这在其《悲愤诗》中有所描写。

⑩乌珠部落:即指南匈奴,蔡文姬所在之地。乌珠,指匈奴乌
　珠留若鞮单于,名囊知牙斯,汉成帝时人。

⑪逻娑(luósuō):唐时吐蕃的首都,即今西藏拉萨市。蔡文姬
　为羌兵所掳,而吐蕃系出西羌,故称。

⑫飒(sà)飒:形容雨声。木末:树梢。

⑬呦呦(yōu):鹿鸣之声。

⑭东掖垣:指门下省。房琯任给事中,属门下省。唐时门下
　省和中书省分处禁中东西掖。门下省在东面称左掖。

⑮凤凰池:指中书省。因在禁中西边,亦称右省。又因中书
　多承宠任,接近皇帝,故又被称为凤凰池或凤池。青琐门:
　宫门。因刻有连环图案,涂青色而名。

⑯高才:指房琯。脱略:不受拘束。

听安万善吹觱篥歌①

李颀

南山截竹为觱篥,此乐本自龟兹出②。

流传汉地曲转奇③,凉州胡人为我吹④。

傍邻闻者多叹息，远客思乡皆泪垂。
世人解听不解赏⑤，长飙风中自来往⑥。
枯桑老柏寒飕飗，九雏鸣凤乱啾啾⑦，
龙吟虎啸一时发⑧，万籁百泉相与秋。
忽然更作渔阳掺⑨，黄云萧条白日暗。
变调如闻杨柳春⑩，上林繁花照眼新⑪。
岁夜高堂列明烛⑫，美酒一杯声一曲。

注释：

①此诗为摹写觱篥声音的音乐诗。安万善：凉州胡人，生平
　不详。觱篥(bìlì)：又作"筚篥"，是古代的一种管乐器，形
　似喇叭。

②龟兹(qiūcí)：汉西域国名，在今新疆库车县。

③曲转奇：曲调婉转更加奇妙。

④凉州胡人：此处指安万善。

⑤解：懂得。赏：指领会曲意。

⑥长飙(biāo)：形容乐声急骤。飙，疾风。

⑦"枯桑"二句：形容乐声的凄厉幽寒和轻盈嘈杂。飕飗
　(sōuliú)，象声词，形容狂风吹桑、柏的凄凉之声。九雏鸣
　凤，语本古乐府《陇西行》："凤凰鸣啾啾，一母将九雏。"啾
　(jiū)啾，象声词，此指雏凤轻细的叫声。此句写古乐的轻
　柔和嘈杂交错。

⑧龙吟：古即有虎啸风生，龙吟鸟鸣之语。

⑨渔阳掺(càn)：古名鼓曲。据《后汉书·祢衡传》记载，曹操
　为羞辱祢衡，命其为鼓吏，衡则当众奏《渔阳掺》痛骂曹操，
　音节悲壮。

⑩变调：改变曲调。杨柳：指曲调《杨柳枝》，唐时入教坊。

⑪上林：指上林苑。上林苑为秦汉名苑，是皇帝游赏的园囿，在今西安鄠县。

⑫岁夜：除夕。

夜归鹿门歌①

孟浩然

山寺钟鸣昼已昏②，渔梁渡头争渡喧③。

人随沙岸向江村，余亦乘舟归鹿门。

鹿门月照开烟树④，忽到庞公栖隐处⑤。

岩扉松径长寂寥⑥，唯有幽人自来去⑦。

注释：

①此诗写夜归一路所见，抒发企慕古贤的情怀。鹿门：山名，在今湖北省襄阳。据《后汉书·庞公传》载，东汉时庞德公在鹿门山采药，是著名的隐者。孟浩然追慕先贤高致，也在此地隐居。

②昼已昏：指天色已近黄昏。

③渔梁：地名，指渔梁洲，在今湖北省襄樊境内。《水经注·沔水》载："沔水中有鱼梁洲，庞德公所居。"

④开烟树：指月光下，原先烟幕缭绕下的树木渐渐显现出来。

⑤庞公：即庞德公。

⑥岩扉：指山岩相对如门。

⑦幽人：隐者，孟浩然自称。

庐山谣寄卢侍御虚舟①

李白

我本楚狂人②,凤歌笑孔丘③。

手持绿玉杖,朝别黄鹤楼④。

五岳寻仙不辞远⑤,一生好入名山游。

庐山秀出南斗傍⑥,屏风九叠云锦张⑦,

影落明湖青黛光⑧。

金阙前开二峰长⑨,银河倒挂三石梁⑩。

香炉瀑布遥相望⑪,迥崖沓嶂凌苍苍⑫。

翠影红霞映朝日⑬,鸟飞不到吴天长⑭。

登高壮观天地间,大江茫茫去不还。

黄云万里动风色,白波九道流雪山⑮。

好为庐山谣⑯,兴因庐山发。

闲窥石镜清我心⑰,谢公行处苍苔没⑱。

早服还丹无世情⑲,琴心三叠道初成⑳。

遥见仙人彩云里,手把芙蓉朝玉京㉑。

先期汗漫九垓上,愿接卢敖游太清㉒。

注释:

①此诗为李白晚年所作,是写景名篇,它描绘了庐山雄奇之
景,在寄情山水之馀,更有求仙问道之心。庐山:在今江西
省九江市南。谣:本指不入乐的歌曲。卢虚舟:字幼真,范
阳(今北京大兴)人,唐肃宗时曾为殿中侍御史。曾与李白
同游庐山。

②楚狂人：指春秋时楚国隐士接舆。据皇甫谧《高士传》载，陆通，字接舆，楚人。因楚昭王昏乱，伴狂不仕，人称"楚狂"。此是李白以此人自喻。

③凤歌笑孔丘：《论语·微子》中载，(孔子适楚)楚狂接舆歌而过孔子，曰："凤兮凤兮，何德之衰？"劝孔子绝仕免祸。凤歌，即其所歌"凤兮凤兮"句。

④黄鹤楼：在今湖北省武汉市。

⑤五岳：指东岳泰山、南岳衡山、西岳华山、北岳恒山、中岳嵩山。

⑥南斗：星宿名，因在南方，故名南斗。古代以星宿分野，地上每一区域，都与天上星宿相对应。浔阳为南斗星(今江西省九江市)分野，庐山即在浔阳西北，故言"南斗傍"。

⑦屏风九叠：庐山胜景之一。在庐山五老峰东北，因山似屏风重叠，故称为九叠云屏或屏风叠。云锦张：彩色云霞如锦缎般张挂在山前。

⑧明湖：指鄱阳湖。青黛：青黑色。

⑨金阙：金阙岩，在香炉峰西南。二峰：指香炉峰和双剑峰。

⑩银河：比喻瀑布。倒挂三石梁：此指九叠云屏之左的三叠泉，其水势三折而下，如银河倒挂于石梁。

⑪香炉瀑布：香炉峰边有瀑布倾泻而下。

⑫迥崖：高高的山崖。沓(tà)嶂：重叠的险峰。凌：直达。苍苍：指青天。

⑬翠影：指青翠的山影。

⑭吴天：庐山古属吴国，故称此地的天空为吴天。

⑮九道：长江流经今江西省九江市的一段江水，有九条支流，称九派，也叫九道。白波、雪山：形容江水泛起的波浪。

⑯好(hào)：喜欢。

⑰石镜：据《太平寰宇记》载庐山东面悬崖上有圆石，明净可照见人影，故称为石镜。

⑱谢公：指南朝诗人谢灵运。他游庐山时，留下诗篇《入彭蠡湖口》，有"攀崖照石镜"之句。又在《登庐山绝顶望诸峤》中有"峦陇有合沓，往来无足辙"句。行处：足迹。没（mò）：隐灭。

⑲还丹：道家炼丹，丹砂烧成水银，炼久又还成丹砂，叫还丹。无世情：指了却世俗之情，得道升仙。据说服还丹，可白日升天。

⑳琴心三叠：道家术语，指修炼内功，使心和神悦，从而使上、中、下三丹田合一，故称之为"琴心三叠"。

㉑朝：朝见。玉京：道家所说的天神元始天尊所居之地。

㉒"先期"二句：典出《淮南子·道应训》：卢敖周游天下，至蒙谷山上，见一相貌清奇之士，笑卢敖所见不广。卢敖邀之同游，他说："吾与汗漫期于九垓之外，吾不可以久驻。"说完跳入云中而去。期，相约。汗漫，神仙名，意谓不可知之。九垓（gāi），九天。卢敖，燕人，秦始皇时召为博士，派他求神仙而不返。太清，道家有玉清、上清、太清为三清之说，太清为天空最高层。李白在此处化用此典，把卢虚舟比作卢敖，寄此诗与他相约，共游仙境。

梦游天姥吟留别①

李白

海客谈瀛洲②，烟涛微茫信难求③。

越人语天姥④，云霓明灭或可睹。

天姥连天向天横，势拔五岳掩赤城⑤。

天台四万八千丈,对此欲倒东南倾⑥。

我欲因之梦吴越,一夜飞度镜湖月⑦。

湖月照我影,送我至剡溪⑧。

谢公宿处今尚在⑨,绿水荡漾清猿啼。

脚著谢公屐⑩,身登青云梯⑪。

半壁见海日⑫,空中闻天鸡⑬。

千岩万壑路不定,迷花倚石忽已暝⑭。

熊咆龙吟殷岩泉⑮,慄深林兮惊层巅⑯。

云青青兮欲雨,水澹澹兮生烟⑰。

列缺霹雳⑱,丘峦崩摧⑲。

洞天石扉⑳,訇然中开㉑。

青冥浩荡不见底㉒,日月照耀金银台㉓。

霓为衣兮风为马㉔,云之君兮纷纷而来下㉕。

虎鼓瑟兮鸾回车㉖,仙之人兮列如麻。

忽魂悸以魄动㉗,恍惊起而长嗟㉘。

惟觉时之枕席㉙,失向来之烟霞㉚。

世间行乐亦如此,古来万事东流水。

别君去兮何时还,且放白鹿青崖间㉛,

须行即骑访名山。

安能摧眉折腰事权贵㉜,使我不得开心颜。

注释:

①此诗以写梦中佳境留别友人,表达遭谗离京,意欲寻仙的

愤懑。天姥(mǔ):山名。天姥山在今浙江天台县、嵊县和新昌县之间,为道教七十二福地之第十六福地,相传是因闻天姥歌声而得名。自六朝时起,天姥山就成为游览的胜地,并传说曾有仙人居其中。吟:诗体名,是歌行体中的一种。此诗又题作《别东鲁诸公》。

②海客:来自海上的人。瀛(yíng)洲:古代传说东海中以蓬莱、方丈、瀛洲为海上三仙山,山中多居仙人。

③微茫:隐约迷离,形容海上烟雾飘渺、波涛天际的样子。

④越人:指当地人。天姥山古属越地。

⑤拔:超越。五岳:东岳泰山、南岳衡山、西岳华山、北岳恒山、中岳嵩山合称五岳。掩:压倒。赤城:山名。赤城山为仙霞岭支脉,正与天姥山相对,据说山色皆赤,故称赤城。

⑥"天台"二句:天台山虽高,但在天姥山面前,却像要向东南倾倒。上四句都是"越人语天姥"的内容。天台,即天台山,在今浙江天台县,天姥山东南面。四万八千丈,极言山之高。

⑦"我欲"二句:我听了越人的话,夜间梦游吴越之地,梦魂飞到镜湖,见到湖中之月。镜湖,即鉴湖,在今浙江绍兴。

⑧剡(shàn)溪:水名。即曹娥江上游,在今浙江嵊县。

⑨谢公:即谢灵运。他曾游过天姥山,投宿剡溪。有《登临海峤与从弟惠连》诗曰:"暝投剡中宿,明登天姥岑。"

⑩谢公屐(jī):据《南史·谢灵运传》记载,谢灵运曾为登山专门制作了一种木屐,上山去其前齿,下山去其后齿,世称"谢公屐"。

⑪青云梯:指陡峭的山石级。语本谢灵运《登石门最高顶》"惜无同怀客,共登青云梯"。

梦游天姥吟留别

⑫半壁：半山腰。

⑬天鸡：《述异记》说桃都山上有大树，树上有天鸡，日出照临此树，天鸡就开始鸣叫，于是天下的鸡都随之报晓。

⑭暝（míng）：昏黑。

⑮殷（yīn）：震动。

⑯慄（lì）：恐惧。巅：山顶。

⑰澹澹：水波闪动的样子。

⑱列缺：闪电。霹雳：雷鸣。扬雄《羽猎赋》："霹雳列缺，吐火施鞭。"

⑲丘峦：山峰。

⑳洞天：道家所谓神仙居处。石扉（fēi）：石门。

㉑訇（hōng）然：轰然巨响。

㉒青冥：天空。

㉓金银台：神仙宫阙。语本郭璞《游仙诗》"神仙排云出，但见金银台。"

㉔霓：彩虹。

㉕云之君：指云神。《楚辞·九歌》中有《云中君》篇。

㉖鼓瑟：弹瑟。瑟，古代的一种弦乐器。鸾：仙鸟。

㉗魂悸以魄动：即魂魄悸动。悸，动。

㉘恍（huǎng）：恍然。长嗟（jiē）：长叹。

㉙觉时：醒来时。

㉚向来：刚才。

㉛白鹿：《楚辞·哀时命》有"浮云雾而入冥兮，骑白鹿而容与"句，王逸注曰："言已与仙人俱出，……乘云雾骑白鹿而游戏也。"以后诗人咏游仙时，白鹿即为游仙坐骑。

㉜摧眉折腰：低头哈腰。

金陵酒肆留别①

李白

风吹柳花满店香,吴姬压酒劝客尝②。

金陵子弟来相送,欲行不行各尽觞③。

请君试问东流水,别意与之谁短长④。

注释:

①此诗是李白离开金陵,东游扬州前留赠友人之作。金陵:
今江苏南京市。酒肆:酒店。

②吴姬:指酒店侍女,因金陵古属吴地,故称吴姬。压酒:取
酒。酿就新酒,须压酒槽取之,故称压酒。

③尽觞(shāng):干杯。

④"请君"二句:请你问一问东流的江水,离别的情意与这水
比起来,谁短谁长。

宣州谢朓楼饯别校书叔云①

李白

弃我去者昨日之日不可留,乱我心者今日之
日多烦忧。

长风万里送秋雁,对此可以酣高楼②。

蓬莱文章建安骨③,中间小谢又清发④。

俱怀逸兴壮思飞,欲上青天览明月⑤。

抽刀断水水更流,举杯销愁愁更愁。

人生在世不称意,明朝散发弄扁舟⑥。

注释：

①此诗是天宝末年李白在宣州饯别族叔时所作，以谢朓比李云，抒写在世不称意的苦闷。宣州：在今安徽宣城县。谢朓：字玄晖，阳夏（今河南太康）人，南朝时齐诗人。谢朓楼：谢朓任宣州太守时所建，又称北楼，唐时改名叠嶂楼。校书叔云：李白族叔，名李云，曾任秘书省校书郎。

②酣：畅饮。

③蓬莱文章建安骨：此为称赞李云的文章。蓬莱文章，此指李云的文章。因李云任秘书省校书郎，专事校订图书，故借蓬莱作比喻。蓬莱，《后汉书·窦章传》记载，东汉学者称朝廷藏书楼东观为"蓬莱山"，因为传说海上仙山蓬莱藏有"幽经秘籍"。此处借指李云所在的秘书省。建安骨，建安风骨。汉末建安年间，曹操父子和建安七子所作诗文苍劲刚健，史称"建安风骨"。

④小谢：谢朓。后人把他与谢灵运并称，称谢灵运"大谢"，称谢朓"小谢"。清发：清新秀发。此处是李白自比小谢。

⑤览：通"揽"，摘取。

⑥散发：古人平时都束发戴帽，闲散时松开头发，称散发。后因其有不受冠冕拘束之意，引申出弃官归隐之意。又因头发披散零乱，便有了疏狂放纵的意味。扁（piān）舟：小船。

走马川行奉送封大夫出师西征①

岑参

君不见走马川行雪海边②，平沙莽莽黄入天③。
轮台九月风夜吼④，一川碎石大如斗，
随风满地石乱走。

匈奴草黄马正肥⑤,金山西见烟尘飞⑥,
汉家大将西出师⑦。
将军金甲夜不脱,半夜军行戈相拨⑧,
风头如刀面如割。
马毛带雪汗气蒸,五花连钱旋作冰⑨,
幕中草檄砚水凝⑩。
虏骑闻之应胆慑⑪,料知短兵不敢接⑫,
车师西门伫献捷⑬。

注释:

①此诗当作于天宝十三年(754)九月,极力铺张自然环境的
险恶以反衬大军的一往无前。走马川:地名,在北庭川,今
新疆古尔班通古特。行:古诗体裁之一。封大夫:指封常
清,蒲州猗氏(今山西临猗)人。天宝年间任北庭都护、伊
西节度使、瀚海军使,调岑参任安西、北庭节度判官,军府
驻轮台。因封常清曾任御史大夫,故称封大夫。西征:封
常清于天宝十三年率军对突厥西叶护阿布思叛军馀部用
兵,一月之内,受降而归。

②雪海:山区名,为今新疆吉木萨尔县南之天山,因常年雨
雪,雪峰层叠,故称雪海。

③莽莽:浩渺无边的样子。

④轮台:在今新疆库车县东。封常清驻军于此,岑参亦常居
于此。

⑤匈奴草黄马正肥:据《汉书·匈奴传》记载,秋天草黄马肥
时,匈奴人常侵汉境劫掠。

⑥金山:即阿尔泰山,在今新疆北部和蒙古人民共和国西部。

　　此指敌军侵犯的方向。

⑦汉家大将：指封常清。

⑧戈相拨：指戈与铠甲互相碰击。

⑨五花连钱旋作冰：马鬃和马身上的雪与汗被冷风一吹很快
　冻成了冰。五花，即五花马。唐人剪马鬃成花状，三瓣称
　三花，五瓣称五花。连钱，指马身上斑驳如钱的花纹。旋，
　随即。

⑩草檄：起草军中征讨文书。

⑪慑（shè）：惧怕。

⑫料知短兵不敢接：敌人不敢短兵相接地战斗。短兵，指刀
　剑之类的短兵器。

⑬"车师"：古国名，唐时为北庭都护府治所北庭城。伫
　（zhù）：站着等待。

轮台歌奉送封大夫出师西征①

岑参

轮台城头夜吹角②，轮台城北旄头落③。

羽书昨夜过渠黎④，单于已在金山西⑤。

戍楼西望烟尘黑⑥，汉军屯在轮台北。

上将拥旄西出征⑦，平明吹笛大军行⑧。

四边伐鼓雪海涌⑨，三军大呼阴山动⑩。

虏塞兵气连云屯⑪，战场白骨缠草根。

剑河风急云片阔⑫，沙口石冻马蹄脱⑬。

亚相勤王甘苦辛⑭，誓将报主静边尘⑮。

古来青史谁不见⑯，今见功名胜古人。

注释:

①此诗与《走马川行》作于同时,着重描写汉师出征的声威,希望封常清能名垂青史。全诗意气昂扬。

②角:古时军中的乐器。

③旄(máo)头落:指胡兵败亡。旄头,星宿名,即"昴",二十八星宿之一,为胡星。

④羽书:插有鸟羽的军中紧急文书。渠黎:汉西域地名,在轮台东南。

⑤单(chán)于:匈奴君主称单于。此处用以指敌军。

⑥戍楼:屯兵驻防之城楼。烟尘黑:指烽火台上黑烟报警。

⑦拥旄:唐时节度使拥旄节,得以专制军事。此即谓指挥之意。旄,竿顶用旄牛尾为饰的旗,是古时派遣使臣或委任为将的标记。

⑧平明:天刚亮。

⑨伐鼓:击鼓。对敌军冲杀时以击鼓为号。

⑩阴山:山名,此指天山。

⑪虏塞:敌军营垒。

⑫剑河:唐时西域水名,在今叶尼塞河上游。

⑬沙口:地名。其地在西北边塞外。

⑭亚相:汉制以御史大夫位上卿,称亚相。此指封常清。勤王:为王事而劳。

⑮静边尘:使边境平安无事。

⑯青史:即史册。古时削青竹为简以记事,故称。

白雪歌送武判官归京①

岑参

北风卷地白草折②,胡天八月即飞雪③。

忽如一夜春风来,千树万树梨花开。

散入珠帘湿罗幕,狐裘不暖锦衾薄④。

将军角弓不得控⑤,都护铁衣冷犹着⑥。

瀚海阑干百丈冰⑦,愁云惨淡万里凝。

中军置酒饮归客⑧,胡琴琵琶与羌笛。

纷纷暮雪下辕门⑨,风掣红旗冻不翻⑩。

轮台东门送君去⑪,去时雪满天山路⑫。

山回路转不见君,雪上空留马行处。

注释:

①此诗与《轮台歌》作于同时,描写边地八月飞雪的奇丽景象,抒发送别武判官的无尽离思。白雪歌:乐府琴曲有《白雪歌》。判官:官名。唐时节度使、观察使下掌书记之官吏。武判官:其人不详。

②白草:因西域牧草秋天变白,故称。

③胡天:此处指西域的气候。

④衾(qīn):被子。

⑤角弓:以兽角为装饰的硬弓。控:拉弦。

⑥都护:官名。唐时曾设安西等六大都护府,每府有大都护,管理行政事务。铁衣:护身铁甲衣。着:穿。

⑦瀚海:即大沙漠。阑干:犹言纵横交错的样子。

⑧中军:主帅所在的军营。此指主帅营帐。

⑨辕门:军营之门。

⑩风掣(chè)红旗冻不翻:红旗因被冰雪冻住,风吹也不能使它拂动。掣,拽动。

⑪轮台:轮台县,北庭都护府治所。

⑫天山：唐时称伊州、西州以北一带山脉为天山。

韦讽录事宅观曹将军画马图①

杜甫

国初已来画鞍马②，神妙独数江都王③。

将军得名三十载④，人间又见真乘黄⑤。

曾貌先帝照夜白⑥，龙池十日飞霹雳⑦。

内府殷红玛瑙盘，婕妤传诏才人索⑧。

盘赐将军拜舞归，轻纨细绮相追飞⑨。

贵戚权门得笔迹，始觉屏障生光辉⑩。

昔日太宗拳毛䯄⑪，近日郭家狮子花⑫。

今之新图有二马⑬，复令识者久叹嗟。

此皆骑战一敌万⑭，缟素漠漠开风沙⑮。

其馀七匹亦殊绝，迥若寒空动烟雪⑯。

霜蹄蹴踏长楸间⑰，马官厮养森成列⑱。

可怜九马争神骏，顾视清高气深稳⑲。

借问苦心爱者谁，后有韦讽前支遁⑳。

忆昔巡幸新丰宫㉑，翠华拂天来向东㉒。

腾骧磊落三万匹㉓，皆与此图筋骨同。

自从献宝朝河宗㉔，无复射蛟江水中㉕。

君不见金粟堆前松柏里㉖，龙媒去尽鸟呼风㉗。

注释：

①广德二年(764)，杜甫在成都韦讽家见到曹霸《画马图》，感之作此诗。韦讽录事：韦讽，杜甫之友，时任阆州(今四川阆中县)录事，其宅在成都。曹将军：即曹霸，是三国魏著名画家曹髦之后。天宝间官左武卫将军，玄宗每命其画御马及功臣。安史之乱后，流落到四川。

②国初已来：大唐开国以来。

③江都王：指江都王李绪，唐太宗李世民之侄，以画马而著名。

④将军：指曹霸。

⑤人间又见真乘黄：传说中的神马，现在真的出现了。乘黄，古代传说中的神马。

⑥貌：描画。先帝：此指唐玄宗李隆基。照夜白：玄宗御马名。

⑦龙池十日飞霹雳：古时以龙比喻神马。此用以比喻曹霸所画之马如龙在池中腾跃飞舞，响声如雷。霹雳，疾雷声。

⑧"内府"二句：妃嫔们奉玄宗之诏，向内府索取马脑盘。内府，皇宫中的库房。殷(yān)红，紫红色。马脑盘，玛瑙所制的盘子。婕妤(jiéyú)、才人，皆为唐代宫中女官官名。

⑨"盘赐"二句：曹霸拿着皇帝赐的马脑盘回家，而皇亲贵戚又纷纷赠他丝织品以求画。拜舞，臣子拜见皇帝之礼仪。轻纨细绮，指精致名贵的丝织品。

⑩屏障：屏风。

⑪拳毛騧(guā)：太宗"六骏"其五，名拳毛騧。

⑫郭家狮子花：据苏鹗《杜阳杂编》记载，郭子仪败吐蕃收复长安后，唐代宗曾把御马九花虬、狮子骢赠给郭子仪。狮子花即狮子骢。

⑬新图：指所见之《画马图》。

⑭骑战：骑马作战。一作"战骑"。

⑮缟素:指白色的画绢。漠漠开风沙:指画中二马似在大漠
　风沙中奔来。

⑯"其馀"二句:画中其馀七匹也与众不同,远远望去,如同寒
　空中烟雪滚动飞舞。迥(jiǒng),远。

⑰霜蹄:白蹄。《庄子·马蹄》:"马蹄可以践霜雪。"长楸间:
　指大路间。长楸,古人种楸树于道路两边。

⑱厮养:饲养马的役卒。

⑲"可怜"二句:九匹马神奇雄健,互相顾盼,气质清高,沉静
　稳健。可怜,可爱。

⑳支遁:东晋名僧,字道林。《世说新语·言语》记载:"支道
　林尝养马数匹。或言道人畜马不韵,支曰:'贫道重其神
　骏耳。'"

㉑新丰官:即指骊山华清宫。

㉒翠华:皇帝出行时的仪仗。

㉓腾骧(xiāng):跳跃、奔驰。磊落:形容众多。

㉔献宝朝河宗:据《穆天子传》卷一记载,穆天子西征至阳纡
　之山,河宗伯与天子披图视典,用观宝器。后穆天子自此
　归而升天。此暗喻唐玄宗之死。据《旧唐书·肃宗本纪》
　记载,上元二年(761)楚州刺史崔侁向唐玄宗献宝玉,后一
　天玄宗即去世。

㉕射蛟江水中:《汉书·武帝本纪》记载,元封五年,汉武帝亲
　自在浔阳江中射蛟,获之。此句说唐玄宗再不能巡游了。

㉖金粟堆:玄宗墓葬泰陵,位于今陕西蒲城县金粟山。

㉗龙媒:《汉书·礼乐志》有"天马来,龙之媒"的说法。后称
　良马为龙媒。

丹青引 赠曹将军霸①

杜甫

将军魏武之子孙②，于今为庶为清门③。
英雄割据今已矣④，文彩风流今尚存⑤。
学书初学卫夫人⑥，但恨无过王右军⑦。
丹青不知老将至，富贵于我如浮云⑧。
开元之中常引见⑨，承恩数上南熏殿⑩。
凌烟功臣少颜色⑪，将军下笔开生面⑫。
良相头上进贤冠⑬，猛将腰间大羽箭⑭。
褒公鄂公毛发动⑮，英姿飒爽来酣战。
先帝天马玉花骢⑯，画工如山貌不同⑰。
是日牵来赤墀下⑱，迥立阊阖生长风⑲。
诏谓将军拂绢素⑳，意匠惨澹经营中㉑。
斯须九重真龙出㉒，一洗万古凡马空㉓。
玉花却在御榻上，榻上庭前屹相向㉔。
至尊含笑催赐金㉕，圉人太仆皆惆怅㉖。
弟子韩幹早入室㉗，亦能画马穷殊相㉘。
幹惟画肉不画骨，忍使骅骝气凋丧㉙。
将军画善盖有神，必逢佳士亦写真㉚。
即今飘泊干戈际㉛，屡貌寻常行路人㉜。
途穷反遭俗眼白㉝，世上未有如公贫。
但看古来盛名下，终日坎壈缠其身㉞。

注释：

①此诗作于广德二年(764)，综括曹霸一生的荣辱沉浮。全诗共四十句，每八句一换韵，韵随意转，平仄相间，是杜甫七言古诗的创格。丹青：丹砂、靛青等红绿颜料，后代指绘画。引：诗体名。

②将军：指曹霸。魏武：魏武帝曹操。因曹髦为曹操曾孙，曹霸又为曹髦之后，故称曹霸为魏武之子孙。

③庶：庶人，平民。曹霸在玄宗末年获罪，被贬为庶人。清门：寒门，即平民。

④英雄割据：指曹操在东汉末年与群雄争霸，建立魏国，称雄一方。已：止、去。

⑤文彩风流今尚存：曹霸能继承祖先的流风馀韵。文彩风流，指曹操父子能诗擅文。

⑥学书：学习书法。卫夫人：名铄，字茂漪，晋著名书法家，王羲之曾师从她学书法。

⑦过：超越。王右军：王羲之，字逸少，书法家。曾官右军将军，其书法为古今之冠。

⑧"丹青"二句：曹霸专心绘画，不慕富贵。不知老将至，用《论语·述而》"发愤忘食，乐以忘忧，不知老之将至云尔"之意。此句化用《论语·述而》"不义而富且贵，于我如浮云"之意。

⑨开元之中：指唐玄宗开元年间。

⑩承恩：被皇帝召见。数(shuò)：多次。南薰殿：在唐皇宫兴庆宫内。

⑪凌烟功臣：唐贞观十七年(643)，太宗命阎立本画二十四功臣像，置于凌烟阁中，褒崇勋德。少颜色：指画像色彩暗淡。

⑫开生面：指曹霸重画功臣像，又创了新的意境。

⑬进贤冠：古时文臣儒士所戴之礼帽，为黑布做成。

⑭大羽箭：一种四羽大杆长箭，为唐太宗所创制。

⑮褒公：褒国公段志立。鄂公：鄂国公尉迟敬德。

⑯先帝：指唐玄宗。玉花骢：唐玄宗所乘名马。

⑰画工如山：形容画工之多。貌不同：指所画各自不同，都不能逼真神似。貌，描绘。

⑱赤墀（chí）：即"丹墀"，宫内涂成红色的台阶。

⑲迥立：昂首挺立。阊阖（chānghé）：天宫之门，此指宫殿大门。生长风：形容马之神骏。

⑳诏：皇帝下令。绢素：白绢。

㉑意匠：构思之意。惨澹经营：煞费苦心之意。

㉒斯须：一会儿。九重真龙：意指真正的御马。九重，本指九重天，此指皇宫。语本《楚辞·九辩》："君之门以九重。"真龙，古称八尺马为龙。此谓良马。

㉓一洗万古凡马空：意谓此画的神马一出，万古以来所画的平庸之马都被一扫而空。

㉔"玉花"二句：此画挂起来，就好像真的玉花骢立于御榻之上，与庭前的活马相对而立，似乎难辨真假。玉花，玉花骢。却，反。屹，屹立。

㉕至尊：皇帝。

㉖圉（yǔ）人：养马人。太仆：执掌皇帝车马官。

㉗韩干：画家，唐玄宗时官至太府寺丞，最擅画马。初师曹霸，后独创一派。入室：弟子得老师真传，称入室。

㉘穷殊相：画尽其形、其相、其态，即曲尽其妙之意。

㉙"干惟"二句：以韩干衬托曹霸。画肉不画骨，指韩干画马过于肥大。骅骝，周穆王八骏之中有名骅骝，此泛称骏马。

气凋丧，指马没有了神气。

㉚佳士：道德高尚且气质不凡的人称佳士。写真：画人像。

㉛干戈际：指战乱时代。

㉜貌：描画。

㉝俗眼白：遭世俗之人的轻视。《晋书·阮籍传》："籍能为青白眼，见礼俗之士以白眼对之。母终，嵇喜来吊，籍作白眼，喜不怿而退。"此处即用此典。

㉞"但看"二句：看来自古负盛名之人，往往都被穷愁失意所困扰。坎壈（kǎnlǎn），贫困失意。

寄韩谏议注①

杜甫

今我不乐思岳阳②，身欲奋飞病在床。

美人娟娟隔秋水③，濯足洞庭望八荒④。

鸿飞冥冥日月白⑤，青枫叶赤天雨霜⑥。

玉京群帝集北斗⑦，或骑麒麟翳凤凰⑧。

芙蓉旌旗烟雾落⑨，影动倒景摇潇湘⑩。

星宫之君醉琼浆⑪，羽人稀少不在旁⑫。

似闻昨者赤松子⑬，恐是汉代韩张良⑭。

昔随刘氏定长安⑮，帷幄未改神惨伤⑯。

国家成败吾岂敢，色难腥腐餐枫香⑰。

周南留滞古所惜⑱，南极老人应寿昌⑲。

美人胡为隔秋水⑳，焉得置之贡玉堂㉑。

注释：

①此诗似作于唐代宗大历年间,以游仙体规劝去官退隐的韩注能重新出山。韩谏议注:韩注,其人不详,似为楚人。谏议,官名,掌侍从规谏。

②岳阳:地名,在今湖南岳阳县。

③美人:古人多用以比喻君子,此指韩注。娟娟:美好的样子。隔秋水:暗用《诗经·秦风·蒹葭》"所谓伊人,在水一方",比喻韩注去官隐居。

④濯(zhuó)足:洗脚。语本《孟子·离娄》:"沧浪之水浊兮,可以濯吾足。"此指韩注弃世隐居。八荒:四面八方。

⑤鸿飞冥冥:冥冥,指远空。比喻韩注已归隐。

⑥"青枫"以上四句:杜甫怀念已归隐于洞庭湖的韩注。

⑦玉京:玉京山,道家所说元始天尊所在的天之中心。群帝:众仙人。北斗:北斗星座。

⑧或:有的。翳(yì):本意为掩蔽。此引申作"跨坐"之意。

⑨芙蓉旌旗:指仙人所用仪仗。

⑩影动倒景摇潇湘:天上群仙毕集,其影倒映于潇湘水中。潇湘,潇水、湘水,在今湖南。

⑪星官:天官。琼浆:仙人所饮之酒。

⑫"羽人"以上六句:比喻朝廷中权贵近臣纷纷集于皇帝身边沽名钓誉,而韩注却已遁世隐居,不在朝廷出谋划策。羽人,穿羽衣的仙人。

⑬昨者:以前的那个。赤松子:仙人,传说神农时为雨师,常至西王母身边。

⑭韩张良:张良字子房,韩国人,辅佐刘邦平天下,立汉朝,封留侯。后辟谷,从赤松子游。

⑮定长安:指张良佐刘邦定都长安。

⑯帷幄:《汉书·张良传》,"运筹帷幄之中,决胜千里之外,子房功也。"帷幄原指幕帐,后用指大臣决策之地。

⑰"色难(nàn)"以上四句:大意是,杜甫把韩注比作韩人张良,说他虽然曾随皇帝开国定鼎,有功朝廷,后目睹政治腐败,虽谏国之忠未改变,但内心已惨然伤痛了。对国家成败哪敢坐视不理,但与恶势力同流合污,如同食饮腥臭腐烂之食,实违本心,还不如归隐山林,洁身自好。色难,(脸上)有难色。餐枫香,比喻归隐山林。枫香,道家用以合药之物。

⑱周南留滞:见《史记·太史公自序》:"是岁,天子始建汉家之封,而太史公留滞周南,不得与从事。"周南,洛阳的古称。此典比喻不能为国家出力。

⑲南极老人应寿昌:把韩注比作南极老人星,期望他的出现能使政治清明。南极老人,星名,即老人星。《晋书》:"老人一星在弧南。一曰南极,常以秋分之旦见于丙,秋分之夕没于丁。见则治平,主寿昌。"

⑳胡为:为什么。

㉑"焉得"以上四句:不能为国出力自古就让人可惜,韩注你还是应该复出,济世匡君;你为什么还隐居山林,怎样才能把你安置于朝廷呢?这里是表达杜甫的期望。贡,献。玉堂,即指汉之未央宫,此用指朝廷。

古柏行①

杜甫

孔明庙前有老柏②,柯如青铜根如石③。
霜皮溜雨四十围④,黛色参天二千尺⑤。

君臣已与时际会,树木犹为人爱惜⑥。
云来气接巫峡长,月出寒通雪山白⑦。
忆昨路绕锦亭东⑧,先主武侯同閟宫⑨。
崔嵬枝干郊原古⑩,窈窕丹青户牖空⑪。
落落盘踞虽得地⑫,冥冥孤高多烈风⑬。
扶持自是神明力,正直原因造化功⑭。
大厦如倾要梁栋,万牛回首丘山重⑮。
不露文章世已惊⑯,未辞剪伐谁能送⑰。
苦心岂免容蝼蚁,香叶曾经宿鸾凤⑱。
志士仁人莫怨嗟,古来材大难为用。

注释:

①此诗作于唐代宗大历元年(766),以古柏礼赞追念孔明,亦
以自喻自伤。古柏:指夔州(今重庆市奉节县)诸葛庙前的
古柏。

②孔明庙:诸葛孔明庙有三处;一在定军山(今陕西勉县);一
在成都,为武侯祠,附刘备庙中;一在夔州,与刘备庙分立。
此指夔州孔明庙。

③柯:枝干。

④霜皮溜雨:树皮白而光滑。四十围:极言其粗。围,合抱
曰围。

⑤黛色:青黑色。二千尺:极言其高。

⑥"君臣"二句:刘备、孔明君臣遇合,有德于民,人们怀念他
们因而对树木更加爱惜。与时,因时。际会,遇合。此处
用召伯甘棠之典。《左传·定公九年》:"《诗》曰:'蔽芾甘

棠,勿剪勿伐,召伯所茇。'思其人犹爱其树,况用其道而不恤其人乎?"

⑦"云来"二句:白天云来,云气与巫峡相接;夜晚月出,寒气来自雪山。此处形容柏树气象。雪山,岷山主峰,在四川松潘。

⑧路绕锦亭东:因武侯祠在草堂东面,故去武侯祠必绕道而行。锦亭,杜甫在成都的草堂有亭,因草堂近锦江,故称锦亭。

⑨閟(bì)宫:神宫,指祠庙。

⑩崔嵬:高大的样子。

⑪窈窕(yǎotiǎo):幽深的样子。丹青:绘画。

⑫落落:指树独立挺拔的样子。盘踞:语自《西京杂记》载中山王《文木赋》:"或如龙盘虎踞。"此指古柏雄壮。得地:得其所在。

⑬冥冥:高空深远的样子。

⑭"扶持"二句:古柏经烈风而长存,自是神明着意扶持;其挺拔正直,是因为造物主赋予它力量。神明力、造化功,皆指自然的力量。

⑮万牛回首丘山重:语自鲍照诗:"丘山不可胜。"此言古柏重如丘山,万牛也拉不动。

⑯不露文章:指古柏不炫耀自己的花纹之美。文章,指古柏华美的花纹。

⑰未辞剪伐谁能送:古柏虽不避砍伐,可又有谁能采送。比喻栋梁之材虽想为世所用,但无人引荐。

⑱"苦心"二句:古柏的根茎虽难免遭蝼蚁侵害,但其枝叶上曾有鸾凤栖宿过。苦心,柏心味苦。蝼蚁,蝼蛄蚂蚁,喻小人。鸾凤,鸾鸟凤凰,喻贤人。

观公孙大娘弟子舞剑器行并序①

杜甫

　　大历二年十月十九日，夔府别驾元持宅②，见临颍李十二娘舞剑器③，壮其蔚跂④。问其所师，曰："余公孙大娘弟子也。"开元三载⑤，余尚童稚⑥，记于郾城观公孙氏舞剑器浑脱⑦，浏漓顿挫，独出冠时⑧。自高头宜春、梨园二伎坊内人⑨，洎外供奉⑩，晓是舞者，圣文神武皇帝初⑪，公孙一人而已。玉貌锦衣，况余白首⑫，今兹弟子，亦匪盛颜⑬。既辨其由来，知波澜莫二⑭。抚事慷慨⑮，聊为《剑器行》⑯。往者吴人张旭⑰，善草书书帖，数常于邺县见公孙大娘舞西河剑器⑱，自此草书长进⑲。豪荡感激，即公孙可知矣⑳。

昔有佳人公孙氏，一舞剑器动四方。

观者如山色沮丧㉑，天地为之久低昂㉒。

㸌如羿射九日落㉓，矫如群帝骖龙翔㉔。

来如雷霆收震怒㉕，罢如江海凝清光㉖。

绛唇珠袖两寂寞㉗，晚有弟子传芬芳。

临颍美人在白帝㉘，妙舞此曲神扬扬。

与余问答既有以㉙，感时抚事增惋伤㉚。

先帝侍女八千人㉛，公孙剑器初第一㉜。

五十年间似反掌㉝，风尘澒洞昏王室㉞。

梨园子弟散如烟，女乐馀姿映寒日㉟。

金粟堆前木已拱㊱，瞿塘石城草萧瑟㊲。

玳弦急管曲复终㊳，乐极哀来月东出。

老夫不知其所往，足茧荒山转愁疾㊴。

注释:

①此诗是唐代宗大历二年(767)杜甫在夔州观剑器舞时"感时抚事"之作。公孙大娘:开元年间著名的舞蹈艺人,能为《邻里曲》、《西河剑器浑脱》等舞。剑器:唐代"健舞"之一,属"武舞",舞者穿戎装,执剑。

②夔(kuí)府:贞观十四年(640),夔州曾设督府,故夔州又称夔府,在今重庆市奉节县。别驾:官名,刺史佐官。元持:人名,其人不详。

③临颍:在今河南临颍县。

④蔚跂(qǐ):形容其舞姿娇健凌厉。

⑤开元三载:"三"一作"五"。

⑥童稚:年幼。开元三载(715)时杜甫四岁;开元五载时为六岁。

⑦郾城:在今河南郾城县。浑脱(tuó):原指一种帽子。唐太宗时,赵国公长孙无忌用乌羊毛做成浑脱毡帽,人多效之,称"赵公浑脱"。后演变成舞,也属"武舞"。

⑧冠时:冠绝一时。

⑨高头:前头,指在皇帝跟前。宜春、梨园:指唐玄宗时设于宫内的皇家歌舞班子。伎坊:教坊,或称"内供奉",教演音乐歌舞的机构。《雍录》卷九记载:"开元二年,置教坊于蓬莱宫,上自教法曲,谓之梨园子弟。……至天宝中,即东宫置宜春北苑,命宫女数百人为梨园弟子。"

⑩洎(jì):及。外供奉:设于宫外的外教坊。

⑪圣文神武皇帝:唐玄宗的尊号。

⑫"玉貌"二句:想起当年公孙大娘容貌美丽、衣着华艳,今已不在,何况我也白头了呢?

⑬"今兹"二句:现在这个弟子也不年轻了。盛颜,容貌年轻。

⑭"既辨"二句：既然明白了她的师承，那她的舞技与公孙大娘也没有差别。波澜莫二，指一脉相承。

⑮抚事：回忆往事。

⑯聊：姑且。

⑰张旭：唐代书法家，最善草书，有"草圣"之名。

⑱数（shuò）：多次。邺县：地名，在今河南安阳县。西河剑器：剑器舞中的一种。

⑲草书长进：草书书法大有进步。

⑳"豪荡"二句：张旭的书法从公孙大娘那里受到感染，则公孙大娘的舞技就可想见了。

㉑观者如山：指观众众多。色沮丧：失色之意。

㉒低昂：起伏动荡。

㉓燿（huò）：闪光貌。羿射九日：传说帝尧时，天上十日并出，草木焦枯。后尧命羿射落九日。

㉔矫：飞腾貌。群帝：天上众仙。骖（cān）龙翔：驾龙飞翔。

㉕来：指上场。雷霆：指鼓声如雷鸣。

㉖罢：指下场。清光：指剑闪寒光。

㉗绛唇珠袖两寂寞：公孙大娘人与舞都亡逝了。绛唇，红唇。此指公孙大娘其人。珠袖，此指舞蹈。

㉘临颍美人：指李十二娘。白帝：白帝城，在夔州。

㉙既有以：有根由，即序中所说"既辨其由来"。

㉚感时抚事：感于今事，追忆往昔。

㉛先帝：指唐玄宗。

㉜初：本。

㉝五十年间：指自开元三载至大历二年，其间有五十徐年。似反掌：形容岁月迅速流逝。

㉞风尘㳁（hòng）洞：指安史之乱。㳁洞，形容弥漫无际。

㉟女乐馀姿:指李十二娘的舞姿有开元歌舞的神韵。寒日:
　杜甫观舞作诗正值十月。
㊱金粟堆:即金粟山,在今陕西蒲城县东北,唐玄宗陵泰陵即
　在山上。木已拱:墓前所栽种之树已有合抱一般粗了。
㊲瞿塘石城:即白帝城。夔州近瞿塘峡。
㊳珉弦:珉瑶制的弦乐器。急管:节奏急促的管乐之声。
㊴"老夫"二句:离开元持宅,我不知该往何处去,脚上生茧走
　不快,可仍像在荒山行路一样,担心走得太快。这里比喻
　恋恋不忍离去。老夫,杜甫自指。

石鱼湖上醉歌并序①

元结

　　漫叟以公田米酿酒②,因休暇则载酒于湖上,时取一醉。欢醉
中,据湖岸引臂向鱼取酒③,使舫载之④,遍饮坐者。意疑倚巴丘酌
于君山之上⑤,诸子环洞庭而坐⑥,酒舫泛泛然触波涛而往来者,乃
作歌以长之⑦。

　　石鱼湖,似洞庭,
　　夏水欲满君山青。
　　山为樽⑧,水为沼⑨,
　　酒徒历历坐洲岛。
　　长风连日作大浪,不能废人运酒舫⑩。
　　我持长瓢坐巴丘⑪,酌饮四座以散愁。

注释:

①此诗极写酒兴之豪,放浪之中实有苦衷。石鱼湖:在今湖南道县东,因湖中有大石,状如游鱼而得名。元结任道州刺史时,常到石鱼湖饮酒赋诗。其《石鱼湖上作》诗序云:"漫泉南山,有独石在水中,状如游鱼。鱼凹处,修之可以贮酒。水涯四匝,多欹石相连。石上,人堪坐。水能浮小舫载酒,又能绕石鱼回流,乃命湖曰'石鱼湖'。"

②漫叟:元结之自号。

③引臂:伸臂。向鱼取酒:在石鱼上有凹处,可以贮酒,故称。

④舫:小船。石鱼湖上,水绕石鱼回流,故饮酒时,用小船载酒,绕石而行,遍饮同游之人。

⑤疑:就好像。巴丘:即巴陵,洞庭湖岸边山名。君山:又名洞庭山,在洞庭湖中。

⑥洞庭:此指洞庭湖(一说指石鱼湖)。

⑦长(zhǎng):助兴之意。

⑧樽:酒器的一种。

⑨沼:即池,此指酒池。

⑩废:阻止。

⑪长瓢:长柄的舀酒器。

韩　愈

　　韩愈(768—824),字退之,河南河阳(今河南孟县)人,郡望昌黎(今属河北),故世称"韩昌黎"。贞元八年(792)登进士第,当过宣武军节度使观察推官、监察御史。因上疏触怒权贵,被贬为阳山令。元和元年(806)召为国子博士,历任都官员外郎、比部郎中、中书舍人、刑部侍郎等职。十四年(819)因谏迎佛骨获罪,被贬为潮州刺史。穆宗即位后,征为国子祭酒,历兵部侍郎、京兆尹、吏部侍郎。长庆四年(824)卒。世称"韩吏部"或"韩文公"。

韩愈是中唐古文运动的领袖,也是当时的文坛盟主,其古文被苏轼誉为"文起八代之衰"(《韩文公庙碑》)。韩愈的诗歌吸收古文的章法、句式,"以文为诗"(《后山诗话》引苏轼语),因而表现出"骋驾气势,崭绝崛强"(高棅《唐诗品汇》)的特色。张戒评曰:"退之诗大抵才气有馀,故能擒能纵,颠倒崛奇,无施不可。放之则如长江大河,澜翻汹涌。滚滚不穷;收之则藏形匿影,乍出乍没,姿态横生,变怪百出。"(《岁寒堂诗话》)同时,为了出奇制胜、别开生面,韩愈诗喜用险韵、奇字、古句、方言,钱良择评曰:"唐自李杜崛起,尽翻六朝窠臼,文章能事已尽,无可变化矣。昌黎生其后,乃尽废前人之法,而创为奇辟拙拗之语,遂开千古未有之面目。"(《唐音审体》)所以苏轼认为"诗格之变自退之始"(《王直方诗话》引)。方东树评韩诗"笔力强,造语奇,取境阔,蓄势远,用法变化而深严",可谓概括了其特点。今有《昌黎先生集》四十卷及《外集》行世,《全唐诗》编其诗十卷。

山　石①

韩愈

山石荦确行径微②,黄昏到寺蝙蝠飞。
升堂坐阶新雨足,芭蕉叶大支子肥③。
僧言古壁佛画好,以火来照所见稀④。
铺床拂席置羹饭,疏粝亦足饱我饥⑤。
夜深静卧百虫绝,清月出岭光入扉⑥。
天明独去无道路⑦,出入高下穷烟霏⑧。

山红涧碧纷烂漫⑨,时见松枥皆十围。

当流赤足踏涧石,水声激激风生衣。

人生如此自可乐,岂必侷促为人鞿⑩。

嗟哉吾党二三子⑪,安得至老不更归⑫。

注释:

①此诗作于贞元十七年(801)韩愈在洛阳惠林寺时,描写游
　山寺的所遇、所见、所闻、所感。

②荦(luò)确:险峻不平的样子。微:狭窄。

③支子:即栀子,夏天开白花。

④稀:模糊,少见。

⑤疏粝(lì):糙米饭。

⑥扉:门。

⑦无道路:意指随处闲走,不择路径。

⑧烟霏(fēi):指云雾。

⑨山红:指山花红艳。涧碧:指涧水碧绿。

⑩侷促:约束之意。为人鞿(jī):形容被人所控制。鞿,马
　络头。

⑪吾党二三子:意谓我的几个志趣相投的朋友。吾党,语出
　《论语·公冶长》:"吾党之小子简狂。"二三子,语出《论
　语·述而》:"二三子以我为乎?"

⑫不更归:即再不归。更,再。

八月十五夜赠张功曹①

韩愈

纤云四卷天无河②,清风吹空月舒波③。

沙平水息声影绝,一杯相属君当歌④。
君歌声酸辞正苦,不能听终泪如雨。
洞庭连天九疑高⑤,蛟龙出没猩鼯号⑥。
十生九死到官所⑦,幽居默默如藏逃。
下床畏蛇食畏药⑧,海气湿蛰熏腥臊⑨。
昨者州前捶大鼓⑩,嗣皇继圣登夔皋⑪。
赦书一日行千里,罪从大辟皆除死⑫。
迁者追回流者还⑬,涤瑕荡垢清朝班⑭。
州家申名使家抑⑮,坎轲只得移荆蛮⑯。
判司卑官不堪说⑰,未免捶楚尘埃间⑱。
同时流辈多上道⑲,天路幽险难追攀⑳。
君歌且休听我歌,我歌今与君殊科㉑。
一年明月今宵多,人生由命非由他,
有酒不饮奈明何㉒。

注释:

①贞元十九年(803),韩愈和张署因进谏,触怒德宗,同遭贬
斥。韩愈为阳山令,张署为临武令。二十一年,顺宗即位
大赦,二人到郴州(今属湖南)待命,却又遭湖南观察使杨
凭的压制,未得调任。此诗就作于这一年的中秋节,叙写
张功曹从被贬到赦回所受的艰难困苦,以他人酒杯浇自己
胸中块垒。张功曹:即张署,河间(今河北河间)人。

②河:银河。

③月舒波:月光向四面舒展。

④属(zhǔ):劝酒。

⑤洞庭:洞庭湖。九疑:即苍梧山,在今湖南宁远境。

⑥猩:猩猩。鼯(wú):鼯鼠。

⑦官所:指张署被贬地临武。

⑧药:此指蛊毒。

⑨湿蛰:潮湿。

⑩昨者:以前。捶大鼓:唐时,凡颁大赦令时,要在衙门前击
鼓聚众。

⑪嗣皇:指唐宪宗。继圣:即皇帝位。登夔(kuí)皋(gāo):此
处比喻任用贤能。登,进用。夔皋,指舜帝时的贤臣夔和
皋陶。

⑫大辟(pì):死刑。除死:免死。

⑬迁者:贬谪之官。流者:流放之人。

⑭涤瑕荡垢清朝班:即清除积弊,清理朝政之意。

⑮州家:指州刺史。申名:向上申报姓名。使家:指观察使。
抑:压制。

⑯坎轲:困顿失意。移荆蛮:指迁调到江陵为官。荆蛮,指江
陵(今属湖北)。

⑰判司:诸曹参军的统称。卑官:地位低下的小官。当时韩
愈被调任江陵府法曹参军,张署为功曹参军。

⑱捶楚:鞭打。诸曹参军官轻人贱,有过失甚至会遭鞭打。

⑲同时流辈:此指一同被贬的人。上道:去京城。

⑳天路:指进身朝廷之路。

㉑殊科:不同类。

㉒明:指明月。

谒衡岳庙遂宿岳寺题门楼①

韩愈

五岳祭秩皆三公①，四方环镇嵩当中②。

火维地荒足妖怪③，天假神柄专其雄④。

喷云泄雾藏半腹⑤，虽有绝顶谁能穷⑥。

我来正逢秋雨节，阴气晦昧无清风。

潜心默祷若有应，岂非正直能感通⑦。

须臾静扫众峰出⑧，仰见突兀撑青空⑨。

紫盖连延接天柱⑩，石廪腾掷堆祝融⑪。

森然魄动下马拜，松柏一径趋灵宫⑫。

粉墙丹柱动光彩，鬼物图画填青红。

升阶伛偻荐脯酒⑬，欲以菲薄明其衷⑭。

庙令老人识神意⑮，睢盱侦伺能鞠躬⑯，

手持杯珓导我掷⑰，云此最吉馀难同⑱。

窜逐蛮荒幸不死⑲，衣食才足甘长终。

侯王将相望久绝，神纵欲福难为功⑳。

夜投佛寺上高阁，星月掩映云朣朦㉑。

猿鸣钟动不知曙㉒，杲杲寒日生于东㉓。

注释：

①此诗是韩愈在永贞元年(805)八月从贬所阳山北还，过衡
　山时所作，叙写谒祭衡山，占卜吉凶并投宿庙中，愤世嫉俗
　之慨溢于其中。谒：拜见。衡岳庙：在衡山，今湖南衡山

县西。

②五岳祭秩皆三公：祭祀五岳，要参照祭三公的等级来致祭。五岳，为东岳泰山，西岳华山，南岳衡山，北岳恒山，中岳嵩山。祭秩，祭祀的等级。三公，周代以太师、太傅、太保为三公。后用以指称最尊贵的官位。

②嵩当中：指中岳嵩山为中心。

③火维：此指南方。古代以五行为属五方，火属南方。地荒：荒远之地。足：多。

④假：授予。柄：权力。

⑤半腹：半山腰。

⑥穷：此为"到头"的意思。

⑦正直：指衡山之神。《左传·庄公三十二年》："神，聪明正直而壹者也。"

⑧静扫：指云雾被静静地吹散。

⑨突兀：高耸突起的样子。

⑩紫盖、天柱：山峰名。

⑪石廪、祝融：山峰名。衡山最高峰有五座，为芙蓉、紫盖、石廪、天柱、祝融。腾掷：腾跃起伏。

⑫一径：一条路。灵宫：神宫。

⑬升阶：登上台阶。伛偻（yǔlǚ）：曲身弯腰，以示敬意。荐：进献。脯：干肉。

⑭菲薄：此指祭品。谦词。明其衷：表明内心的诚敬之意。

⑮庙令：管理岳庙的官，称庙令。

⑯睢盱（suīxū）：凝视之意。侦伺：观察。

⑰杯珓：也作杯教，占卜用品，形似蚌壳，两片。占卜时，向空中掷出，落地后视其俯仰，以卜吉凶。

⑱余难同：其他占卜的结果都难以相比。

⑲窜逐蛮荒：指韩愈被贬阳山事。

⑳福：赐福。难为功：难以成功。

㉑曈朦：朦胧不明的样子。

㉒曙：天明。

㉓杲杲(gǎo)：形容日光明亮。

石鼓歌①

韩愈

张生手持石鼓文②，劝我试作石鼓歌。

少陵无人谪仙死③，才薄将奈石鼓何。

周纲陵迟四海沸④，宣王愤起挥天戈⑤。

大开明堂受朝贺⑥，诸侯剑佩鸣相磨⑦。

蒐于岐阳骋雄俊⑧，万里禽兽皆遮罗⑨。

镌功勒成告万世⑩，凿石作鼓隳嵯峨⑪。

从臣才艺咸第一⑫，拣选撰刻留山阿⑬。

雨淋日炙野火燎，鬼物守护烦㧖呵⑭。

公从何处得纸本⑮，毫发尽备无差讹。

辞严义密读难晓，字体不类隶与蝌⑯。

年深岂免有缺画⑰，快剑斫断生蛟鼍⑱。

鸾翔凤翥众仙下⑲，珊瑚碧树交枝柯⑳。

金绳铁索锁钮壮，古鼎跃水龙腾梭㉑。

陋儒编诗不收入，二雅褊迫无委蛇㉒。

孔子西行不到秦，掎摭星宿遗羲娥㉓。

嗟余好古生苦晚，对此涕泪双滂沱㉔。

忆昔初蒙博士征，其年始改称元和㉕。
故人从军在右辅㉖，为我度量掘臼科㉗。
濯冠沐浴告祭酒㉘，如此至宝存岂多。
毡包席裹可立致㉙，十鼓只载数骆驼。
荐诸太庙比郜鼎㉚，光价岂止百倍过㉛。
圣恩若许留太学㉜，诸生讲解得切磋。
观经鸿都尚填咽㉝，坐见举国来奔波。
剜苔剔藓露节角㉞，安置妥帖平不颇㉟。
大厦深檐与盖覆，经历久远期无佗㊱。
中朝大官老于事㊲，讵肯感激徒媕娿㊳。
牧童敲火牛砺角㊴，谁复着手为摩挲㊵。
日销月铄就埋没㊶，六年西顾空吟哦㊷。
羲之俗书趁姿媚㊸，数纸尚可博白鹅㊹。
继周八代争战罢㊺，无人收拾理则那㊻。
方今太平日无事，柄任儒术崇丘轲㊼。
安能以此上论列㊽，愿借辩口如悬河。
石鼓之歌止于此，呜呼吾意其蹉跎㊾。

注释：

①此诗作于元和六年（811）。叙写石鼓的来历、体势和不幸
遭遇，呼吁保护文物，昌明儒道。石鼓文是我国现存最早
的石刻文字，因其刻于十块鼓形大石而得名。它以大篆书
体记叙游猎之事。据欧阳修《集古录》记载，石鼓文发现于
岐阳，唐时引起文人们的关注。韩愈认为是周宣王之物。

但据近代学者考证，实为秦刻石。今藏于北京故宫。杜甫、韦应物、苏轼都写过咏石鼓的诗篇，以杜诗为佳。

②张生：指张彻。

③少陵：即杜甫。谪仙：李白号谪仙。

④周纲：周朝的政治统治。陵迟：衰败。

⑤宣王：周宣王姬静，为周室中兴之主。挥天戈：指宣王征讨淮夷、猃狁事。

⑥明堂：古时天子接见诸侯、举行祭祀之地，称明堂。

⑦剑佩：剑上的玉佩。

⑧蒐（sōu）于岐阳：语出《左传·昭公四年》："成有岐阳之蒐。"即天子在岐阳打猎。韩愈认为石鼓文是记周宣王在岐阳打猎之事。蒐，狩猎。

⑨遮罗：围捕。

⑩镌功勒成：都是把功业刻在石头上的意思。

⑪凿石作鼓隳（huī）嵯峨：凿毁高山作石鼓的意思。隳，毁坏。嵯峨，高峻的样子。

⑫咸：都。

⑬山阿（ē）：泛指山陵。

⑭"鬼物"以上十二句：叙石鼓文之原委。扐呵（huīhē），维护喝叱。

⑮公：指张生。

⑯不类：不像。隶：隶书。蝌：蝌蚪文，即今所说的战国文字。因其字体像蝌蚪，故名。

⑰缺画：笔画残缺。

⑱快剑斫（zhuó）断生蛟鼍（tuó）：形容笔画残缺。斫，砍。蛟鼍，蛟龙。

⑲鸾翔凤翥（zhù）：龙飞凤舞之意。翥，飞。

⑳枝柯：树枝。

㉑"古鼎"以上四句：形容字体。古鼎跃水，典出《水经注·泗水》。相传周显王时九鼎沉于泗水，秦始皇时，派人入水求之，但龙齿咬断绳索而不得。龙腾梭，典出《晋书·陶侃传》。陶侃少时在雷泽捕鱼，捞得一梭，挂在墙上，一会儿，梭化为龙，在雷雨中腾空而去。

㉒"陋儒"二句是说，《大雅》、《小雅》中有称颂周宣王征伐事，但亦叙此事的石鼓文却未见收入，实为眼光偏狭的陋儒所为。诗，指《诗经》。二雅，指《诗经》中的《大雅》、《小雅》。褊迫，偏狭。委蛇，庄严从容的样子。

㉓"孔子"二句：孔子未到过秦地，未见过石鼓文，故而编定《诗经》遗漏了，这就像只取星辰而遗漏日月一样。挹㧑(jǐzhǐ)，采取。羲，羲和。古代神话中相传羲和驾日。此借指太阳。娥，嫦娥。古代神话中嫦娥盗不死药而奔月。此处借指月亮。

㉔滂沱：形容泪下如雨。

㉕元和：元和元年(806)，韩愈被征召为国子博士。

㉖从军在右辅：指为凤翔节度府从事。右辅，汉时以京兆尹、左冯翊、右扶风为三辅，唐时沿袭此称。右辅即右扶风，在今陕西凤翔。

㉗度量：设计。白科：坑穴，指石鼓所埋之处。

㉘濯(zhuó)：洗。祭酒：学官名，唐时为国子监的主管。当时郑馀庆任此职，他曾把石鼓移至凤翔。

㉙立致：马上办到。

㉚荐：进献。郜鼎：《左传·桓公二年》："四月，取郜大鼎于宋，戊申，纳于太庙"此处是把石鼓比作郜鼎。

㉛光价：犹声价。

㉜圣恩：皇帝恩准。太学：古代大学，唐时属国子监。

㉝观经：汉灵帝熹平四年（175），定六经文字，刻石立于太学门外，天下学子都来观看摹写，以为定本。鸿都：汉灵帝光利元年（178），置鸿都门学士。鸿都门为国家藏书馆。因二事皆灵帝时事，所以韩愈合而咏之。填咽：拥挤堵塞。

㉞节角：文字棱角。

㉟顉：歪斜。

㊱佗（tuó）：通"他"，此指意外。

㊲老于事：处事老练世故。

㊳讵：怎，岂。感激：有所感受触动。媕婀（ān'ē）：没有主见。

㊴牧童敲火牛砺角：指石鼓受到损坏。敲火，敲石取火。砺，磨。

㊵谁复着手为摩挲：是说又有谁来爱护石鼓。摩挲，抚摸。

㊶铄（shuò）：熔毁。就：归于。

㊷六年：韩愈在元和元年为博士时就提议，至作诗时已经六年过去了。

㊸俗书：有两说。一说俗为时俗之俗。王羲之书法，相对古大篆，为俗书。一说俗为浅俗之俗。王羲之写字，偏旁多误，只以妩媚清脱取悦于人。从诗意揣度，韩愈似有讥贬之意。

㊹数纸尚可博白鹅：此事出《晋书·王羲之传》。羲之爱鹅，曾以所书《道德经》与山阴道士换鹅。

㊺八代：泛指秦汉以来诸朝。

㊻则那（nuò）：又奈何。

㊼柄任儒术：重用儒士之意。崇丘轲：尊崇孔孟之学。丘，孔丘。轲，孟轲。

㊽论列：议论。

㊾其：将。蹉跎：虚度岁月。此为空费口舌之意。

渔　翁①

柳宗元

渔翁夜傍西岩宿②，晓汲清湘燃楚竹③。
烟销日出不见人，欸乃一声山水绿④。
回看天际下中流，岩上无心云相逐⑤。

注释：

①此诗作于柳宗元被贬永州司马期间，以写渔翁写景，寄托
　超脱心绪。

②傍：靠。

③汲：打水。清湘：指湘江。楚竹：楚地之竹。因永州古属楚
　国，故称。

④欸(ǎi)乃：摇桨发出的声音。唐时湘中有渔歌《欸乃曲》，
　有人也认为此处指船歌。

⑤无心云相逐：语本陶渊明《归去来辞》"云无心以出岫"，指
　任意飘荡的云。

白居易

　　白居易(772—846)，字乐天，祖籍太原(今属山西)，居
于下邽(今陕西渭南)，生于郑州新郑县(今属河南)。贞元十
六年(800)登进士第，历任秘书省校书郎、左拾遗、京兆府户
曹参军等职，为翰林学士。元和十年(815)因上书请急捕刺
杀宰相武元衡凶手，遭当权者嫉恨，被贬为江州司马。穆宗
即位后，召为尚书司门员外郎。以后当过主客郎中、知制诰、
中书舍人、杭州刺史、苏州刺史、刑部侍郎、河南尹、太子宾客

等。会昌二年（842）以刑部尚书致仕。白居易晚年皈依佛教，吟咏自适，自号"醉吟先生"、"香山居士"。

白居易以诗著称，早年与元稹齐名，称"元白"。晚年与刘禹锡齐名，称"刘白"。元和年间提倡新乐府，主张作诗"辞质而径"、"言直而切"、"事核而实"、"体顺而肆"（《新乐府序》），影响深远。他的作品"自擅天然，贵在近俗"（蔡僚《西清诗话》），"看是平易，其实精纯"（赵翼《瓯北诗话》），"言浅而思深，意微而词显"（薛雪《一瓢诗话》）。他的七言古诗以《长恨歌》、《琵琶行》最著名。赵翼认为白居易"即无全集，而二诗已自不朽"（《瓯北诗话》）。后世把白居易和元稹的这类七言长篇叙事歌行称作"长庆体"（林昌彝《射鹰楼诗话》）。张为《诗人主客图》把白居易列为"广大教化主"。胡应麟认为："唐诗文至乐天，自别是一番境界、一种风流。"（《题白乐天集》）现有《白氏长庆集》七十五卷，《全唐诗》编其诗三十九卷。

长恨歌①

白居易

汉皇重色思倾国②，御宇多年求不得③。
杨家有女初长成，养在深闺人未识。
天生丽质难自弃，一朝选在君王侧④。
回眸一笑百媚生，六宫粉黛无颜色⑤。
春寒赐浴华清池⑥，温泉水滑洗凝脂⑦。
侍儿扶起娇无力，始是新承恩泽时⑧。
云鬓花颜金步摇⑨，芙蓉帐暖度春宵⑩。

春宵苦短日高起，从此君王不早朝。

承欢侍宴无闲暇，春从春游夜专夜。

后宫佳丽三千人，三千宠爱在一身。

金屋妆成娇侍夜⑪，玉楼宴罢醉和春。

姊妹弟兄皆列土⑫，可怜光彩生门户⑬。

遂令天下父母心，不重生男重生女⑭。

骊宫高处入青云⑮，仙乐风飘处处闻。

缓歌慢舞凝丝竹，尽日君王看不足⑯。

渔阳鼙鼓动地来⑰，惊破《霓裳羽衣曲》⑱。

九重城阙烟尘生⑲，千乘万骑西南行⑳。

翠华摇摇行复止㉑，西出都门百馀里㉒。

六军不发无奈何㉓，宛转蛾眉马前死㉔。

花钿委地无人收㉕，翠翘金雀玉搔头㉖。

君王掩面救不得，回看血泪相和流。

黄埃散漫风萧索，云栈萦纡登剑阁㉗。

峨嵋山下少人行㉘，旌旗无光日色薄㉙。

蜀江水碧蜀山青，圣主朝朝暮暮情。

行宫见月伤心色㉚，夜雨闻铃肠断声㉛。

天旋地转回龙驭㉜，到此踌躇不能去㉝。

马嵬坡下泥土中，不见玉颜空死处㉞。

君臣相顾尽沾衣㉟，东望都门信马归㊱。

归来池苑皆依旧，太液芙蓉未央柳㊲。

芙蓉如面柳如眉，对此如何不泪垂？

春风桃李花开日，秋雨梧桐叶落时。
西宫南内多秋草㊳，落叶满阶红不扫。
梨园弟子白发新㊴，椒房阿监青娥老㊵。
夕殿萤飞思悄然㊶，孤灯挑尽未成眠。
迟迟钟鼓初长夜，耿耿星河欲曙天㊷。
鸳鸯瓦冷霜华重㊸，翡翠衾寒谁与共㊹？
悠悠生死别经年㊺，魂魄不曾来入梦。
临邛道士鸿都客㊻，能以精诚致魂魄㊼。
为感君王辗转思㊽，遂教方士殷勤觅㊾。
排空驭气奔如电㊿，升天入地求之遍。
上穷碧落下黄泉○51，两处茫茫皆不见。
忽闻海上有仙山，山在虚无缥渺间。
楼阁玲珑五云起○52，其中绰约多仙子○53。
中有一人字太真○54，雪肤花貌参差是○55。
金阙西厢叩玉扃○56，转教小玉报双成○57。
闻道汉家天子使，九华帐里梦魂惊○58。
揽衣推枕起徘徊，珠箔银屏迤逦开○59。
云髻半偏新睡觉○60，花冠不整下堂来。
风吹仙袂飘飘举○61，犹似霓裳羽衣舞。
玉容寂寞泪阑干，梨花一枝春带雨○62。
含情凝睇谢君王○63，一别音容两渺茫。
昭阳殿里恩爱绝○64，蓬莱宫中日月长○65。
回头下望人寰处○66，不见长安见尘雾。

惟将旧物表深情,钿合金钗寄将去⑱。
钗留一股合一扇,钗擘黄金合分钿⑲。
但教心似金钿坚,天上人间会相见。
临别殷勤重寄词⑳,词中有誓两心知:
七月七日长生殿㉑,夜半无人私语时。
在天愿作比翼鸟,在地愿为连理枝㉒。
天长地久有时尽,此恨绵绵无尽期!

注释:

①此诗作于元和元年(806),白居易时任盩厔县尉。这是一首咏叹唐玄宗与杨贵妃爱情悲剧的长篇叙事诗。

②汉皇:此指唐玄宗李隆基。唐人常以汉武帝指唐玄宗,又以武帝之宠李夫人喻玄宗之宠杨贵妃。倾国:据《汉书·外戚传》载,李延年(李夫人之兄)歌曰:"北方有佳人,绝世而独立。一顾倾人城,再顾倾人国。"意谓佳人美色能倾动全城、全国。后以"倾城"、"倾国"来比喻佳人美貌,或代称美人。

③御宇:治理天下。

④"一朝"以上四句:杨贵妃小名玉环,蒲州永乐(今山西永济)人,蜀州司户杨玄琰之女。因父早死,养于叔父杨玄珪家。开元二十三年(735)封为唐玄宗之子寿王李瑁之妃。二十八年,玄宗命她出家为女道士,改名太真。天宝四年(745),册封为贵妃。诗中所写并不符合事实,这是白居易为唐玄宗隐讳。

⑤六宫粉黛:指后宫中所有的妃嫔。颜色:姿色。

⑥华清池:即骊山(在今陕西临潼)上的华清宫中,为温泉。

⑦凝脂:指白嫩柔滑的肌肤。《诗经·卫风·硕人》有"肤如凝脂"句。

⑧承恩泽:指得到皇帝的宠幸。

⑨云鬓:指女人浓密卷曲如云的鬓发。金步摇:一种缀有垂珠的头钗,因步行则垂珠摇动,故称。据宋人乐史《杨太真外传》记载,玄宗于定情之夕亲手给玉环插上一枝"丽水镇库紫磨金琢成步摇"。

⑩芙蓉帐:上绣并蒂莲花的幔帐。

⑪金屋:据《汉武故事》载,汉武帝幼时,看上姑母长公主之女阿娇,曾说:"若得阿娇作妇,当作金屋贮之。"后用金屋指宠姬之居。

⑫列土:分封土地。杨贵妃被册封后,其大姐封韩国夫人,三姐封虢国夫人,八姐封秦国夫人;族兄杨铦封鸿胪卿,杨锜任侍御史,杨钊(国忠)为右丞相,封魏国公。

⑬可怜:可羡。

⑭"遂令"二句:当时有歌谣曰:"生女勿悲酸,生男勿喜欢","男不封侯女作妃,看女却为门上楣"。

⑮骊宫:指骊山华清宫。

⑯尽日:一整天。看不足:看不够。

⑰渔阳鼙(pí)鼓:指安禄山起兵渔阳叛乱事。渔阳,唐郡名,在今河北蓟县一带。鼙鼓,骑马所用的战鼓。安禄山为平卢、范阳、河东三镇节度使,天宝十四年(755)起兵范阳(渔阳郡为范阳节度使所辖八郡之一),反叛朝廷。

⑱《霓裳羽衣曲》:唐代著名舞曲。西凉节度使杨敬述献西域乐曲,唐玄宗据以改编而成。

⑲九重城阙:指京城长安。烟尘:尘土与烽火骤起,指战火逼近。

⑳千乘(shèng)万骑:指跟随玄宗的大队人马。天宝十五年(756),安禄山破潼关,唐玄宗带着杨贵妃出逃西南。乘,指车。

㉑翠华:皇帝仪仗中用翠鸟羽毛装饰的旗帜。此指皇帝车驾。

㉒百馀里:马嵬坡在今陕西兴平县,距长安约百馀里路。

㉓六军:皇帝卫队。不发:不肯前进。唐玄宗行至马嵬坡,卫队哗变,请杀杨国忠和杨贵妃,以泄天下之愤,玄宗无奈从之,杀杨国忠,令杨贵妃自缢。

㉔宛转:委婉委屈的样子。蛾眉:指美貌女子,此指杨贵妃。

㉕花钿(diàn):嵌珠玉的花形头饰。委地:扔在地上。

㉖翠翘:形似翠鸟尾的首饰。金雀:黄金制成的凤形首饰。玉搔头:即玉簪子。

㉗云栈:直入云霄的栈道。关中入蜀,必走栈道。萦纡:指栈道曲折迂回。剑阁:在大小剑山之间,地势极险,为南栈道的一部分,在今四川剑阁县东北。

㉘峨嵋山:在今四川峨嵋县。此处泛指蜀中之山。

㉙日色薄:日光惨淡。

㉚行宫:皇帝出行时所住之处。

㉛夜雨闻铃:据唐人郑处诲《明皇杂录·补遗》记载,唐玄宗"初入斜谷,霖雨涉旬,于栈道雨中闻铃音,隔山相应。上既悼念贵妃,采其声为《雨淋铃》曲以寄恨焉。"铃:此指栈道铁索上所挂铃铛。

㉜天旋地转:指时局好转。肃宗至德二年(757)十月,唐军收复长安。回龙驭:指此年十二月唐玄宗回京。龙驭,皇帝车驾。

㉝此:指马嵬坡。踌躇:徘徊留连。

㉞空死处：只见死的地方。据《新唐书·后妃传》载，唐玄宗
　回京，经马嵬坡，派人以礼改葬贵妃，见其香囊犹在，不胜
　悲切。

㉟沾衣：流泪。

㊱都门信马：任马驰去。

㊲太液：汉长安有太液池；唐太液池在大明宫北。未央：汉
　未央宫，故址在今西安市。此处借指唐朝宫苑。芙蓉：
　荷花。

㊳西宫南内：西宫指太极宫，故址在今西安市以北故宫城
　内。南内即南宫，指兴庆宫，故址在今西安市东南。唐玄
　宗回京后，先住南内；后迁居西宫，被软禁。

㊴梨园弟子：唐玄宗通晓音乐，曾亲自教习音乐于梨园，习
　艺者即称梨园弟子。

㊵椒房：指后宫。汉时后妃宫中，取椒粉涂墙，因其香可避
　恶气，且温暖，故称。阿监：宫中女官。青娥：青春少女。

㊶悄然：兴味索然。

㊷耿耿：明亮的样子。星河：银河。

㊸鸳鸯瓦：两片瓦上下合扣称鸳鸯瓦。霜华：霜花。

㊹翡翠衾(qīn)：绣有翡翠鸟的锦被。据说翡翠鸟雌雄相随
　而行。

㊺经年：整年。

㊻临邛(qióng)：今四川邛崃县。鸿都：汉代洛阳北宫门名。
　此借指长安。临邛道士和鸿都客指同一人，意谓从四川
　来到长安的道士。

㊼致魂魄：把杨贵妃的魂灵招来。据《太平广记》卷二十引
　《仙传拾遗》里说，此道士叫杨通幽，会招魂之术，"役命鬼
　神，无不立应"。

㊽辗转思：反覆思念。

㊾方士：即道士。秦汉时称方士，好讲神仙方术。

㊿排空驭气：驾着云气横飞过天空。

51碧落：道家所说东方第一层天叫碧落，此指天堂。黄泉：
地下极深处，此指地府。

52五云：五色祥云。

53绰约：姿态柔美的样子。

54太真：杨玉环出家时道号。

55参差(cēncī)：好像，差不多。

56金阙、玉扃(jiōng)：道家说，天堂上有上清宫，左金阙、右
玉扃。扃，门户。此处金阙指金碧辉煌的仙宫，玉扃指玉
制的门。

57小玉：相传吴王夫差之女名小玉，死后成仙。双成：相传
西王母侍女董双成。此处皆喻指杨太真之侍女。

58九华帐：绣着百花图案的帷帐。

59珠箔：珠帘。银屏：银制屏风。迤逦：形容连续不断。

60新睡觉：刚睡醒。

61袂(mèi)：衣袖。

62泪阑干：眼泪纵横。

63梨花一枝春带雨：以梨花带雨形容美人雪白的脸上挂着
泪珠。

64凝睇：定睛凝视。谢：告诉。

65昭阳殿：汉宫殿名，为汉成帝皇后赵飞燕得宠时所居之
宫。此指杨贵妃生前居处。

66蓬莱宫：蓬莱相传为海上仙山。蓬莱宫即指仙宫。

67人寰：人世间。

68钿合：镶金花的盒子。

⑥"钗留"二句:把金钗和钿盒连同钗上的金饰和盒上的钿
（金花）一起折断,杨太真留下一半,叫道士带给玄宗一
半。钗留一股,金钗有两股,留下其中的一股。合一扇,
盒子有底有盖,分开则成两扇,留下其中的一扇。擘
（bò）,用手中间分开或折断。

⑦重:反覆。

⑦长生殿:在华清宫中,为祭神之宫,一名集灵殿。七月七
日:相传此日牛郎、织女在天上鹊桥相会,故古代妇女在
此日穿针,称为"乞巧"。

⑦"在天"二句:这是二人私语誓词。比翼鸟,名鹣鹣,据说
生于南方,雌雄双飞双宿,常用来比喻夫妇。连理枝,不
同根的树木,其枝叶同生在一起,称连理枝。

琵琶行①并序

白居易

元和十年,余左迁九江郡司马②。明年秋,送客湓浦口③,闻
舟中夜弹琵琶者。听其音,铮铮然有京都声④。问其人,本长安
倡女⑤,尝学琵琶于穆、曹二善才⑥。年长色衰,委身为贾人妇⑦。
遂命酒使快弹数曲⑧,曲罢悯然⑨。自叙少小时欢乐事,今漂沦憔
悴,转徙于江湖间⑩。余出官二年⑪,恬然自安;感斯人言⑫,是
夕始觉有迁谪意⑬。因为长歌以赠之,凡六百一十二言⑭,命曰
《琵琶行》。

浔阳江头夜送客⑮,枫叶荻花秋瑟瑟⑰。
主人下马客在船,举酒欲饮无管弦⑱。
醉不成欢惨将别⑲,别时茫茫江浸月。

忽闻水上琵琶声，主人忘归客不发㉑。
寻声暗问弹者谁㉑，琵琶声停欲语迟㉒。
移船相近邀相见，添酒回灯重开宴㉓。
千呼万唤始出来，犹抱琵琶半遮面。
转轴拨弦三两声㉔，未成曲调先有情。
弦弦掩抑声声思㉕，似诉平生不得志。
低眉信手续续弹㉖，说尽心中无限事。
轻拢慢捻抹复挑㉗，初为霓裳后六幺㉘。
大弦嘈嘈如急雨㉙，小弦切切如私语㉚。
嘈嘈切切错杂弹，大珠小珠落玉盘。
间关莺语花底滑㉛，幽咽流泉水下滩㉜。
水泉冷涩弦凝绝，凝绝不通声渐歇。
别有幽愁暗恨生，此时无声胜有声。
银瓶乍破水浆迸，铁骑突出刀枪鸣㉝。
曲终收拨当心画㉞，四弦一声如裂帛㉟。
东船西舫悄无言，唯见江心秋月白。
沉吟放拨插弦中，整顿衣裳起敛容㊱。
自言本是京城女，家在虾蟆陵下住㊲。
十三学得琵琶成，名属教坊第一部㊳。
曲罢常教善才服㊴，妆成每被秋娘妒㊵。
五陵年少争缠头㊶，一曲红绡不知数㊷。
钿头银篦击节碎㊸，血色罗裙翻酒污㊹。
今年欢笑复明年，秋月春风等闲度。

弟走从军阿姨死㊺，暮去朝来颜色故㊻。
门前冷落车马稀，老大嫁作商人妇。
商人重利轻别离，前月浮梁买茶去㊼。
去来江口守空船，绕船明月江水寒。
夜深忽梦少年事，梦啼妆泪红阑干㊽。
我闻琵琶已叹息，又闻此语重唧唧㊾。
同是天涯沦落人，相逢何必曾相识。
我从去年辞帝京，谪居卧病浔阳城。
浔阳地僻无音乐，终岁不闻丝竹声㊿。
住近湓城地低湿，黄芦苦竹绕宅生。
其间旦暮闻何物，杜鹃啼血猿哀鸣。
春江花朝秋月夜，往往取酒还独倾(51)。
岂无山歌与村笛，呕哑嘲哳难为听(52)。
今夜闻君琵琶语，如听仙乐耳暂明。
莫辞更坐弹一曲(53)，为君翻作琵琶行(54)。
感我此言良久立，却坐促弦弦转急(55)。
凄凄不似向前声(56)，满座重闻皆掩泣。
座中泣下谁最多，江州司马青衫湿(57)。

注释：

①题一作《琵琶引》。此诗叙写琵琶女身世，描摹琵琶曲，抒发沦落天涯的感伤。

②左迁：即贬官。汉制以右为上，故贬官又称左迁，后世沿用。九江郡：即诗中指到的浔阳、江州，治所在今江西九

江。司马：原为刺史下的武职佐吏，此时已变成安置贬官的闲职。

③溢浦口：溢水入长江处。溢水，今称龙开河，源于江西青盆山，至九江入长江。

④铮铮然：形容乐声铿锵宏亮。京都声：有长安乐手演奏的韵味。

⑤倡女：以歌舞演奏为业的乐伎。

⑥善才：名手。

⑦委身：出嫁之意。贾（gǔ）人：商人。

⑧命酒：命人置办酒席。快弹：尽情弹奏。

⑨悯然：伤感的样子。

⑩转徙：展转迁移。

⑪出官：即贬官之意。

⑫恬（tián）然：平静悠闲的样子。

⑬斯人：此人。

⑭迁谪（zhé）意：被贬逐的感觉。

⑮六百一十二言：此诗实为六百一十六字。

⑯浔阳江：长江在今九江市附近的一段。

⑰瑟瑟：风吹草木之声。

⑱管弦：管乐器与弦乐器，此指音乐。

⑲惨：指情绪暗淡。

⑳发：启程。

㉑暗问：低声问。

㉒欲语迟：想说又迟疑了没说。

㉓回灯：指添油拨芯，使灯重新明亮。

㉔转轴：即定弦。轴，指琵琶上调整琴弦松紧的木把手。

㉕掩抑：指琵琶声低沉压抑。

㉖信手:随手。

㉗拢、捻:弹琵琶的左手指法,拢是按弦内拢,捻是按弦左右揉。抹、挑:弹琵琶的右手用拨子的指法,抹是向左弹,挑是向右弹。

㉘霓裳:《霓裳羽衣曲》。六幺(yāo):本作"录要",又叫"绿腰",为京都流行的曲子。

㉙大弦:琵琶弦有粗细,最粗的称大弦,音低而沉。

㉚小弦:最细的弦,音尖而细。

㉛间关莺语花底滑:形容乐声流畅轻快,如同莺声从花下滑过。间关,鸟鸣声。

㉜幽咽流泉水下滩:形容乐声涩咽沉重,如同泉水滞留在滩石之下。水下滩,一作"水下难"。

㉝"银瓶"二句:形容乐声暂歇后突然发出激烈的声音。银瓶,汲水瓶。乍,突然。

㉞拨:弹琵琶用的拨片。当心画:用拨片扫过几根弦,以示结束。

㉟裂帛:指乐声如撕裂帛的声音。

㊱敛容:指琵琶女从音乐中恢复过来,脸色重又严肃矜持。

㊲虾蟆陵:在长安东南,为歌女聚居之处。据说此地原为汉儒董仲舒墓,门人过此须下马,故称"下马陵",后讹为"虾蟆陵"。

㊳教坊:唐代掌管音乐、歌舞、杂技艺人的机构。第一部:第一队,意指最优秀的演奏队。

㊴曲罢常教善才服:形容演奏技艺高超。教,使得。

㊵妆成每被秋娘妒:自己貌美,被同行嫉妒。秋娘,唐代歌舞伎的通称。

㊶五陵年少:指豪门子弟。五陵是长安城外五个汉代皇帝的

陵墓所在地，为豪门贵族居住区。缠头：赠送的锦帕绫罗。艺伎演出时以锦缠头，客人便以缠头之锦为赠礼，后成为专送歌舞伎的礼物，称"缠头彩"。

㊷红绡：红色的丝织品。

㊸钿(diàn)头银篦(bì)：镶嵌金丝的银篦子。击节碎：因打拍子而打碎了。

㊹血色：鲜红色。

㊺阿姨：鸨母。

㊻颜色故：姿色衰老。

㊼浮梁：在今江西景德镇，唐时为茶叶集散地。

㊽妆泪红阑干：泪水流过带着脂粉的脸，红泪纵横。

㊾唧唧：叹息声。

㊿丝竹：管乐和弦乐。

51独倾：独饮。

52呕哑嘲哳(zhāozhā)：形容乐声杂乱刺耳。

53更坐：再请坐下。

54翻：依曲作辞。

55却坐：退回坐下。促弦：拧紧弦子。

56凄凄：形容乐声凄惋。向前：刚才。

57青衫：唐时八、九品文官着青衣。白居易为江州司马，品级是最低的九品将仕郎，故穿青衫。

李商隐

李商隐(813—858)，字义山，号玉谿生，怀州河内(今河南沁阳)人。大和年间，为天平节度使令狐楚赏识，辟为巡官，并亲授骈文。开成二年(837)因令狐楚之子令狐绹之荐，登进士第。令狐楚死后，为泾原节度使王茂元掌书记，并娶王女为妻。时牛、李党争激烈，令狐父子为牛党，王茂元属李党，牛党恶其背恩而排挤他，故李商隐坎壈终身。以后当过弘农尉、秘书省正字、京兆尹掾曹、节度判官、盐铁推官等。

　　李商隐是晚唐诗坛之巨擘，"欲取一人备晚唐之数，定在此君"（牟愿相《小澥草堂杂论诗》）。李商隐与杜牧齐名，人称"小李杜"。他又与温庭筠、段成式以骈文著名，三人皆行十六，故时号"三十六体"。王安石以为"唐人知学老杜而得其藩篱，唯义山一人而已"（《蔡宽夫诗话》）。其诗"感事托讽，运意深曲"（方回《瀛奎律髓》），"造意幽深，律切精密"（高棅《唐诗品汇》），"高华典丽，音韵缠绵"（陈明善《唐八家诗钞·例言》），"微婉顿挫，使人荡气回肠"（翁方纲《石洲诗话》）。李商隐之七律、七绝最受人称道，其七律"襞绩重重，长于讽谕，中有顿挫沉着可接武少陵者"（沈德潜《唐诗别裁集》），其七绝"寄托深而措词婉，实可空百代无其匹"（叶燮《原诗》）。吴乔评曰："于李、杜、韩后，能别开生路、自成一家者，唯李义山一人。"（《围炉诗话》）今有《李义山诗集》六卷，《全唐诗》编其诗三卷。

韩　碑①

李商隐

元和天子神武姿②，彼何人哉轩与羲③。
誓将上雪列圣耻④，坐法宫中朝四夷⑤。
淮西有贼五十载⑥，封狼生貙貙生罴⑦。
不据山河据平地，长戈利矛日可麾⑧。
帝得圣相相曰度⑨，贼斫不死神扶持⑩。

腰悬相印作都统⑪，阴风惨澹天王旗⑫。

愬武古通作牙爪⑬，仪曹外郎载笔随⑭。

行军司马智且勇⑮，十四万众犹虎貔⑯。

入蔡缚贼献太庙⑰，功无与让恩不訾⑱。

帝曰汝度功第一，汝从事愈宜为辞⑲。

愈拜稽首蹈且舞⑳，金石刻画臣能为㉑。

古者世称大手笔㉒，此事不系于职司㉓。

当仁自古有不让㉔，言讫屡颔天子颐㉕。

公退斋戒坐小阁㉖，濡染大笔何淋漓㉗。

点窜尧典舜典字，涂改清庙生民诗㉘。

文成破体书在纸㉙，清晨再拜铺丹墀㉚。

表曰臣愈昧死上㉛，咏神圣功书之碑。

碑高三丈字如斗，负以灵鳌蟠以螭㉜。

句奇语重喻者少㉝，谗之天子言其私㉞。

长绳百尺拽碑倒，粗砂大石相磨治㉟。

公之斯文若元气，先时已入人肝脾㊱。

汤盘孔鼎有述作，今无其器存其辞㊲。

呜呼圣王及圣相㊳，相与烜赫流淳熙㊴。

公之斯文不示后，曷与三五相攀追㊵。

愿书万本诵万遍㊶，口角流沫右手胝㊷。

传之七十有二代，以为封禅玉检明堂基㊸。

注释:

①韩碑:指韩愈所作《平淮西碑》。唐宪宗元和十二年(817)十月,丞相裴度率军讨平反叛的淮西藩镇吴元济,节度使李愬雪夜入蔡州,生擒吴元济。十二月,诏命韩愈撰《平淮西碑》。因碑文中突出了裴度之功,引起李愬的不满。因李愬妻是唐安公主之女,故得入宫向宪宗陈述碑文不实。于是诏令磨去韩愈碑文,命翰林学士段文昌重撰勒石。比较两篇碑文,韩碑比较客观地评述了裴度与李愬在战争中的作用和功绩,且文学价值也远胜段碑。李商隐支持韩愈的观点,在诗中推崇韩碑,称赞君圣相贤。

②元和天子:指唐宪宗。元和,宪宗的年号。

③彼何人哉:语出《孟子·滕文公》:"舜何人也,予何人也。"轩与羲:轩指轩辕氏黄帝,羲指伏羲氏。此泛指三皇五帝。

④列圣耻:指宪宗之前的几个皇帝在平叛战争中的失败。唐自安史之乱以后,藩镇多有叛乱,君王蒙受耻辱。

⑤法官:皇帝处理政事的官殿。朝四夷:接受四方边远之地使节的朝见。

⑥五十载:自唐代宗宝应元年(762)李忠臣任淮西节度使,镇蔡州(今河南汝南)起,经过李希烈、陈仙奇、吴少诚、吴少阳至吴元济的割据,达五十馀年。

⑦封狼:大狼。貙(chū)、豼(pí):皆为猛兽,用来比喻藩镇凶狠残暴,几代相承。

⑧"不据"二句:藩镇自恃兵强将勇,不必据山河之险,竟然在平原地区公然对抗朝廷。日可麾(huī),典出《淮南子·览冥训》):"鲁阳公与韩构战酣,日暮,援戈而挥之,日为之反三舍。"麾,同"挥"。此处用来比喻对抗朝廷军队,反叛作乱。

⑨度：指裴度。

⑩贼斫(zhuó)不死：当时宰相武元衡、御史中丞裴度坚决主张出兵平定淮西，而节度使王承宗、李师道则要求赦免吴元济，以避免战事，朝中斗争激烈。元和十年(815)六月，李师道派刺客暗杀武元衡和裴度，武身死非命，而裴受伤，侥幸未死，后任为宰相。斫，砍。神扶持：天神保佑之意。宪宗得知裴度未死，说："度得全，天也。"

⑪都统：指行营都统，为讨伐藩镇军队的军事首领。当时裴度率军出征，以宰相之名，兼彰义军节度使、淮西宣慰招讨处置使。因韩弘为淮西行营都统，就只称宣慰处置使。事实上，仍行使都统之权。

⑫阴风：秋风。天王旗：皇帝的旗帜。裴度赴淮西时，已是秋天，宪宗亲临通化门送行。

⑬愬(sù)：指邓随节度使李愬。武：指淮西都统韩弘之子韩公武。古：指鄂岳观察使李道古。通：指寿州团练使李文通。此四人皆为裴度的部将。牙爪：即爪牙，即得力助手之意。

⑭仪曹外郎：仪曹，指礼部郎中。外郎，当时司勋员外郎李正封、都官员外郎冯宿、礼部员外郎李宗闵都随军出征，任书记。

⑮行军司马：指以太子右庶子的身份为军中行军司马的韩愈。

⑯貔(pí)：貔貅，传说中的猛兽。

⑰入蔡：十月十五日，李愬攻入蔡州；十七日，擒吴元济。献太庙：吴元济被解押至京，献于太庙，后斩于独柳树。

⑱功无与让恩不訾(zī)：裴度之功自然当仁不让，而皇帝的恩遇也不可估量。裴度回朝，加金紫光禄大夫、弘文馆大学士，

赐勋上柱国,封晋国公。訾,估量。

⑲"帝曰"二句:以皇帝语入诗。从事,州郡长官的幕僚都称从事。韩愈时为行军司马,也可称从事。宜为辞,应该写文章。指韩愈奉诏撰《平淮西碑》。

⑳稽(jǐ)首:叩头。

㉑金石刻画:指为钟鼎碑碣而写的歌功颂德之文。

㉒大手笔:典出《晋书·王珣传》,王珣梦见有人给他如椽大笔,醒来对人说:"此当有大手笔事。"后用指朝廷重要的诏令文书,也可代指著名的作家。

㉓不系于职司:与职司不相干。职司,指以撰写文章为职业的翰林。

㉔当仁自古有不让:语出《论语·卫灵公》:"当仁不让于师。"韩愈《进撰平淮西碑文表》曰:"兹事至大,不可以轻属人。"即有当仁不让之意。以上四句是韩愈之语,意为写碑文正是我的擅长,这种朝廷重要的文章,自古以来就称大手笔,不能让一般的翰林撰写,我正愿意承担。

㉕言讫:说完。屡颔(hàn)天子颐:天子频频点头。颔,原指下巴,后用作点头之意。颐,面颊。

㉖公:指韩愈。斋戒:原指祭祀前表示虔诚的仪式。此处形容韩愈写文章前的郑重严肃的态度。

㉗濡染大笔何淋漓:形容韩愈写文章酣畅淋漓。

㉘"点窜"二句:韩愈的碑文追摹古代典诰雅颂之意。点窜,运用之意。尧典、舜典,都是《尚书》的篇名。涂改,也是运用之意。清庙、生民,《诗经》中的篇名。

㉙破体:行书的一种。又一说,韩愈之文意韵独创,破当时之文体。

㉚再拜:一种礼节。丹墀(chí):皇宫内涂红漆的台阶。

㉛表:指韩愈所作《进撰平淮西碑文表》。臣愈昧死上:引用表中的话。古时臣下上书多用此语,以示敬畏。昧死,冒死。

㉜灵鳌(áo):即灵龟。蟠:盘旋。螭(chī):神龙。古时碑石下雕大龟以负碑,碑上刻着盘旋的龙纹作装饰。

㉝喻者:读懂碑文的人。

㉞谗之天子言其私:指李愬之妻进宫向皇帝述说碑文不实之事。

㉟"长绳"二句:指皇帝命推倒韩碑,磨去文字,让段文昌重撰碑文事。

㊱"公之"二句:韩愈的碑文早已深入人心。公,指韩愈。斯文,这篇碑文。元气,不可伤损的天然之气。

㊲"汤盘"二句:意谓韩碑就像汤盘孔鼎一样,器物虽已不存,但文字能流传下去。汤盘,商汤沐浴之盘,其铭文见《礼记·大学》。孔鼎,孔子祖先正考父之鼎,其铭文见《左传·昭公七年》。有述作,指盘鼎上都有文字。

㊳圣王:指唐宪宗。圣相:指裴度。

㊴相与:互相。烜(xuān)赫:显耀。淳熙:耀眼的光辉。

㊵"公之"二句:韩碑如果不能流传后世,那宪宗的功绩又如何与三皇五帝相承接。示后,让后人看见。曷(hé),怎么。三五,指三皇五帝。

㊶书:抄写。

㊷胝(zhī):即老茧。此用作动词,起老茧。

㊸"传之"二句:韩碑就像封禅时明堂的基石一样,一代代地流传下去。七十二代,《史记·封禅书》:"古者封泰山、禅梁父者七十二家。"封禅,古时帝王称扬功业的祭祀仪式。封,在泰山筑坛祭天。禅,在梁父山辟基祭地。玉检,封禅书的封套。明堂,天子接见诸侯、举行祭祀的场所。

乐府 十四首

　　七古乐府,每首诗,除大多数句子为七个字外,句数长短不拘。既有沿用乐府旧题写边塞军旅生活的,也有承古意,用古调却能创为新声的,还有唐代的新乐府辞。

高 适

高适(约 700—765),字达夫,一字仲武,渤海蓚(今河北省景县)人,居住在宋中(今河南商丘一带)。少孤贫,爱交游,有游侠之风。天宝八载(749),经睢阳太守张九皋推荐,应举中第,授封丘尉。十一载,因不忍"鞭挞黎庶"和不甘"拜迎官长"而辞官,又一次到长安。次年入陇右河西节度使哥舒翰幕为掌书记。安史乱后,曾任淮南节度使、彭州刺史、蜀州刺史、剑南节度使等职,广德中以左散骑常侍封渤海侯,世称"高常侍"。永泰元年(765 年)卒,赠礼部尚书,谥号忠。高适是盛唐时期"边塞诗派"的领军人物,与岑参并称"高岑"。其诗"多胸臆语,兼有气骨"(唐殷璠《河岳英灵集》),不尚雕饰,以七言歌行最富特色。大多写边塞生活,"豪壮中写出暇整气象"(明钟惺《唐诗归》),"雄浑悲壮"是其边塞诗的突出特点。有《高常侍集》等传世,《全唐诗》编其诗四卷。

燕歌行^①并序
高适

开元十六年,客有从元戎出塞而还者^②,作《燕歌行》以示适。感征戍之事,因而和焉^③。

汉家烟尘在东北^④,汉将辞家破残贼。
男儿本自重横行^⑤,天子非常赐颜色^⑥。
拟金伐鼓下榆关^⑦,旌旗逶迤碣石间^⑧。
校尉羽书飞瀚海^⑨,单于猎火照狼山^⑩。
山川萧条极边土^⑪,胡骑凭陵杂风雨^⑫。

战士军前半死生[13]，美人帐下犹歌舞。

大漠穷秋塞草衰，孤城落日斗兵稀[14]。

身当恩遇常轻敌[15]，力尽关山未解围。

铁衣远戍辛勤久[16]，玉箸应啼别离后[17]。

少妇城南欲断肠，征人蓟北空回首[18]。

边风飘飘那可度[19]，绝域苍茫更何有。

杀气三时作阵云[20]，寒声一夜传刁斗[21]。

相看白刃血纷纷，死节从来岂顾勋[22]？

君不见沙场争战苦，至今犹忆李将军[23]。

注释:

①此诗描写塞北征战之苦，礼赞士卒的爱国忘身精神。燕歌行:乐府旧题，属《相和歌·平调曲》，为曹丕所创，多写边塞苦寒或思妇征夫的内容。

②元戎:主帅。一作"御史大夫张公"，指河北节度副使张守珪。据《旧唐书·张守珪传》记载，开元二十六年(738)，张守珪之部伍战败，张却反称大胜。

③和:作诗相答。

④汉家:唐时人常以汉喻唐。此指唐朝。烟尘:指烽火，泛指边警。

⑤横行:在疆场纵横驰骋。

⑥非常:破格。赐颜色:给予恩遇。

⑦抌(chuāng):击打。金:指钲，一种行军乐器。伐:击。榆关:山海关。

⑧逶迤:连绵不绝的样子。碣石:山名，在今河北昌黎。此泛指东北滨海地区。

⑨校尉：武将官名。此处泛指将领。羽书：插羽毛表示万分
　紧急的文书。瀚海：大沙漠。

⑩单于：古代匈奴首领。此泛指敌方首领。狼山：一在今内
　蒙古乌拉特旗，一在河北易县。此泛指敌军活动地区。

⑪极边土：直到边境的尽头。

⑫凭陵：侵凌、冲击。

⑬半死生：战死和生还者各占一半。

⑭斗兵稀：还能战斗的士兵已很少。

⑮恩遇：朝廷的恩典。轻敌：蔑视敌军。

⑯铁衣：铠甲，此借指远征战士。

⑰玉箸：比喻眼泪，此借指闺中少妇。

⑱蓟北：在今天津蓟县，此泛指边境。

⑲边风飘飘那可度：无法借风向家乡传递消息。度，过。

⑳杀气三时作阵云：白天杀气腾腾，化作阵地上的云，历久不
　散。三时，指一天的早、午、晚三时。

㉑刁斗：军中铜制饮具，夜间用以巡夜打更。

㉒死节从来岂顾勋：战士为国捐躯，难道是为了功名利禄？
　死节，为国家而死。顾勋，因军功而获得功名利禄。

㉓李将军：指西汉名将李广。李广号飞将军，镇守边境，与士
　卒同甘共苦，匈奴数年不敢犯境。

古从军行①

李颀

白日登山望烽火，黄昏饮马傍交河②。

行人刁斗风沙暗③，公主琵琶幽怨多④。

野云万里无城郭，雨雪纷纷连大漠。

胡雁哀鸣夜夜飞，胡儿眼泪双双落⑤。
闻道玉门犹被遮，应将性命逐轻车⑥。
年年战骨埋荒外，空见蒲萄入汉家⑦！

注释：

①此乃拟古之作，描写塞外征戍的苦情，表达非战思想。从
　军行：古乐府《相和歌辞·平调曲》旧题，多写军旅生活。

②饮(yìn)：使喝，作动词。交河：在今新疆吐鲁番，唐时为安
　西都护府治所。

③行人刁斗风沙暗：风沙弥漫，行人只能听见刁斗打更声。
　刁斗，古代军中铜制饮具，夜间用以打更。

④公主琵琶：汉武帝时，江都王女细君远嫁乌孙国王昆弥，为
　消除旅途愁闷，让乐工带上多种乐器，为"马上之乐"，琵琶
　亦是其中之一。

⑤胡儿：在胡地的将士。

⑥"闻道"二句：听说玉门关还关闭着，不能回家，只能跟着将
　军去拼命。玉门，玉门关，在今甘肃敦煌西，为古时通西域
　之要道。遮，拦阻。据《史记·大宛传》记载，汉武帝时命
　李广利攻大宛取汗血马，战不利，李广利请求罢兵。汉武
　帝大怒，派臣关闭玉门关，断其归路，说："军有敢入，斩
　之。"轻车，汉时有轻车将军。此处指将领。

⑧"年年"二句：一年年将士的死战牺牲，只换得葡萄进入了
　皇家宫廷。蒲萄入汉家，蒲亦作葡。据《汉书·西域传》记
　载："汉使采蒲陶、苜宿种归。"从此，葡萄传入中原。

洛阳女儿行①

王维

洛阳女儿对门居②，才可颜容十五馀③。

良人玉勒乘骢马④，侍女金盘脍鲤鱼⑤。

画阁珠楼尽相望，红桃绿柳垂檐向。

罗帏送上七香车⑥，宝扇迎归九华帐⑦。

狂夫富贵在青春⑧，意气骄奢剧季伦⑨。

自怜碧玉亲教舞⑩，不惜珊瑚持与人⑪。

春窗曙灭九微火，九微片片飞花璪⑫。

戏罢曾无理曲时，妆成只是熏香坐⑬。

城中相识尽繁华⑭，日夜经过赵李家⑮。

谁怜越女颜如玉⑯，贫贱江头自浣纱⑰。

注释：

①原题下注"时年十八"，当作于开元六年(718)。此诗极写
洛阳女儿的骄奢豪贵，并以比兴手法写出才士因出身而不
遇。洛阳女儿：语出梁武帝《河中之水歌》："河中之水向东
流，洛阳女儿名莫愁。"

②对门居：语出梁武帝《东飞伯劳歌》"谁家女儿对门居，开颜
发艳照里闾"。

③才可：恰好。

④良人：古时妻子对丈夫的尊称。玉勒：饰以美玉的带嚼子
的马笼头。骢马：青白色的马。

⑤金盘脍(kuài)鲤鱼：语出辛延年《羽林郎》"就我求珍肴，金
盘脍鲤鱼"。脍，把肉切细叫脍。

⑥罗帏:丝织帘帐。七香车:指豪华的车子。

⑦宝扇:古时贵人家出行所用遮蔽物,用鸟羽编成。九华帐:
装饰鲜艳的花罗帐。

⑧狂夫:古时妻子自称其丈夫的谦词。

⑨剧:甚,超过。季伦:晋石崇,字季伦,其家豪富,曾与贵戚
王恺、羊琇等比富。

⑩怜:爱。碧玉:梁元帝《采莲曲》有"碧玉小家女,来嫁汝南王"。
据说碧玉为汝南王妾,深得宠爱。此借指"洛阳女儿"。

⑪珊瑚:据《世说新语·汰侈》载:石崇与王恺斗富。王恺以
御赐世所罕见的高二尺的珊瑚树相夸示,被石崇打碎,然
后石崇让人搬来六七株高三四尺的珊瑚树偿还他。此句
用此典故,比喻丈夫爱她,不惜一掷千金。

⑫"春窗"二句:写通宵娱乐,到天明才灭灯火。九微片片,指
灯花。九微,《汉武内传》中有九微灯。此喻灯具之高雅精
美。花璅(suǒ),雕花窗格。

⑬"戏罢"二句:醉心欢乐,都无暇温习曲子;梳妆好,就坐等
熏好衣服。曾无,从无。理,温习。熏香,用香料熏衣服。

⑭繁华:富贵之人。

⑮赵李:指汉成帝的皇后赵飞燕和婕妤李平。赵李家,泛指
贵戚之家。

⑯越女:指西施。

⑰浣纱:西施原为若耶溪之浣纱女,后被越王勾践献为吴王
夫差妃。

老将行①

王维

少年十五二十时,步行夺得胡马骑②。

射杀山中白额虎③，肯数邺下黄须儿④。

一身转战三千里，一剑曾当百万师。

汉兵奋迅如霹雳⑤，虏骑奔腾畏蒺藜⑥。

卫青不败由天幸⑦，李广无功缘数奇⑧。

自从弃置便衰朽，世事蹉跎成白首⑨。

昔时飞箭无全目⑩，今日垂杨生左肘⑪。

路傍时卖故侯瓜⑫，门前学种先生柳⑬。

苍茫古木连穷巷，寥落寒山对虚牖⑭。

誓令疏勒出飞泉⑮，不似颍川空使酒⑯。

贺兰山下阵如云⑰羽檄交驰日夕闻⑱。

节使三河募年少⑲，诏书五道出将军⑳。

试拂铁衣如雪色㉑，聊持宝剑动星文㉒。

愿得燕弓射大将㉓，耻令越甲鸣吾君㉔。

莫嫌旧日云中守㉕，犹堪一战立功勋㉖。

注释：

①此篇为新乐府辞，咏一久经沙场的老将仍壮心不已，一心
　为国立功。

②胡马：匈奴人的马。据《史记·李将军列传》记载，汉名将
　李广曾被匈奴所擒，夺胡马而归。

③白额虎：事见《晋书·周处传》。晋名将周处年轻时为乡里
　除三害，入南山射杀白额虎（三害之一）。

④肯数："岂让"之意。邺下：曹操为魏王时，定都于邺，在今河
　北临漳县西南。黄须儿：即曹彰，曹操第二子。他性格慷慨刚

猛，善骑射，曾远征乌丸，大胜而归。因胡须黄，故曹操称为"黄须儿"。"肯数"以上四句是写老将年轻时英勇激烈。

⑤霹雳：疾雷声。此处形容军兵作战迅猛。

⑥蒺藜：本为带刺的植物，此指铁蒺藜，对阵时用作障碍物。

⑦卫青：汉之名将，以征伐匈奴而至大将军。天幸：上天保佑之意。事见《史记·卫将军骠骑列传》。卫青姐姐的儿子霍去病出兵匈奴时，曾领兵深入匈奴境内，却能不受损失，多立战功，实有天幸。此本霍去病事，王维称卫青，是因卫、霍往往并称之故。

⑧数奇(jī)：运数不偶，即不吉利、不走运之意。此事见《史记·李将军列传》。李广戍边多年，屡立战功，却始终没有封侯。随卫青出征时，汉武帝认为他年高，暗示卫青不要让李广出战，怕不吉利。"李广"以上六句是说，老将在边塞英勇善战，但因不走运，总无大功。

⑨蹉跎：虚度岁月之意。白首：白发满头，指年老。

⑩无全目：鲍照《拟古》诗有"惊雀无全目"句，李善注引《帝王世纪》，后羿善射，曾与吴贺出游。吴贺要后羿射雀之左目，羿却误中右目，引为终身憾事。但羿之射术，却令人称颂。后以无全目来比喻射术精湛，能使鸟雀双目不全。

⑪今日垂杨生左肘：老将年老，肘下肌肉松垂，如肉瘤一般。垂杨生左肘，典出《庄子·至乐》："支离叔与滑介叔观于冥伯之丘，昆仑之虚，黄帝之所休。俄而柳生其左肘，其意蹶蹶然恶之。"柳，"瘤"之假借字，肉瘤之意。古时杨、柳常合称并用，故王维在此处用"垂杨"代指"柳"。

⑫路傍时卖故侯瓜：喻老将之家贫。故侯瓜，典出《史记·萧相国世家》。召平本为秦之东陵侯，后为平民，因家贫，种瓜自养。瓜味甘美，世称"东陵瓜"。

⑬门前学种先生柳:喻老将闲散,欲学归隐。先生柳,陶渊明弃官隐居,因门前有五棵柳树,自号"五柳先生"。

⑭虚牖(yǒu):敞开的窗。

⑮誓令疏勒出飞泉:此句典出《后汉书·耿弇传》。后汉将军耿弇出兵疏勒城,匈奴围之,绝城下涧水。耿弇在城中挖井十五丈,仍不见水,叹道:"闻昔贰师将军(李广利)拔佩刀刺山,飞泉涌出;今汉德神明,岂有穷哉!"便向井祈祷,果然得水。匈奴解围而去。疏勒,汉疏勒城,在今新疆喀什噶尔。

⑯颍川空使酒:事见《史记·魏其武安侯列传》:汉将军灌夫,颍川颍阳(今河南许昌)人,为人刚直。得势后使酒骂人,得罪丞相田蚡而被杀。使酒,纵酒使气。"不似"以上十句是说,老将被弃用后,虚度岁月,年老家贫,孤寂无靠,但仍心怀壮志,愿为国立功。

⑰贺兰山:在今宁夏西北部,唐时为前线。

⑱羽檄:军中加急文书。

⑲节使:使臣。古时使者持天子符节,以为信物,故称节使。三河:汉时以河东、河内、河南为三河,辖境在今山西西南部和河南北部一带。

⑳五道出将军:典出《汉书·常惠传》:"本始一年,……汉大发十五万骑,五将军分道出。"此即谓将军带兵分五路出击。

㉑铁衣:盔甲。

㉒聊:且。动星文:指剑上七星纹饰闪光流动。相传春秋时伍子胥所用宝剑上有七星,价值连城。后人常以七星形容宝剑。

㉓燕弓:古时燕地所产的弓以坚劲著名,故硬弓又称燕弓。

㉔聊令越甲鸣吾君:老将抱定必死的决心。越甲,越国军队。鸣吾君,惊扰我的国君。此句事见《说苑·立节》。越国军队攻到齐国,雍门子狄请求自杀。齐王问其故,他答道:"今

越甲至,其鸣吾君也。"便刎颈而死。越军听说,解甲而退。

㉕莫嫌旧日云中守:老将希望复出,被委以重任。旧日云中守,指汉名将魏尚。事见《汉书·冯唐传》。汉文帝时,魏尚为云中太守,体恤将士,身先士卒,匈奴不敢犯境,但却因小过失被削职罚作苦役。冯唐为此在汉文帝前分说原委,文帝当天即令冯唐持节赦免魏尚,仍为云中太守。云中,汉郡名,治所在今内蒙古托克托。

㉖"犹堪"以上十句:老将听说边事紧急,朝廷派军出征,愿意复出立功,为国而战。

桃源行①

王维

渔舟逐水爱山春,两岸桃花夹古津②。

坐看红树不知远③,行尽青溪忽值人。

山口潜行始隈隩④,山开旷望旋平陆⑤。

遥看一处攒云树⑥,近入千家散花竹⑦。

樵客初传汉姓名,居人未改秦衣服⑧。

居人共住武陵源⑨,还从物外起田园⑩。

月明松下房栊静⑪,日出云中鸡犬喧。

惊闻俗客争来集⑫,竞引还家问都邑⑬。

平明闾巷扫花开⑭,薄暮渔樵乘水入。

初因避地去人间⑮,更问神仙遂不还。

峡里谁知有人事,世中遥望空云山。

不疑灵境难闻见⑯,尘心未尽思乡县。

出洞无论隔山水,辞家终拟长游衍⑰。

自谓经过旧不迷⑱,安知峰壑今来变。

当时只记入山深,青溪几度到云林。

春来遍是桃花水⑲,不辨仙源何处寻。

注释:

①此为新乐府,咏《桃花源记》故事。原题下注"时年十九"。
   桃源:即陶渊明《桃花源记》所述之桃源。

②津:溪流。

③红树:指桃花林。

④隈隩(wēi'ào):山崖弯曲处。

⑤旷望:即远望。旋:忽然。

⑥攒(cuán):聚集。

⑦散花竹:花与竹散布各处。

⑧"樵客"二句:即用《桃花源记》"自云先世避秦时乱,率妻子
   邑人来此绝境,不复出焉"和"不知有汉,无论魏晋"文意。
   樵客初传汉姓名,桃源中人第一次听说汉朝的名字。樵
   客,打柴人。此指桃源中人。

⑨武陵源:指武陵溪水之源头,即桃花源。

⑩物外:世外。

⑪房栊(lóng):窗户。

⑫俗客:指武陵渔人。

⑬都邑:指居人原来的家乡。

⑭平明:天刚亮。

⑮避地:为避乱而寄迹他方。去:离。

⑯灵境:仙境。

⑰游衍：游乐。

⑱自谓：自以为。

⑲桃花水：即桃花汛。春天桃花盛开时节，雨水不断，河水
涨溢。

蜀道难①

李白

噫吁嚱②，危乎高哉！

蜀道之难，难于上青天！

蚕丛及鱼凫，开国何茫然③。

尔来四万八千岁④，不与秦塞通人烟⑤。

西当太白有鸟道⑥，可以横绝峨嵋巅⑦。

地崩山摧壮士死，然后天梯石栈方钩连⑧。

上有六龙回日之高标⑨，下有冲波逆折之回川⑩。

黄鹤之飞尚不得过，猿猱欲度愁攀缘⑪。

青泥何盘盘⑫，百步九折萦岩峦⑬。

扪参历井仰胁息⑭，以手抚膺坐长叹⑮。

问君西游何时还⑯，畏途巉岩不可攀⑰。

但见悲鸟号古木⑱，雄飞从雌绕林间。

又闻子规啼夜月⑲，愁空山。

蜀道之难，难于上青天，使人听此凋朱颜⑳。

连峰去天不盈尺㉑，枯松倒挂倚绝壁。

飞湍瀑流争喧豗㉒，砯崖转石万壑雷㉓。

其险也若此，嗟尔远道之人胡为乎来哉㉔！

剑阁峥嵘而崔嵬㉕,一夫当关,万夫莫开。
所守或匪亲,化为狼与豺㉖。
朝避猛虎,夕避长蛇,
磨牙吮血,杀人如麻㉗。
锦城虽云乐㉘,不如早还家。
蜀道之难,难于上青天,侧身西望长咨嗟㉙。

注释:

①《蜀道难》原为乐府《相和歌·瑟调曲》的旧题,备言蜀道之
　险阻。李白承古意,用古调,却能创为新声。全诗险难与
　奇伟交融,形成雄健奔放的气势。蜀道:指入四川的山路。
②噫吁嚱(xī):惊叹声。
③"蚕丛"二句:蜀国开国史事,久远难知。蚕丛、鱼凫(fú),
　皆是传说中古蜀国的国王。茫然,渺茫难知。
④尔来:自那时以来。四万八千岁:极言时间长久,并非实指。
⑤秦塞:秦地,今陕西一带。
⑥太白:太白山,秦岭主峰。鸟道:指极险窄的山路,仅容鸟飞过。
⑦横绝:横渡。峨嵋巅:峨嵋山顶。
⑧"地崩"二句:据《蜀王本纪》、《华阳国志·蜀志》记载,相传
　秦惠王赠五美女给蜀王,蜀王派五丁力士迎回。走至梓
　潼,见一大蛇入穴中,五力士共拉蛇尾使出,忽然山崩,力
　士、美女皆压死。从此山分五岭,秦蜀之间通道始得以开
　通。此二句即咏其事。天梯,此指陡峭山路。石栈,山险
　处凿石架木筑成的通道。
⑨上有六龙回日之高标:意谓蜀中山极高,连六龙日车也被
　阻挡,只能回车。六龙回日,相传羲和驾六龙、载日神,每

日由东而西驶之。高标,指高山。

⑩回川:迂曲的河流。

⑪"黄鹤"二句:状言山之高险。黄鹤,即指黄鹄,最善高飞。
猿猱(náo),统指猿猴一类。

⑫青泥:青泥岭,入蜀要道,在今陕西略阳。盘盘:形容盘旋
曲折。

⑬萦岩峦:指曲折的山路在山峦中回绕。萦,绕。

⑭扪参(shēn)历井:是说因山路极高,可以摸到天上的星宿。
参和井都是天上的星宿。古时以星宿分野,来划分地上区
域。参为蜀的分野,井为秦的分野。胁息:屏住呼吸。

⑮膺:胸部。

⑯西游:因蜀在秦之西,故入蜀称西游。

⑰畏途:令人可畏的艰险之途。巉岩:险峻山岩。

⑱号:悲鸣。

⑲子规:杜鹃鸟,相传是蜀帝杜宇魂魄所化,蜀中最多,鸣声
悲哀。

⑳凋朱颜:容颜衰老。

㉑去:离。盈:满。

㉒飞湍(tuān):飞下的急流。喧豗(huī):喧闹声。

㉓砯(pīng)崖转石:指水在峭岸岩石上往复冲击。砯,水击
岩石。万壑(hè)雷:指水击岩石在山谷中发出惊雷声。
壑,山谷。

㉔嗟(jiē):感叹词。尔:你。胡为乎来哉:为什么啊要来呀!

㉕剑阁:即剑门关,为川北门户,在今四川剑阁县北。地在两
山之间,易守难攻。峥嵘而崔嵬:山峦险峻的样子。

㉖"所守"二句:如果守关之人不是可靠良善之人,那就同遇
着豺狼一样。或:如果。匪亲:不是可靠的人。

㉗ "杀人"以上四句：行于蜀道，既要躲避毒蛇猛兽，还要防备杀人强盗。

㉘ 锦城：今四川成都。古时以产锦闻名，故称锦城，或锦官城。

㉙ 咨嗟：叹息。

长相思二首①

李白

其一

长相思，在长安。

络纬秋啼金井阑②，微霜凄凄簟色寒③。

孤灯不明思欲绝，卷帷望月空长叹。

美人如花隔云端④，上有青冥之长天⑤，

下有渌水之波澜⑥。

天长地远魂飞苦，梦魂不到关山难⑦。

长相思，摧心肝⑧。

注释：

① 李白所作《长相思》共三首，此处选了两首。均咏闺中少妇对远戍丈夫的相思之苦。长相思：古代乐府中属《杂曲歌辞》，多以"长相思"起首，末以三字作结，咏男女相思缠绵之意。

② 络纬：一种昆虫，又叫莎鸡，俗称纺织娘。金井阑：精致的井边栏干。

③ 簟（diàn）：竹席。

④ 美人：指所思念的人。

⑤青冥:高远的青天。

⑥渌水:清水。

⑦关山难:指道路艰险难行。

⑧摧:伤。

其二

日色欲尽花含烟①,月明如素愁不眠②。

赵瑟初停凤凰柱③,蜀琴欲奏鸳鸯弦④。

此曲有意无人传,愿随春风寄燕然⑤,

忆君迢迢隔青天⑥。

昔时横波目⑦,今作流泪泉。

不信妾肠断,归来看取明镜前⑧。

注释:

①花含烟:花丛中绕缭着水雾。

②素:白绢。

③赵瑟:相传古时赵国人善于弹瑟,故此称赵瑟。凤凰柱:刻
　成凤凰形状的瑟柱。

④蜀琴:据说蜀中桐木适宜做琴,故古诗中好琴往往称作
　蜀琴。

⑤燕然:燕然山,又名杭爱山,在今蒙古国中部。此指丈夫征
　戍之地。

⑥迢迢(tiáo):形容道途遥远。

⑦横波目:秋波流动的眼睛。

⑧"不信"二句:你要不信我为你相思断肠,你回家时在明镜
　前就看看我的容颜(怎样憔悴)。

行路难①

李白

金樽清酒斗十千②,玉盘珍羞直万钱③。

停杯投箸不能食④,拔剑四顾心茫然。

欲渡黄河冰塞川,将登太行雪满天⑤。

闲来垂钓坐溪上,忽复乘舟梦日边⑥。

行路难,行路难,

多歧路,今安在?

长风破浪会有时⑦,直挂云帆济沧海⑧。

注释:

①李白此题下原有三首,这是第一首。写辞官还家放浪江湖
　的愤懑和徬徨。行路难:乐府《杂曲歌辞》之旧题,以言世
　路艰难以及离别伤悲为内容。

②金樽:指精美的酒器。斗十千:一斗酒值十千钱,极言酒好
　价高。此用曹植《名都篇》"归来宴平乐,美酒斗十千"之语。

③珍羞:珍贵的菜肴。直:值。

④箸(zhù):筷子。

⑤太行:太行山。

⑥"闲来"二句:用两个典故,比喻人生遇合无常。垂钓坐溪
　上,传说姜太公未遇周文王时,曾在渭水磻溪垂钓。乘舟
　梦日边,传说伊尹见商汤前,曾梦见乘舟经过日月边。

⑦长风破浪:据《宋书·宗悫传》记载,宗悫在回答叔父宗炳
　志向是什么的提问时,答道:"愿乘长风破万里浪。"

⑧云帆:此指大海中的航船。济:渡。沧海:大海。

将进酒①

李白

君不见黄河之水天上来,奔流到海不复回。

君不见高堂明镜悲白发,朝如青丝暮成雪②。

人生得意须尽欢,莫使金樽空对月③。

天生我材必有用,千金散尽还复来。

烹羊宰牛且为乐,会须一饮三百杯④。

岑夫子,丹丘生⑤,

将进酒,杯莫停。

与君歌一曲,请君为我倾耳听。

钟鼓馔玉何足贵⑥,但愿长醉不愿醒。

古来圣贤皆寂寞,唯有饮者留其名。

陈王昔时宴平乐,斗酒十千恣欢谑⑦。

主人何为言少钱⑧,径须沽取对君酌⑨。

五花马,千金裘⑩,

呼儿将出换美酒⑪,与尔同销万古愁。

注释:

①此诗借酒抒怀,诗人以睥睨权贵、弃绝世俗的气概在醉乡中
　实现对不如意现实的超越。将(qiāng)进酒:是乐府《鼓吹
　曲·汉铙歌》的旧题,本以欢宴饮酒放歌为内容。将,请。

②"朝如"以上四句:意谓岁月易逝,人生易老。青丝,黑发。

③金樽:指精美的酒器。

④会须:正当。

⑤岑夫子：即岑勋，南阳人。丹丘生：即元丹丘。二人都是李白之友。

⑥钟鼓馔(zhuàn)玉：泛指富贵豪华的生活。钟鼓，富贵人家宴会时用的乐器。馔玉，吃精美的饮食。馔，吃喝。

⑦"陈王"二句：化用曹植《名都篇》中句："归来宴平乐，美酒斗十千。"陈王，指三国魏之曹植，被封陈王。平乐，指平乐观。斗酒十千，一斗酒值十千钱。极言酒好。恣，任意。欢谑(xuè)，欢笑。

⑧何为：为什么。

⑨沽取：买来。

⑩五花马：指名贵的马。唐开元、天宝时，好马的鬃毛都被剪成花瓣形，三瓣称三花，五瓣称五花。千金裘：名贵的皮衣。《史记·孟尝君传》："孟尝君有一狐白裘，直千金，天下无双。"

⑪将出：取出。

兵车行①

杜甫

车辚辚②，马萧萧③，

行人弓箭各在腰④。

爷娘妻子走相送⑤，尘埃不见咸阳桥⑥。

牵衣顿足拦道哭，哭声直上干云霄⑦。

道傍过者问行人⑧，行人但云点行频⑨。

或从十五北防河⑩，便至四十西营田⑪。

去时里正与裹头⑫，归来头白还戍边。

边庭流血成海水，武皇开边意未已⑬。
君不闻汉家山东二百州⑭，千村万落生荆杞⑮。
纵有健妇把锄犁，禾生陇亩无东西⑯。
况复秦兵耐苦战⑰，被驱不异犬与鸡⑱。
长者虽有问⑲，役夫敢申恨⑳？
且如今年冬，未休关西卒㉑。
县官急索租㉒，租税从何出？
信知生男恶㉓，反是生女好。
生女犹得嫁比邻㉔，生男埋没随百草㉕。
君不见青海头㉖，古来白骨无人收，
新鬼烦冤旧鬼哭，天阴雨湿声啾啾㉗！

注释：
①此诗当作于天宝十年(751)。天宝九年六月，哥舒翰攻克吐蕃
　石堡城，但唐军死伤数万人。十二月，关西游奕使王难得又与
　吐蕃交战。战争使内郡凋蔽，民不聊生，杜甫作诗讥刺之。
②辚辚：车行声。
③萧萧：马鸣声。
④行人：行役之人。
⑤妻子：妻子和儿女。
⑥咸阳桥：在咸阳西南渭水上，秦汉时称"便桥"，为出长安西
　行必经之地。
⑦干：冲。
⑧过者：杜甫自称。
⑨点行(háng)：按户籍依次点名，强行征调。频：多次。以下

是行人的答话。

⑩十五：十五岁。防河：亦称防秋，即调集军队守御河西，以防吐蕃于秋季侵犯骚扰。

⑪四十：四十岁。营田：屯田，戍边时期战时作战，平时种田。

⑫里正：唐时每百户为一里，设里正一人，管理农桑、赋役、户籍等事。与裹头：古时人以皂罗三尺裹头做头巾。因应征者年纪太小，故里正替他裹头。

⑬武皇开边意未已：有讽刺唐玄宗黩武之意。武皇，指汉武帝。此隐喻唐玄宗。开边，开拓边境。意未已，没有停止的想法。

⑭山东：指华山以东。二百州：唐于潼关以东凡设二百一十七州。

⑮荆杞：荆棘等灌木丛。

⑯无东西：指庄稼长得不成行列，难辨东西。

⑰秦兵：即关中之兵，最善勇战。

⑱被驱：被役使。

⑲长者：行人对杜甫的尊称。

⑳役夫：行人自称。敢：岂敢。

㉑"且如"二句：指关西游弈使王难得征兵攻吐蕃事。休，罢。关西卒，函谷关以西的士卒，即秦兵。

㉒县官：古时天子称县官。此指朝廷。

㉓信知：真的明白。

㉔比邻：近邻。

㉕生男埋没随百草：生男从军，战死疆场，埋没于野草之中。

㉖青海头：青海边。唐时与吐蕃大战，多于青海附近。

㉗天阴：古人以为天阴则能闻鬼哭。啾啾(jiū)：象声词，呜咽哭声。

丽人行①

杜甫

三月三日天气新②，长安水边多丽人③。

态浓意远淑且真④，肌理细腻骨肉匀⑤。

绣罗衣裳照暮春，蹙金孔雀银麒麟⑥。

头上何所有，翠微匐叶垂鬓唇⑦。

背后何所见，珠压腰衱稳称身⑧。

就中云幕椒房亲⑨，赐名大国虢与秦⑩。

紫驼之峰出翠釜⑪，水精之盘行素鳞⑫。

犀箸厌饫久未下⑬，鸾刀缕切空纷纶⑭。

黄门飞鞚不动尘，御厨络绎送八珍⑮。

箫鼓哀吟感鬼神，宾从杂遝实要津⑯。

后来鞍马何逡巡⑰，当轩下马入锦茵⑱。

杨花雪落覆白蘋⑲，青鸟飞去衔红巾⑳。

炙手可热势绝伦㉑，慎莫近前丞相嗔㉒。

注释：

①此诗作于天宝十二年(753)春，讽刺杨国忠兄妹骄奢淫佚。

②三月三日：此日为上巳日，古时人们到水边被除不祥，称
  "修禊"。后演变为春日郊游的一个节日。

③长安水边：此指曲江，在长安城东南，为唐时京都人们的游
  赏之地。

④态浓：梳妆浓艳。意远：神情高雅。淑且真：娴静和端庄。

⑤肌理细腻：即皮肤细嫩柔滑。骨肉匀：体态匀称。

⑥蹙(cù)金孔雀：用金线绣成的孔雀。蹙，一种刺绣方法。
银麒麟：用银线绣成的麒麟。

⑦翠微：青翠色。匐(è)叶：匐彩花叶。匐彩为妇女的头饰。
鬓唇：鬓边。

⑧珠压腰䙂(jié)：即裙带上缀有珠子，下垂而压住后䙂，不被
风掀动，使之称身合体。"珠压"以上一段写丽人容妆服饰
之华贵。腰䙂，即裙带。䙂，衣服后襟。

⑨就中：唐人习语，即其中之意。云幕：云幕般的帐幕。椒房
亲：本指皇后亲戚，此指杨家亲戚。时杨贵妃位同皇后，故
称。椒房，汉代皇后所居以椒和泥涂壁，取其温暖而有香
气。后以椒房代称皇后。

⑩赐名：指赐封号。《旧唐书·杨贵妃传》："太真有姊三
人，皆有才貌，玄宗并封国夫人之号：长曰大姨，封韩
国，三姨封虢国，八姨封秦国，并承恩泽，出入宫掖，势
倾天下。"

⑪紫驼之峰：即驼背隆起的肉。唐时贵族有道菜，称"驼峰
炙"。翠釜：精致华美的锅。

⑫水精之盘：水晶盘。素鳞：白色的鱼。

⑬犀箸：犀牛角制的筷子。厌饫(yù)：饱食生腻。

⑭鸾刀：切肉用的带小铃的刀。缕切：细细地切肉。空纷纶：
白忙一场。"鸾刀"以上四句写杨氏外戚家饮食之精。

⑮"黄门"二句：写杨氏外戚深得皇帝宠爱。黄门，指宦官。
飞鞚，飞马。不动尘，形容马快如飞，尘土不扬。御厨，天
子之厨。八珍，本《周礼·天官·膳夫》"珍用八物"语，此
指各种珍贵菜肴。

⑯宾从：宾客侍从，此指杨氏的门下人。杂遝(tà)：纷乱。实
要津：占满了各个重要的职位。

⑰后来鞍马：最后来到的那匹马，此指杨国忠。逡巡：原为徘徊缓行之意，此为趾高气扬，顾盼自得之意。

⑱锦茵：锦绣地毯。

⑲杨花雪落覆白蘋：据《埤雅》："世说杨花入水化为浮萍。"大萍称蘋。故杨花和白蘋同源，此处以杨花谐杨姓，暗喻杨国忠与虢国夫人兄妹苟合。又北魏胡太后与杨白花私通，白花惧祸降梁，胡太后思之，作"杨白华歌"，有"杨花飘荡落南家"、"愿衔杨花入窠里"之诗句。此处借用此事，暗喻杨家淫乱事。

⑳青鸟飞去衔红巾：暗指杨氏兄妹传情达意。青鸟，神话中为西王母传递消息的神鸟。后用指男女之间的信使。红巾，妇人所用的红手帕。

㉑炙手可热：形容气焰灼人。

㉒丞相：指杨国忠。天宝十一年，杨国忠为右丞相，兼领四十馀使。嗔：恼怒。

哀江头①

杜甫

少陵野老吞声哭②，春日潜行曲江曲③。
江头宫殿锁千门④，细柳新蒲为谁绿。
忆昔霓旌下南苑⑤，苑中万物生颜色⑥。
昭阳殿里第一人⑦，同辇随君侍君侧⑧。
辇前才人带弓箭⑨，白马嚼啮黄金勒⑩。
翻身向天仰射云，一箭正坠双飞翼⑪。
明眸皓齿今何在，血污游魂归不得⑫。

清渭东流剑阁深⑬，去住彼此无消息⑭。
人生有情泪沾臆⑮，江水江花岂终极⑯。
黄昏胡骑尘满城⑰，欲往城南望城北⑱。

注释：

①此诗作于至德二年(757)。前一年七月，长安被陷，杜甫前
往灵武(在今宁夏)，投奔肃宗途中，被叛军所捕，押回长
安。其间行经曲江，感慨万端。江：指曲江，是长安的风景
区，皇帝后妃的游乐地。

②少陵野老：杜甫自指。因他曾在少陵边住过，故自号"少陵
野老"。少陵是汉宣帝许后的陵墓，距长安四十里，而离汉
宣帝陵墓杜陵才十八里，故杜甫也自号过"杜陵布衣"。

③潜行：偷偷地走。曲：河水弯曲之处。

④江头宫殿：指建在曲江岸边的宫殿，专供皇帝游幸曲江。

⑤霓(ní)旌：皇帝仪仗中的一种旗，缀有五色羽毛。此处代
指皇帝。南苑：即位于曲江东南的芙蓉苑。

⑥生颜色：发光彩。

⑦昭阳殿：汉成帝时宫殿。据《汉书·外戚传》记载，汉成帝
时，赵飞燕为皇后，其妹合德大受宠幸，居昭阳宫。但后来
诗人都以为昭阳宫为赵飞燕所居。第一人：指最受宠爱的
人。此喻杨贵妃。唐代诗人常以飞燕喻杨贵妃。

⑧辇(niǎn)：皇帝车子。

⑨才人：宫中女官。

⑩啮(niè)：咬，衔。黄金勒：黄金制的马嚼口。

⑪双飞翼：双飞之鸟。

⑫"明眸"二句：指杨贵妃已魂归马嵬坡了。

⑬清渭：清澈的渭水。马嵬坡在渭水之滨。剑阁：在今四川

剑阁县东北,为南栈道的一部分,地势极险。

⑭去住:死去的和活着的。

⑮臆:胸口。

⑯岂终极:哪有终极之日。

⑰胡骑(jì):指安禄山的铁骑。

⑱欲往城南望城北:杜甫在仓皇躲避叛军时,认错方向,想往城南去,却走向城北。

哀王孙①

杜甫

长安城头头白乌②,夜飞延秋门上呼③。

又向人家啄大屋,屋底达官走避胡④。

金鞭断折九马死,骨肉不得同驰驱⑤。

腰下宝玦青珊瑚⑥,可怜王孙泣路隅⑦!

问之不肯道姓名,但道困苦乞为奴。

已经百日窜荆棘⑧,身上无有完肌肤。

高帝子孙尽隆准,龙种自与常人殊⑨。

豺狼在邑龙在野⑩,王孙善保千金躯。

不敢长语临交衢⑪,且为王孙立斯须⑫。

昨夜东风吹血腥,东来橐驼满旧都⑬。

朔方健儿好身手⑭,昔何勇锐今何愚⑮?

窃闻天子已传位⑯,圣德北服南单于⑰。

花门劈面请雪耻⑱,慎勿出口他人狙⑲!

哀哉王孙慎勿疏,五陵佳气无时无⑳!

注释：

①此诗当作于天宝十五年，即至德元年(756)九月。六月九日，安禄山攻破潼关，长安震动。唐玄宗从杨国忠奔蜀之策，于十二日凌晨带着杨贵妃姐妹、王子及近宦等少数人出逃，而其妃嫔、皇孙、公主等来不及逃走。七月间，安禄山军队占领长安，先后杀霍国长公主及王妃驸马以下百馀人。李氏宗族幸存者流落民间。此诗截取某王孙流离民间的片断以反映安史之乱所造成的巨大灾难。王孙：皇帝后代，此指李氏宗族。

②头白乌：白头乌鸦，以为不祥之兆。

③延秋门：唐宫苑西门。玄宗即从此门出宫奔蜀。

④屋底：屋下。胡：此指安禄山军队。

⑤"金鞭"二句：谓玄宗仓皇出逃，急于奔命，而弃李氏骨肉于京中。金鞭，皇帝所用马鞭。九马，指御用骏马。

⑥宝玦(jué)：玉佩。青珊瑚：青色的珊瑚制的饰物。

⑦路隅：路边角落。

⑧窜荆棘：在野外流浪。

⑨"高帝"二句：指李氏王孙都有其容颜特征。隆准，高鼻。据《史记》记载，汉高祖"隆准而龙颜"。龙种，指王孙。

⑩豺狼在邑：指安禄山在洛阳称帝。龙在野：指唐玄宗出奔蜀地。

⑪交衢(qú)：交通要道。

⑫斯须：一会儿。

⑬橐(luò)驼：骆驼。旧都：指长安。因此时肃宗已即位于灵武，故称。

⑭朔方健儿：指哥舒翰所率河陇、朔方军队。

⑮昔何勇锐今何愚：谓哥舒翰军二十万守潼关，却被安禄山打败。

⑯窃闻天子已传位：指唐玄宗禅位，肃宗于灵武即皇帝位事。

⑰圣德北服南单于：指肃宗与回纥结好，共同平乱。圣德，皇帝之德。单于，北方匈奴的首领称单于。东汉光武帝时，匈奴分南北二部、南匈奴首领率部降汉称臣。

⑱花门：花门山堡为回纥骑兵驻地，此借指回纥。剺(lí)面：即"梨面"，匈奴古俗以刀割面流血，以示忠诚。

⑲慎勿出口他人狙(jū)：让王孙小心，不要随便说话，怕有耳目。狙，猕猴。因狙捕食，善于伺伏候之，故比喻有人暗中侦探。

⑳五陵佳气无时无：李氏皇族佳气自在，随时都有中兴的希望。五陵佳气，原指陵墓间葱郁之气，此指皇家之气。五陵，长安有汉五陵，称长陵、安陵、阳陵、茂陵、平陵。唐玄宗以前也有唐五陵，称献陵、昭陵、乾陵、定陵、桥陵。

五言律诗 八十首

　　五言律诗，简称"五律"，近体诗的一种。源于五言古体，起源于南北朝，成熟于唐初。格律严密，每首八句四韵或五韵，每句五个字，中间两联必须对仗，第二、四、六、八句押韵，首句可押可不押，五言律诗首句不入韵是正格，入韵为变格。通常押平声韵。其押韵的音韵标准为中古音韵系统，即南北朝至隋唐时期汉语的语音。根据其平仄，定格为四式：首句仄起不入韵式、首句仄起入韵式、首句平起不入韵式、首句平起入韵式。

　　五言律诗是最具唐诗"丰神情韵"（钱锺书《谈艺录》）的诗歌体裁。一般是对社会现实、自然景物和内心世界的表现，融情入景，侧重于客观观照。五律是唐人应制、应试以及日常生活中普遍采用的诗歌体裁。唐代五律名家数不胜数，以王昌龄、王维、孟浩然、李白、杜甫、刘长卿成就为大。

唐玄宗

唐玄宗(685—761),名李隆基,陇西成纪(今甘肃秦安)人。睿宗第三子。先天元年(712)即位,励精图治,国力强盛,此期史称"开元盛世"。后倦于国事,任用奸佞,以致发生了"安史之乱"。天宝十五年(756)册太子李亨即位,自己为太上皇。上元二年(761)卒,谥曰至道大圣大明孝皇帝,后世称"唐明皇";庙号玄宗。唐玄宗多才多艺,通音乐,擅书法,工诗能文。唐殷璠称他"恶华好朴,去伪从真,使海内词场翕然尊古"(《河岳英灵集叙》),对于诗歌去除六朝纤靡风气,"开盛唐广大清明气象"(钟惺《唐诗归》),有倡导之功。《全唐诗》存其诗一卷。

经鲁祭孔子而叹之①

唐玄宗

夫子何为者,栖栖一代中②。

地犹鄹氏邑③,宅即鲁王宫④。

叹凤嗟身否⑤,伤麟怨道穷⑥。

今看两楹奠⑦,当与梦时同。

注释:

①开元十三年(725)十一月,唐玄宗封于泰山,后幸曲阜孔子宅,以太牢祭其墓。此诗为祭奠孔子而作。鲁:古代鲁国地域,在今山东一带。

②"夫子"二句:化用典故,是说孔夫子周游列国,忙忙碌碌,是想挽救日下之世风。夫子,指孔夫子。栖栖,《论语·宪

问》记载微生畞问孔子:"丘何为是栖栖者与？无乃为佞乎？"孔子答道:"非敢为佞也,疾固也。"栖栖,忙碌不安的样子,此指孔子周游列国之事。佞(nìng),巧言善辩之意。疾固,指痛恨世风之鄙陋。

③鄹(zōu)氏邑:在春秋鲁国境内,今在山东曲阜。孔子父亲叔梁纥曾为鄹邑大夫。

④鲁王宫:据孔安国《尚书序》:"鲁恭王坏孔子旧宅,以广其居。升堂,闻金石丝竹之声,乃不坏宅。"

⑤叹凤:《论语·子罕》:"子曰:凤鸟不至,河不出图,吾已矣夫!"嗟:感叹。否(pǐ):不顺。凤鸟至、河出图是世之祥瑞。孔子感叹时世不佳,命运不济。

⑥伤麟怨道穷:此句见于《春秋》:"哀公十四年春,西狩获麟。"又《公羊传》:"孔子……涕沾袍曰:'吾道穷矣。'自后孔子即绝笔,不著《春秋》。"《孔丛子》亦载,孔子见麟出而死,曾歌曰:"唐虞世兮麟凤游,今非其时兮来何求。麟兮麟兮我心忧。"

⑦两楹奠:指祭奠礼仪之隆重庄严。根据殷朝旧制,人死后,灵柩应停放在两楹之中。《礼记·檀弓上》记孔子对子贡说:"予畴昔之夜,梦坐奠于两楹之间。夫明王不兴,而天下其孰能宗余?余殆将死也。"孔子感叹生前没有人尊重他,却梦见死后坐享"两楹奠",预感到自己将不久于人世。两楹,指殿堂之中。楹,堂前柱子。

望月怀远①

张九龄

海上生明月,天涯共此时②。

情人怨遥夜③,竟夕起相思④。

灭烛怜光满⑤，披衣觉露滋⑥。
不堪盈手赠⑦，还寝梦佳期⑧。

注释：

①这首羁旅诗以悬想妻子思念自己的情状来写游子的相思深情。怀远：思念远方之人。

②"海上"二句：意谓海上明月升起，远在天涯之人此时此刻正和我一样望月思人。

③情人：有情谊之人。遥夜：长夜。

④竟夕：整夜。

⑤怜：爱。光满：月光满照。指月色皎洁，浩渺无边。

⑥滋：滋生。

⑦不堪：不能。盈手：满手，指把月光捧满手中。

⑧还（huán）寝：回去睡觉。佳期：指相会的好日子。

王 勃

王勃（650—676），字子安，绛州龙门（今山西河津）人。乾封元年（666）应幽素科举及第。当过朝散郎、沛王府侍读、虢州参军。上元二年（675）去交趾探望父亲，归来渡海时溺水受惊而卒。王勃自幼聪慧，早有文名，与杨炯、卢照邻、骆宾王并称"初唐四杰"，而王勃最为杰出。王勃诗有"高华"（陆时雍《诗镜总论》）之誉，胡应麟称其五律"兴象宛然，气骨苍然，实首启盛、中妙境"（《诗薮》）。有《王子安集》十六卷，《全唐诗》编其诗二卷。

杜少府之任蜀州①

王勃

城阙辅三秦②,风烟望五津③。

与君离别意,同是宦游人④。

海内存知己,天涯若比邻⑤。

无为在歧路,儿女共沾巾⑥。

注释:

①这是一首送别诗,写得旷达豪爽。杜少府:其人不详。少
府,即县尉的通称,主缉捕盗贼。之任:赴任。蜀州:在今
四川崇庆县。一作"蜀川"。

②城阙:指都城长安。辅:护持。三秦:西楚霸王项羽灭秦后,曾
将其旧地分为雍、塞、翟三国,称三秦。此处指今陕西一带。

③五津:四川灌县至犍为一段岷江上有五个渡口,为白华津、
万里津、江首津、涉头津、江南津,称五津。此指蜀州一带。

④宦游人:在外做官之人。

⑤比邻:近邻。古代以五家为"比"。

⑥"无为"二句:意谓不要在分手的路上,像小儿女一样哭哭
啼啼。无为,不要。歧路,分手的路上。沾巾,指流泪。

骆宾王

骆宾王(约627—约684),字观光,婺州义乌(今属浙江)
人。显庆年间,为道王李元庆属官。高宗咸亨年间,从军塞
上。后返京当过武功主簿、长安主簿、侍御史。不久获罪下
狱,贬为临海(今浙江天台)丞,世称"骆临海"。光宅元年

(684)从徐敬业讨武则天，所作《讨武曌檄》，四方传诵。兵败被杀（一说投江而死，又一说逃亡后削发为僧）。骆宾王诗文兼长，与王勃、杨炯、卢照邻并称"初唐四杰"。魏庆之称其诗"格高旨远，若在天上物外，神仙会集，云行鹤驾，想见飘然之状"（《诗人玉屑》）。他长于七言歌行，五律也时有佳作。吴之器称其"五言气象雄杰，构思精沉，含初苞盛，卓然鲜俪。七言缀锦贯珠，汪洋洪肆。《帝京》、《畴昔》特为擅长，《灵妃》、《艳情》尤极凄靡。虽本体间有离合，抑亦六代之遗则也"（《骆丞列传》）。有《骆宾王文集》十卷行世，《全唐诗》编其诗三卷。

在狱咏蝉①并序

骆宾王

余禁所禁垣西②，是法厅事也③，有古槐数株焉。虽生意可知，同殷仲文之古树④；而听讼斯在，即周召伯之甘棠⑤。每至夕阴低阴，秋蝉疏引⑥，发声幽息，有切尝闻。岂人心异于曩时⑦，将虫响悲于前听⑧？嗟乎！声以动容，德以象贤。故洁其身也，禀君子达人之高行⑨；蜕其皮也⑩，有仙都羽化之灵姿。候时而来，顺阴阳之数⑫；应节为变，审藏用之机⑬。有目斯开，不以道昏而昧其视⑰；有翼自薄⑱，不以俗厚而易其真⑲。吟乔树之微风，韵姿天纵；饮高秋之坠露，清畏人知⑳。仆失路艰虞㉑，遭时徽纆㉒。不哀伤而自怨，未摇落而先衰。闻蟪蛄之流声㉓，悟平反之已奏；见螳螂之抱影，怯危机之未安㉕。感而缀诗，贻诸知己㉖。庶情沿物应㉗，哀弱羽之飘零㉘；道寄人知，悯馀声之寂寞。非谓文墨，取代幽忧云尔㉚。

西陆蝉声唱㉛，南冠客思深㉜。

不堪玄鬓影㉝，来对白头吟㉞。

露重飞难进，风多响易沉㉟。

无人信高洁,谁为表予心⑱。

注释:

①此诗作于狱中,借咏蝉的高洁喻自己不肯同流合污的节操。在狱:唐高宗仪凤三年(678),骆宾王任侍御史,因上疏进谏,被诬下狱。

②禁所:囚牢。

③法厅事:意谓在此听讼断案。厅事,即听事。

④殷仲文之古树:东晋殷仲文见大司马桓温府中槐树,叹道:"此树婆娑,无复生意。"后借以叹不得志。

⑤周召伯之甘棠:据说周代召伯巡行民间,为不扰劳百姓,在甘棠下听讼断案,后人相戒不要损伤此树。

⑥疏引:稀疏不绝的蝉鸣。

⑦幽息:气息清幽。

⑧有切尝闻:这是曾经听到过的最凄切的蝉鸣。切,凄切。

⑨曩(nǎng)时:前时。

⑩将:或者,抑或。

⑪"故洁其身也"二句:古人以为蝉餐风饮露,不居巢中,随季候而生死,故有清廉俭信之美德高致。

⑫蜕:指蝉自幼虫变为成虫时要蜕壳。

⑬仙都羽化:道教中常以蝉蜕喻指飞升成仙。

⑭阴阳之数:犹指自然界的规律。

⑮应节为变:根据季节改变自己的形态,指蝉蜕。节,季节。

⑯藏用:《论语·述而》:"用之则行,舍之则藏。"指士人的出仕与归隐。此处是用蝉的两种生存形态来作比喻。

⑰"有目斯开"二句:睁开眼睛,不因为世道黑暗而遮住自己的视线。斯,语助词。

⑱自薄：指蝉能飞，却甘愿淡泊寡欲。

⑲不以俗厚而易其真：不因为世风淫靡而改变自己的本色。

⑳乔树：高大的树木。

㉑清畏人知：语本《晋书·胡威传》：荆州刺史胡质忠义清廉，晋武帝问其子胡威："卿孰与父清？"胡威答曰："臣不如也。臣父清恐人知，臣清恐人不知。"此处用指品德高洁。

㉒仆：自称。失路：指仕途受挫。艰虞：忧郁。

㉓徽缠（mò）：绑犯人的绳索。此指被囚禁。

㉔蟪蛄（huìgū）：即寒蝉。

㉕"悟平反之已奏"以下四句：虽然自己的冤狱已经奏请平反，但对手仍跃跃欲试，企图加害，自己尚未转危为安。螳螂之抱影，据《说苑·正谏》，蝉居高饮露，螳螂委身以捕蝉。此指仍有人要陷害自己。怯，担忧。

㉖缀诗：作诗。

㉗贻（yí）：赠送。

㉘庶：希冀之意。情沿物应：情感与自然界中事物相对应。

㉙弱羽：指蝉。

㉚取代幽忧：即倾诉幽忧之意。云尔：如此而已。

㉛西陆：指秋天。司马彪《续汉书》有"日行西陆谓之秋"句。西陆为二十八宿中的昴宿。

㉜南冠：《左传·成公九年》记楚钟仪戴南冠被囚于晋军，后以南冠代指囚徒。

㉝玄鬓：指蝉。古代妇女梳鬓发如蝉翼状，称蝉鬓。此处反过来以蝉鬓称蝉。

㉞《白头吟》：古乐府名，传说是汉代卓文君因丈夫司马相如再娶而写的，曲调哀怨。

㉟"露重"二句：因露重则蝉飞不快，风大则蝉鸣声易被风声

掩盖,比喻世途艰难,阻力重重。
㊱予:我。

杜审言

杜审言(约 645—708),字必简,祖籍襄阳(今湖北襄樊),迁居巩县(今属河南)。"诗圣"杜甫的祖父。高宗咸亨元年(670)擢进士第,当过隰城尉、洛阳丞。武后圣历元年(698)因事被贬为吉州司户参军,后又被武则天召见,授著作左郎。中宗神龙元年(705)因依附张易之而被流放岭南,次年赦归,为国子监主簿、修文馆直学士。杜审言善诗、工书翰,与李峤、崔融、苏味道并称"文章四友"。其五言律诗"体自整栗,语自雄丽"(许学夷《诗源辨体》)、"浑厚有馀"(陆时雍《诗境总论》)、"句律极严"(陈振孙《直斋书录解题》),"开诗家齐整平密一派门户"(钟惺《唐诗归》),对近体诗的成熟是有贡献的。《全唐诗》存其诗一卷。

和晋陵陆丞早春游望①

杜审言

独有宦游人,偏惊物候新②。
云霞出海曙,梅柳渡江春③。
淑气催黄鸟④,晴光转绿蘋⑤。
忽闻歌古调⑥,归思欲沾巾⑦。

注释:
①陆丞曾作《早春游望》诗赠给当时在江阴县的杜审言,杜作

此诗和之。写自己宦游异乡的思归心绪。晋陵:县名,在今江苏常州。陆丞:姓陆的县丞,其人不详。

②"独有"二句:只有在外做官的人,才会对自然界中季节景物的变化感到格外的惊异。宦游人,在外做官的人。物候,指在不同季节里自然界的景物变化。

③"云霞"二句:云霞从海上升起,那正是曙色初露;梅柳间的绿意从江南渡到江北,那是春天已经到来。

④淑气催黄鸟:春天的气息使黄莺叫得更欢。淑气,指春天的和暖气息。黄鸟,黄莺。

⑤晴光转绿蘋:晴明的春光在绿色的水草间流转浮动。绿蘋,指水中绿色的水草。

⑥古调:此指陆丞的诗篇。

⑦沾巾:指眼泪沾湿衣巾。

沈佺期

　　沈佺期(约 656—713),字云卿,相州内黄(今属河南)人。上元二年(675)登进士第。当过协律郎、考功员外郎等。神龙元年(705)因依附张易之而流放驩州(今越南荣市),后又召为起居郎、修文馆直学士、中书舍人等。官至太子詹事,世称"沈詹事"。沈佺期擅诗文,与宋之问被时人并称"沈宋"。他长于五、七言律诗,靡丽清宛,"高华典重"(吴乔《围炉诗话》),被张说推为当时第一(刘𫗧《隋唐嘉话》)。同时,由于沈、宋律诗格律谨严,故对律诗的定型是有贡献的,辛文房说:"至佺期、之问,又加靡丽,迴忌声病,约句准篇,著定格律,遂成近体。……谓唐诗变体,始自二公。"(《唐才子传》)有明人辑《沈詹事诗集》七卷,《全唐诗》编其诗三卷。

杂 诗①

沈佺期

闻道黄龙戍②，频年不解兵③。

可怜闺里月，长在汉家营④。

少妇今春意，良人昨夜情⑤。

谁能将旗鼓⑥，一为取龙城⑦。

注释：

①《杂诗》原为三首，此为其三。为边塞诗，虽也咏闺怨征苦，
但凄怨中仍含有积极进取之心。

②黄龙戍：唐代边塞，在今辽宁开原县西北。

③频年：多年。解兵：休战撤兵。

④汉家营：指唐军营。汉家，实指唐朝。

⑤良人：古时妇女对丈夫的尊称。

⑥将旗鼓：指率军出征。

⑦一为取龙城：一为，一举。龙城，匈奴名城，原址在今蒙古
人民共和国。据《汉书·武帝本纪》载，元光五年（130），车
骑将军卫青在龙城大败匈奴。后龙城多用指敌方要地。
此句化用此典。比喻出征敌方，一战而捷。

宋之问

宋之问（约656—712），一名少连，字延清，虢州弘农
（今河南灵宝）人，一说汾州（今山西汾阳）人。高宗上元二年
（675）进士，曾当过洛州参军、尚方监丞等。神龙元年（705）
因攀附张易之而贬为泷州参军。后起为鸿胪主簿、考功员外

郎等。不久,又因受贿贬为越州长史。睿宗即位,再贬钦州。唐玄宗先天年间,赐死于桂州。宋之问和沈佺期一样长于文词,时称"沈宋"。其诗多为宫廷应制之作,"平正典重,赡丽精严"(胡应麟《诗薮》)。与沈佺期相比,他的律诗较为"精硕"、"缜密",对律诗的定型起到了规范的作用。今有明人辑《宋学士集》九卷,《全唐诗》编其诗三卷。

题大庾岭北驿①

宋之问

阳月南飞雁②,传闻至此回。

我行殊未已③,何日复归来。

江静潮初落,林昏瘴不开④。

明朝望乡处,应见陇头梅⑤。

注释:

①此诗为宋之问神龙五年(705)遭贬岭南,途经大庾岭时所作,以南雁北归有日反衬诗人南行无已的愁思。大庾岭:在今江西大庾县。

②阳月:阴历十月。

③殊未已:还没到终点。

④瘴:南方山林中湿热郁蒸之气。

⑤陇头梅:大庾岭上多梅又称梅岭,因此地气候温暖,故作者十月过岭,即见梅花盛开。又据《荆州记》载,东汉陆凯从江南给长安的范晔寄梅花一枝,并赠诗曰:"折梅逢驿使,寄与陇头人。江南无所有,聊寄一枝春。"此处用此典,寄托思念都城之情。

王 湾

王湾(生卒年不详),洛阳(今属河南)人。太极元年(712)进士及第。开元初,为荥阳主簿。曾参与校理群书,编成《群书四部录》。后官洛阳尉。王湾词翰早著,其《次北固山下》被殷璠誉为"诗人以来,少有此句"(《河岳英灵集》)。今仅存诗十首,载《全唐诗》卷一五五。

次北固山下①

王湾

客路青山下②,行舟绿水前。

潮平两岸阔③,风正一帆悬④。

海日生残夜,江春入旧年⑤。

乡书何处达⑥,归雁洛阳边⑦。

注释:

①题又作《江南意》。此诗写节候变化引动乡思。次:停宿。北固山:在今江苏镇江市长江南岸,与金山、焦山合称"京口三山"。

②客路:远行的路。

③潮平:指潮水上涨与两岸齐平。阔:一作"失"。

④风正:指风正对着帆吹,顺风之意。一帆:孤舟。

⑤"海日"二句:意谓海上涌起一轮红日,但四周仍是残夜;江上已有春意,但旧年还未过完。

⑥乡书:家信。

⑦归雁洛阳边:意谓希望归雁能把我的家信捎到故乡洛阳去。归雁,古时相传鸿雁可以传书。

破山寺后禅院①

常建

清晨入古寺，初日照高林。

曲径通幽处，禅房花木深②。

山光悦鸟性，潭影空人心③。

万籁此皆寂④，惟闻钟磬音。

注释：

①这是一首游破山寺的题壁诗。破山寺：即兴福寺，在今江
　苏常熟虞山北麓。

②禅房：僧房。

③空人心：使人心空明洁净。

④万籁：各种声音。籁，从孔穴里发出的各种声音，泛指声音。

寄左省杜拾遗①

岑参

联步趋丹陛②，分曹限紫微③。

晓随天仗入④，暮惹御香归⑤。

白发悲花落，青云羡鸟飞。

圣朝无阙事⑥，自觉谏书稀。

注释：

①此诗作于乾元元年(758)，岑参为右补阙，与杜甫一样，都是
　谏官。此诗在表面颂圣中含蓄悲愤。左省：即门下省，因在

宣政殿门左,故称左省。杜拾遗:杜甫,时任门下省左拾遗。

②联步:即连步。趋:小步走。丹陛:天子宫殿前的台阶漆成
红色,称丹陛,又称"丹墀"。

③分曹:时岑参为右补阙,属中书省,因在宣政殿门右,故称
右省。而杜甫则为左拾遗,属左省。二人上朝时分站左右
两边,称分曹。曹,官署。紫微:此指宣政殿。本为星名,
古人以紫微星为天帝之居,后转指皇帝之居。

④天仗:天子仪仗。

⑤御香:天子宫殿所点之香。

⑥阙事:缺失之事。

赠孟浩然①

李白

吾爱孟夫子②,风流天下闻。

红颜弃轩冕③,白首卧松云④。

醉月频中圣⑤,迷花不事君⑥。

高山安可仰⑦,徒此揖清芬⑧。

注释:

①此诗为孟浩然归南山时,李白送行之作。孟浩然:唐代大
诗人,李白之友。见本书第22页孟浩然小传。

②孟夫子:指孟浩然。

③红颜:指青壮年。弃轩冕:指轻视仕宦。轩,车。冕,礼帽。
古时高官才能乘轩戴冕。

④卧松云:隐居于山林白云之间。

⑤醉月:对月醉酒。中(zhòng)圣:指醉酒。典出《三国志·

魏书·徐邈传》。尚书郎徐邈醉酒,有人来问事,他答道:
"中圣人。"曹操得知,大怒。度辽将军鲜于辅解释道:"平
日醉客谓酒清者为圣人,浊者为贤人。"

⑥迷花:留恋自然花草。这里指隐居。

⑦高山安可仰:语本《诗经·小雅·车辖》:"高山仰止,景行
　行止。"用以比喻孟浩然品行之高洁。

⑧徒此:惟此。揖:致敬之意。清芬:指高洁的节操。

渡荆门送别①

李白

渡远荆门外,来从楚国游②。

山随平野尽,江入大荒流③。

月下飞天镜④,云生结海楼⑤。

仍怜故乡水⑥,万里送行舟。

注释:

①此诗作于开元十四年(726),李白沿长江出蜀东下时。描
　绘出一幅渡荆门的长江长轴山水图,将深挚乡思与远游壮
　怀水乳交融。荆门:荆门山,在今湖北宜都县北,长江南
　面,为楚蜀交界之地。

②楚国:长江出荆门,即属古时楚国之地,故称。

③"山随"二句:意谓山随着平原的出现渐渐远去消失,大江
　汇入旷野中,从容流去。大荒,广阔的原野。

④月下飞天镜:江中月影,如同空中飞下的天镜。

⑤海楼:海市蜃楼,为云气折射出的各种景象。

⑥怜:爱。故乡水:指从四川流来的水。因诗人从小生活在
　四川,故称。

送友人①

李白

青山横北郭②，白水绕东城。
此地一为别，孤蓬万里征③。
浮云游子意④，落日故人情⑤。
挥手自兹去⑥，萧萧班马鸣⑦。

注释：

①此诗写送别却充满诗情画意和豁达乐观。

②郭：外城。

③蓬：蓬草。蓬草随风飞转，飘泊无定，古诗中常用以比喻远
行者。

④浮云：因浮云四处飘荡，古诗中也用以形容游子飘泊。

⑤落日：落日下山，如同与人告别。

⑥自兹：从此。

⑦萧萧班马鸣：双方分别时，主客之马也萧萧长鸣，似有离群
之憾。萧萧，马叫声。班马，离群的马。

听蜀僧濬弹琴①

李白

蜀僧抱绿绮②，西下峨嵋峰。
为我一挥手③，如听万壑松。
客心洗流水④，馀响入霜钟⑤。
不觉碧山暮，秋云暗几重。

注释：

①这是一首写听琴的音乐诗，逸韵铿然，颇得弦外之音。蜀僧濬(jùn)：有人认为，此人即李白诗《赠宣州灵源寺仲濬公》中的仲濬公。其他不详。

②绿绮：相传汉司马相如有绿绮琴。此指古琴。

③挥手：指弹琴。

④客心洗流水：意谓听到蜀僧"高山流水"般的琴声，客人心中如洗过般明净。流水，相传春秋时钟子期能听出俞伯牙琴中之志，时在高山，时在流水，伯牙许之为知音。

⑤馀响入霜钟：此句意为琴声馀音与山寺傍晚的钟声共鸣。霜钟，指钟声。《山海经·中山经》："丰山……有九钟焉，是知霜鸣。"郭璞注曰："霜降则钟鸣，故言知也。"

夜泊牛渚怀古①

李白

牛渚西江夜②，青天无片云。
登舟望秋月，空忆谢将军③。
余亦能高咏，斯人不可闻④。
明朝挂帆去⑤，枫叶落纷纷。

注释：

①此题下原注：此地即谢尚闻袁宏咏史处。李白借谢尚、袁宏事，寄寓怀才不遇的感慨。牛渚(zhǔ)：牛渚山，在今安徽当涂县。

②西江：从南京至江西一段长江，古时称西江。牛渚即在其间。

③空忆：徒然追忆。谢将军：即谢尚，东晋时阳夏(今河南太康)

人，官镇西将军。谢尚守牛渚时，曾于秋夜泛舟赏月，遇袁宏正诵《咏史》诗，音词俱妙，因此大为赞赏，并邀来交谈，直至天明。自此袁宏声名日著，后为大官。

④斯人：此人，指谢尚。

⑤挂帆：指乘船。

春　望①

杜甫

国破山河在②，城春草木深③。

感时花溅泪④，恨别鸟惊心⑤。

烽火连三月⑥，家书抵万金⑦。

白头搔更短⑧，浑欲不胜簪⑨。

注释：

①此诗作于至德二年(757)三月，杜甫在长安城时。时安禄山叛军占领长安，杜甫身陷贼中，国破家亡，内心极其痛苦。

②国破：指长安沦陷。山河在：山河依旧。

③草木深：草木茂盛。

④感时花溅泪：感于国事，见花而落泪。

⑤恨别鸟惊心：家人分离，闻鸟鸣而心惊。

⑥烽火：时安史叛军正与唐军在各地激战，烽火不息。

⑦家书：家信。

⑧白头：白发。

⑨浑欲不胜簪：这里说，因头白短少，简直插不了簪了。浑，简直。不胜簪，古时男子用簪束发。

月　夜①

杜甫

今夜鄜州月②，闺中只独看③。

遥怜小儿女，未解忆长安④。

香雾云鬟湿，清辉玉臂寒⑤。

何时倚虚幌⑥，双照泪痕干⑦。

注释：

①天宝十五年(756)五月，杜甫携家避难于鄜州。八月，只身
投奔肃宗，途中被叛军俘获，陷于长安。此诗即杜甫在长
安因思念住在鄜州的家人而作的。

②鄜(fū)州：今陕西富县。

③闺中：此处指妻子。

④"遥怜"二句：儿女还小，还不懂思念在长安的父亲。

⑤"香雾"二句：写妻子在月下思念自己的情景。清辉，指
月光。

⑥"何时"二句：什么时候我们能团圆重聚，拭干泪痕，共享同
一地的月色。虚幌，透明的帷幔。

春宿左省①

杜甫

花隐掖垣暮②，啾啾栖鸟过③。

星临万户动，月傍九霄多④。

不寝听金钥⑤，因风想玉珂⑥。

明朝有封事⑦，数问夜如何⑧？

一

七

三

注释：

①此诗作于乾元元年(758)春。描写在左省值夜时的情景。

时杜甫任左拾遗，属门下省。门下省又称左省。宿：值夜。

②掖垣：宫门两边的墙。

③栖鸟：日暮投宿之鸟。

④九霄：九重天，即天之最高处。此指朝廷。

⑤金钥：金锁。

⑥因风想玉珂：此句想象百官骑马鸣珂入朝的情景。玉珂，

马笼头上的装饰品，马行则响，谓之鸣珂。

⑦封事：密奏。因上奏用袋密封，以防泄漏，故称。

⑧数(shuò)：多次。

至德二载甫自京金光门出间道归凤
翔乾元初从左拾遗移华州掾与
亲故别因出此门有悲往事①

杜甫

此道昔归顺②，西郊胡正繁③。

至今犹破胆，应有未招魂④。

近侍归京邑⑤，移官岂至尊⑥。

无才日衰老，驻马望千门⑦。

注释：

①此诗作于乾元元年(758)六月，杜甫因疏救房琯，为贺兰进

明所劾，被贬为华州司功参军。从金光门出京时，想起至

德二年冒险从金光门出京，至凤翔(时肃宗自灵武移驾凤

翔)事,悲感往事,而作此诗。至德二载:即公元 757 年。
京:长安。金光门:长安外城西面有三门,中曰金光门。间
道:小路。凤翔:在今陕西。左拾遗:谏官,职司规谏君主,
举荐人才,属门下省。移:此为贬官之意。华州:今陕西华
县。掾(yuàn):属官。

② 此道:指金光门之路。归顺:指投奔肃宗事。

③ 西郊:指长安城西门外。胡:指安禄山军队。

④ 未招魂:意谓心有馀悸,仍然魂不守舍。

⑤ 近侍:指左拾遗之职。京邑:指华州。

⑥ 移官:指贬官。岂至尊:岂是皇帝的本意。

⑦ 千门:千门万户,指官殿。

月夜忆舍弟①

杜甫

戍鼓断人行②,秋边一雁声③。

露从今夜白,月是故乡明。

有弟皆分散,无家问死生④。

寄书长不达⑤,况乃未休兵⑥。

注释:

① 此诗作于乾元二年(759)秋,流寓秦州时。此时惟杜占与
他同在,而其他兄弟则散居于河南、山东等地,故作诗怀
念。舍弟:对人称自己之弟为"舍弟"。杜甫有四弟:杜颖、
杜观、杜丰、杜占。

② 戍鼓:戍楼上的更鼓。鼓后,禁止行人往来。

③一雁:孤雁。古人以雁行喻兄弟。一雁,喻兄弟分散。

④无家:杜甫在洛阳附近的老宅已毁于安史之乱。

⑤书:信。不达:收不到。

⑥未休兵:时叛军史思明正与唐将李光弼激战。

天末怀李白①

杜甫

凉风起天末,君子意如何②。

鸿雁几时到③,江湖秋水多。

文章憎命达④,魑魅喜人过⑤。

应共冤魂语⑥,投诗赠汨罗⑦。

注释:

①此诗作于乾元二年(759)流寓秦州时。杜甫得知李白流放
　夜郎,但尚未知晓他已遇赦而归,写此诗同情其遭遇,表达
　怀想之情。天末:天边。秦州地处边塞,故称天末。

②君子:指李白。

③鸿雁:比喻音信。

④文章憎命达:好文章都是在命运艰难时才写出来的。

⑤魑魅(chīmèi)喜人过:要提防山神鬼怪把你吃了,这是要
　李白提防小人陷害。魑魅,山神鬼怪。夜郎偏远,多魑魅。

⑥冤魂:指屈原。屈原无罪被放,投汨罗江而死。李白被流
　放,与屈原相似,不为生者理解,可与死者共语。

⑦汨(mì)罗:汨罗江,在今湖南湘阴县。

奉济驿重送严公四韵^①

杜甫

远送从此别,青山空复情^②。

几时杯重把,昨夜月同行^③。

列郡讴歌惜^④,三朝出入荣^⑤。

江村独归处^⑥,寂寞养残生。

注释:

①此诗作于代宗宝应元年(762),杜甫送严武奉召离任入朝。
  杜甫在蜀,入严武幕,得其多方照顾,心中十分感激。奉济
  驿:在今四川绵阳县。严公:严武,字季鹰,华阴(今陕西华
  阴)人,时任成都尹,充剑南节度使。

②空复情:枉自多情。

③"几时"二句:担心与严武后会无期,旧欢难再。按诗意应
  上句在后,下句在前,诗人为使语意曲折不板直而倒置。

④列郡:指东川、西川属邑。讴歌:歌颂。惜:因严武离任而
  惋惜。

⑤三朝:指玄宗、肃宗、代宗三朝。出入荣:指严武历任重位,
  出入荣耀。

⑥江村:指杜甫在浣花溪边的草堂。

别房太尉墓^①

杜甫

他乡复行役^②,驻马别孤坟。

近泪无干土^③,低空有断云。

对棋陪谢傅,把剑觅徐君④。

唯见林花落,莺啼送客闻。

注释:

①此诗作于广德二年(764)杜甫在阆州(今四川阆中县)将
赴成都时,是一首叙写与房琯交谊的追悼诗。房太尉:房
琯,字次律,河南(今河南洛阳)人。玄宗幸蜀时拜为相。
肃宗时因陈涛斜(在今陕西咸阳)之败,贬为邠州刺史。
代宗广德元年(763)八月因疾卒于阆州僧舍,年六十七,
赠太尉。

②复行役:指一再奔走求职。

③近泪无干土:眼泪落处,地上的土都湿了,形容极度悲痛。

④"对棋"二句:写杜、房二人交情生死如一。谢傅,晋名将谢
安,拜太傅,酷爱围棋。此处以谢安比房琯。徐君,指徐国
国君。据《史记·吴太伯世家》记载,春秋时吴季札聘晋,
路经徐国,知徐君爱其宝剑,季札决定出使返回时即送给
他。及归,徐君已死,便解剑挂于坟树上而去。

旅夜书怀①

杜甫

细草微风岸,危樯独夜舟②。

星垂平野阔③,月涌大江流④。

名岂文章著⑤,官应老病休⑥。

飘飘何所似⑦,天地一沙鸥。

注释:

①此诗作于永泰元年(765)五月。正月,杜甫辞严武幕。四月,严武卒。五月,杜甫携家离开成都,乘舟东下,经渝州(今重庆)、忠州(今忠县)途中,作此诗,以写景展示诗人飘泊无依的境况和情怀。

②危樯:高耸的桅杆。

③星垂平野阔:因平野广阔,故天边星辰遥挂如垂。

④月涌大江流:大江奔流,江中明月也随之涌动。

⑤名岂文章著:自己的名气难道是因文章而昭著的吗?

⑥官应老病休:自己的官职想必因老病而罢了。

⑦飘飘:形容飘泊不定。

登岳阳楼①

杜甫

昔闻洞庭水,今上岳阳楼。

吴楚东南坼,乾坤日夜浮②。

亲朋无一字,老病有孤舟③。

戎马关山北④,凭轩涕泗流⑤。

注释:

①此诗作于大历三年(768)冬,杜甫出峡,飘泊至岳州,登岳阳楼而望故乡,成此感怀之作。岳阳楼:湖南岳阳城西门城楼,下临洞庭湖。唐张说出守岳州时所筑,为登临胜地。

②"吴楚"两句:写洞庭湖之广大,跨有吴楚,包涵日月。吴楚东南坼(chè),意谓吴在湖之东,楚在湖之南,两地以洞庭湖为分界。坼,分裂。乾坤,指日月。《水经注·湘水》:

"洞庭湖水广圆五百馀里,日月若出没其中。"

③老病:杜甫此时五十七岁,身患多种疾病。孤舟:杜甫携家乘船出蜀,一路飘泊。

④戎马关山北:此时北方战事频繁,唐军正与吐蕃激战。

⑤凭轩:靠着栏杆。涕泗:眼泪鼻涕。

辋川闲居赠裴秀才迪①

王维

寒山转苍翠,秋水日潺湲②。

倚杖柴门外,临风听暮蝉。

渡头馀落日,墟里上孤烟③。

复值接舆醉④,狂歌五柳前⑤。

注释:

①此诗写闲居之乐和对友人的深切情谊。辋川:河名,在今陕西蓝田终南山下,宋之问建有别墅。王维晚年得此别墅隐居,与裴迪唱和。秀才:古时泛称士子为秀才。

②潺湲(chányuán):水徐缓流淌的样子。

③墟里:村落。陶渊明《归园田居》有"暧暧远人村,依依墟里烟"之句,即此句所本。

④接舆:春秋时隐士陆通,字接舆,楚国人,曾狂歌避世。此处指裴迪。

⑤五柳:陶渊明因其住宅旁有五株柳树而自号"五柳先生",曾作《五柳先生传》。此处王维自比陶渊明。

山居秋暝①

王维

空山新雨后，天气晚来秋。

明月松间照，清泉石上流。

竹喧归浣女②，莲动下渔舟。

随意春芳歇③，王孙自可留④。

注释：

①此诗作于王维居辋川时期，以诗情画意的山水寄托诗人高洁的情怀。暝：天黑。

②浣女：洗衣女。

③春芳：春天的芳菲。歇：消歇、逝去。

④王孙：《楚辞·招隐士》："王孙游兮不归，春草生兮萋萋。……王孙兮归来，山中兮不可以久留。"原为招隐士出山之词。王维在此处反用其意，说任春芳消逝，而美好的秋色让王孙（王维自指）自可以留居于山中。

归嵩山作①

王维

清川带长薄②，车马去闲闲③。

流水如有意，暮禽相与还。

荒城临古渡，落日满秋山。

迢递嵩高下④，归来且闭关⑤。

注释：

①此诗作于王维辞官、隐居嵩山时，描写归隐途中所见的景色和内心的怅惘。嵩山：在今河南登封县，史称中岳。

②川：河流。薄：草木丛生之处。

③闲闲：从容自在的样子。

④迢递：遥远的样子。嵩高：即指嵩山。

⑤闭关：闭门谢客之意。

终南山①

王维

太乙近天都②，连山到海隅③。

白云回望合，青霭入看无④。

分野中峰变⑤，阴晴众壑殊⑥。

欲投人处宿⑦，隔水问樵夫⑧。

注释：

①此诗作于开元二十九年（741）王维隐居终南山时，以移步换形手法写出终南山的无穷奇景。

②太乙：亦作太一，终南山主峰，又用作终南山之别名。天都：指唐都城长安。

③海隅：海角。

④"白云"二句：意谓山中的云雾变幻不定。霭(ǎi)，雾气。

⑤分野中峰变：终南山中峰盘踞不止一州之地，成为分隔不同州郡的分界，此极言山域之广大。分野，见本书第139页李白《蜀道难》注释⑭。

⑥阴晴众壑(hè)殊：各个山谷中的阴晴都不同。殊，不同。

⑦人处：有人居住处。
⑧樵夫：打柴人。

酬张少府①

王维

晚年惟好静，万事不关心。

自顾无长策②，空知返旧林③。

松风吹解带④，山月照弹琴。

君问穷通理⑤，渔歌入浦深。

注释：

①此诗为王维晚年居辋川时作，以隐逸的闲适回答友人穷通
之理的询问。张少府：其人不详。少府，即县尉。

②长策：良策。

③空知：只知道。旧林：指辋川旧居。

④解带：古人上朝或见客时须束带，在家闲居时则散着衣带。

⑤穷通理：得失的道理，即指人生之理。

过香积寺①

王维

不知香积寺，数里入云峰。

古木无人径，深山何处钟。

泉声咽危石②，日色冷青松。

薄暮空潭曲③，安禅制毒龙④。

注释：

①此诗写王维游香积寺的感受。香积寺：故址在今陕西长安
　县山中。

②泉声咽危石：语本孔稚珪《北山移文》"石泉咽而下怆"句。
　危石，高而险峻的山石。

③曲：隐僻之处。

④安禅制毒龙：坐禅能制服心中的妄念。安禅，佛家语。佛教徒
　坐禅空净守一而入境界，称安禅。毒龙，用以比喻人心中的妄
　念。据《涅槃经》载："毒龙宜作妄心譬喻，犹所谓心马情猴
　者。"又说："但我住处，有一毒龙，其性暴急，恐相危害。"

送梓州李使君①

王维

万壑树参天，千山响杜鹃②。

山中一夜雨，树杪百重泉③。

汉女输橦布④，巴人讼芋田⑤。

文翁翻教授，不敢倚先贤⑥。

注释：

①此诗为描绘梓州山川景物和风俗民情，并寄寓规勉的投赠
　之作。梓州：唐代州名，治所在今四川三台县。李使君：疑
　为李谦。使君，刺史。

②杜鹃：杜鹃鸟，即子规。据说为蜀帝杜宇之魂所化。

③树杪(miǎo)：树梢。

④汉女输橦(tóng)布：蜀中妇女向官府缴纳橦布。汉女，川
　中妇女。三国时刘备在蜀称帝，国号汉。橦布，木棉织成

的布。橦即木棉树。

⑤巴人讼芋田:巴人常为芋田农事打官司。巴,古国名,辖境
  在今重庆市东部。讼,打官司。

⑥"文翁"二句:当初文翁翻然用教化改变蜀地陋习,今天李
  使君也不致倚仗先贤的成绩而无所作为。文翁,据《汉
  书·循吏传》记载,汉景帝时庐江人文翁为蜀郡太守,因见
  蜀地僻陋,便兴建学官,培育人才,使巴蜀地区文化进步。
  翻,翻然改图之意。

汉江临眺①

王维

楚塞三湘接②,荆门九派通③。

江流天地外,山色有无中。

郡邑浮前浦,波澜动远空④。

襄阳好风日,留醉与山翁⑤。

注释:

①诗题一作《汉江临泛》。此诗作于开元二十八年(740)王维
  知南选途经襄阳时,是融画法入诗的山水名作。汉江:汉
  水,源出陕西,经湖北入长江。临眺:登高远望。

②楚塞:楚国边界。因襄阳一带汉水为古楚国的北境,故称
  楚塞。三湘:说法不一。古诗文中一般泛指今洞庭湖南
  北、湘江流域一带。

③荆门:荆门山,在今湖北宜都县北,长江之南。九派:指今江西
  九江市附近的一段长江,因此段有九条支流。后也用指长江。

④"郡邑"二句:水势浩大,郡城如浮在水面上一样,波澜涌动,

远空也随之波动起伏。郡邑,郡城,此指襄阳城。

⑤"襄阳"二句:襄阳这么好的风光,就留在这里像山简一样
畅饮酣醉吧。风日,风光之意。与,如。山翁,指晋人山
简。据《晋书·山简传》记载,山简镇守襄阳时,性耽饮酒,
常至高阳池宴饮,每饮必醉。

终南别业①

王维

中岁颇好道②,晚家南山陲③。

兴来每独往,胜事空自知④。

行到水穷处⑤,坐看云起时。

偶然值林叟⑥,谈笑无还期⑦。

注释:

①开元二十九年(741),王维曾隐居终南山。此诗即作于这
一时期。写随缘任运的禅趣和闲适。终南:终南山,唐都
城长安附近。别业:野墅。

②中岁:中年。

③晚:晚近,即近日。家:安家。南山:即指终南山。陲:边。

④胜事:佳事,快意之事。空:只。

⑤水穷处:水尽头。

⑥值:遇。林叟:山林野老。

⑦无还期:忘了回家的时间。

临洞庭上张丞相①

孟浩然

八月湖水平②,涵虚混太清③。

气蒸云梦泽,波撼岳阳城④。

欲济无舟楫⑤,端居耻圣明⑥。

坐观垂钓者,徒有羡鱼情⑦。

注释:

①此诗一题《望洞庭湖赠张丞相》。开元二十一年(733),张
　九龄为相,作者以此诗相赠,有乞仕之意。洞庭:洞庭湖。
　张丞相:指张九龄。

②湖水平:八月江汛,湖水涨满,故说"平"。

③涵虚:水气弥漫。太清:天空。

④"气蒸"二句:形容水势之浩荡。云梦泽:古时有"云"、"梦"
　二泽,在今湖北南部、湖南北部的长江沿岸一带低洼地区,
　后大部分淤成陆地。今洞庭湖即为古云梦泽的一部分。
　岳阳城:在今湖南岳阳,洞庭湖东岸。

⑤欲济无舟楫:意谓自己要出仕而无人引荐。济,渡水。舟
　楫,指船。古时也用之比作贤臣。楫,橹。

⑥端居耻圣明:自己在圣明之世闲居,实感有愧。端居,
　安居。

⑦"坐观"二句:典出《淮南子·说林训》:"临河而羡鱼,不如
　归家织网。"意谓与其在河边羡慕别人钓到鱼,不如回家织
　网来捕鱼。作者化用此典,说自己有心出仕(羡鱼情),可
　无人引荐,也只能坐观他人(垂钓者)。

与诸子登岘山①

孟浩然

人事有代谢②，往来成古今。

江山留胜迹③，我辈复登临。

水落鱼梁浅④，天寒梦泽深⑤。

羊公碑尚在⑥，读罢泪沾襟。

注释：

①此诗写登岘山见羊公碑的感受。岘（xiàn）山：一名岘首山，在今湖北襄阳。据《晋书·羊祜传》记载，西晋名将羊祜镇荆襄时，常登岘山置酒言咏，终日不倦。他曾对同游者叹息道："自有宇宙，便有此山。由来贤达胜士，登此远望，如我与卿者多矣；皆湮没无闻，使人悲伤！如百岁后有知，魂魄犹应登此也。"羊祜死后，百姓念其功德，在山上立庙建碑祭祀，望见碑者，无不堕泪，杜预因名为堕泪碑。

②代谢：交替。

③胜迹：即指庙与碑。

④鱼梁：即渔梁洲，在今湖北省襄樊市。

⑤梦泽：即云梦泽。

⑥羊公碑：即羊祜垂泪碑。

宴梅道士山房①

孟浩然

林卧愁春尽②，搴帷览物华③。

忽逢青鸟使④，邀入赤松家⑤。

丹灶初开火⑥,仙桃正发花⑦。
童颜若可驻,何惜醉流霞⑧!

注释:

①此诗写道士山房的景物,隐含向道之意。此题又作《清明
日宴梅道士山房》。梅道士:孟浩然好友,其人不详。
②林卧:高卧山林之意。
③搴(qiān):揭,提。帷:帘子。物华:美好的事物。
④青鸟使:此处用指梅道士派来的信使。青鸟,神话中西王
母之神鸟,用于传信。
⑤赤松家:赤松子是传说中的仙人。赤松家即仙居之意,此
处指梅道士山房。
⑥丹灶:一作"金灶",道家的炼丹炉灶。
⑦仙桃正发花:指山房外桃花开放。仙桃,神话中西王母以
仙桃赠汉武帝,称此桃三千年一结果。
⑧"童颜"二句:如果饮酒真能使人容颜不老,那又何妨一醉
呢?流霞,神话中的仙酒名。相传饮仙酒能使人驻颜长
生。此处指酒。

岁暮归南山①

孟浩然

北阙休上书②,南山归敝庐。
不才明主弃③,多病故人疏。
白发催年老,青阳逼岁除④。
永怀愁不寐,松月夜窗虚。

注释：

①诗题一作《归终南山》。作于开元十六年（728），时孟浩然进京应进士落第。南山：此指岘山，因在襄阳城南，故称。孟浩然隐居的园庐就在附近。

②北阙：指皇帝的居处，因宫殿坐北朝南，故名。也代称皇帝。

③明主：指当今皇帝。

④青阳：指春天。《尔雅》有"春为青阳，一曰发生"。因春天气清而温阳，故称。岁除：旧俗在腊月三十击鼓驱疫，称"逐除"。后以年终之日为岁除。

过故人庄①

孟浩然

故人具鸡黍②，邀我至田家。

绿树村边合③，青山郭外斜④。

开轩面场圃⑤，把酒话桑麻⑥。

待到重阳日⑦，还来就菊花。

注释：

①这是一首写农家闲适恬淡情景的田园诗。过：探访。故人：老朋友。

②鸡黍：语出《论语·微子》"杀鸡为黍而食之"，后指农家丰盛的饭菜。

③合：环绕之意。

④郭：外城，指城墙。

⑤轩：此指窗。场圃：打谷场和菜园子。

⑥桑麻:泛指农事。

⑦重阳日:指阴历九月九日重阳节,旧时有登高饮菊花酒之风俗。

秦中寄远上人①

孟浩然

一丘常欲卧②,三径苦无资③。

北土非吾愿④,东林怀我师⑤。

黄金燃桂尽⑥,壮志逐年衰。

日夕凉风至,闻蝉但益悲。

注释:

①诗题一作《秦中感秋寄远上人》,作于开元十七年(729)秋
天,表达对自我处境的失望和退隐山林之志。秦中:此指
长安。远上人:上人,是对僧人的尊称。远,为僧人之名。

②一丘:《世说新语·品藻》:"明帝问谢鲲:'君自谓何如庾亮?'答
曰:'端委庙堂,使百官准则,臣不如亮;一丘一壑,自谓过之。'"
后世以"一丘"、"一壑"比喻隐者的居处,或径用作隐逸的代称。

③三径:据《三辅决录》说,汉蒋诩辞官回乡,家中有"三径",
唯与隐者羊仲、求仲来往。陶渊明《归去来兮辞》有"三径
就荒,松菊犹存"句。后常用"三径"指隐者家园。

④北土非吾愿:此句是说不愿留京从仕。北土,指秦中。

⑤东林:相传晋著名高僧慧远初居庐山西林寺,因问道者多,
刺史桓伊在山之东为他建东林寺。

⑥黄金燃桂尽:此句是说秦中处境贫困,衣食都匮乏。据《战
国策·楚策三》记载:"楚国之食贵于玉,薪贵于桂。"黄金
喻食品,燃桂喻柴。

宿桐庐江寄广陵旧游①

孟浩然

山暝听猿愁②,沧江急夜流③。

风鸣两岸叶,月照一孤舟。

建德非吾土④,维扬忆旧游⑤。

还将两行泪,遥寄海西头⑥。

注释:

①此诗为旅途寄友之作,抒写奔波无定的孤独感。桐庐江:
  在今浙江桐庐县。广陵:今江苏扬州。旧游:即老朋友。

②暝:昏暗。

③沧江:暗绿色的江水。

④建德:在今浙江梅城县,居桐庐江上流。非吾土:语出王粲
  《登楼赋》"虽信美而非吾土兮",意为不是我的故乡。

⑤维扬:扬州的别称。

⑥海西头:指扬州。语出隋炀帝《泛龙舟歌》:"借问扬州在何
  处,淮南江北海西头。"因扬州近海,且处于西边,故称海
  西头。

留别王维①

孟浩然

寂寂竟何待,朝朝空自归。

欲寻芳草去②,惜与故人违③。

当路谁相假④,知音世所稀⑤。

只应守寂寞,还掩故园扉⑥。

注释:

①此诗作于开元十七年(729),孟浩然欲隐居,告别好友王维。

②寻芳草:隐居山林之意。

③违:别离。

④当路:当权者。假:相助之意。

⑤知音:指知心朋友。

⑥还掩故园扉:意谓闭门不仕。扉,门。

早寒有怀①

孟浩然

木落雁南渡②,北风江上寒。

我家襄水曲③,遥隔楚云端④。

乡泪客中尽,孤帆天际看。

迷津欲有问⑤,平海夕漫漫⑥。

注释:

①诗题一作《江上思归》。此诗写作者思乡情切,又无可奈何之意。

②木落:树叶飘落。

③襄水:汉水流经襄阳,称襄水。

④楚云:襄阳古属楚国。遥望家乡,被云阻隔,故称楚云。

⑤迷津欲有问:典出《论语·微子》,孔子周游列国时,曾让子路向长沮、桀溺问路,遭二人讥讽,以为入世不如隐居好。津,渡口。

⑥平海:平阔的水面。

刘长卿

刘长卿(？—约790)，字文房，宣城(今属安徽)人，郡望河间(今河北献县)。天宝年间登进士第。至德年间当过长洲尉、海盐令，不久被贬为南巴尉。广德年间为监察御史，大历中当过转运使判官、知淮西、鄂岳转运留后，不久又被贬为睦州司马。德宗时才擢为随州刺史。刘长卿在肃宗、代宗期间诗名颇著，尤善五言诗，自诩"五言长城"。高仲武评论道："诗体虽不新奇，甚能炼饰，大抵十首以上，语意稍同，于落句尤甚，思锐才窄也。"(《中兴间气集》)张戒称其"笔力豪赡，气格老成，……'长城'之目，盖不徒然"(《岁寒堂诗话》)。方回形容其诗"细淡而不显焕，当缓缓味之"(《瀛奎律髓》)，顾璘称其诗"雅畅清夷，中唐独步"(《批点唐音》)。所以人们往往把他作为盛唐与中唐的分野，胡应麟称其诗"自成中唐，与盛唐分道矣"(《诗薮》)。陆次云说："文房在盛、晚转关之时，最得中和之气。"(《唐诗善鸣集》)有《刘长卿集》十卷，《全唐诗》编其诗五卷。

秋日登吴公台上寺远眺①

刘长卿

古台摇落后②，秋入望乡心。

野寺来人少，云峰隔水深。

夕阳依旧垒③，寒磬满空林④。

惆怅南朝事⑤，长江独自今。

注释:

①此诗以吊古抒发深重的人生感伤。吴公台:在今江苏江都县。此台本为刘宋时大将沈庆之攻竟陵王刘诞时所筑之弩台,后陈朝大将吴明彻又增筑之,故称吴公台。

②摇落:零落。

③旧垒:即指吴公台。

④寒磬(qìng):指清寒的磬声。磬,寺庙里用的铜铸乐器。

⑤惆怅南朝事:意谓由吴公台而联想到的南朝史事,令人惆怅。南朝,史称东晋后南方宋、齐、梁、陈四朝为南朝。

送李中丞归汉阳别业①

刘长卿

流落征南将,曾驱十万师。

罢归无旧业②,老去恋明时③。

独立三边静,轻生一剑知④。

茫茫江汉上,日暮欲何之⑤?

注释:

①此题又作《送李中丞之襄州》。此诗写一久经战阵的老将的晚年境遇。李中丞:其人不详。中丞,御史中丞。汉阳:今属湖北。别业:别墅。

②罢归:罢职回乡。旧业:家乡的产业。

③明时:当初辉煌的时代。

④"独立"二句:意为李中丞忠勇为国,战功卓著,但未得到朝廷重用。三边,唐代称地处边境的幽、并、凉三州为三边。轻生,指献身报国之志。

⑤欲何之:想到哪里去。

饯别王十一南游①

刘长卿

望君烟水阔,挥手泪沾巾。

飞鸟没何处②,青山空向人③。

长江一帆远,落日五湖春④。

谁见汀洲上⑤,相思愁白蘋⑥。

注释:

①此诗以眼前景物写离愁别绪。饯别:饮酒送行。王十一:
其人不详。

②没(mò):消失。

③向:面对。

④五湖:具体所指有多种说法,此指太湖。

⑤汀洲:水中可居之地。

⑥"相思"以上四句:化用梁朝柳恽《江南曲》诗意,诗曰:"汀洲
采白蘋,落日江南春。洞庭有归客,潇湘逢故人。故人何不
返,春花复应晚。不道新知乐,只言行路远。"故此处隐含着
故人不返之意,抒发惆怅思念之情。白蘋,一种白色小草。

寻南溪常道士①

刘长卿

一路经行处,莓苔见屐痕②。

白云依静渚③,芳草闭闲门。

过雨看松色④,随山到水源。

溪花与禅意,相对亦忘言⑤。

注释:

①此题一作《寻常山南溪道人隐居》,又作《寻南溪常山道人
隐居》。此诗写寻隐者不遇而悟道的禅趣。常道士:或为
"常山道人"之误,而非实姓常。

②屐(jī)痕:指足迹。屐,木鞋。

③渚(zhǔ):水中小洲。

④过雨:遇雨。

⑤相对亦忘言:此句化用陶渊明《饮酒》诗意:"此中有真意,
欲辩已忘言。"

新年作①

刘长卿

乡心新岁切②,天畔独潸然③。

老至居人下,春归在客先④。

岭猿同旦暮,江柳共风烟。

已似长沙傅⑤,从今又几年。

注释:

①此诗约作于建中元年(780)。时刘长卿被贬潘州(今广东
茂名)南巴尉已三年。写身居异地佳节思乡的伤感。

②乡心:思乡之心。

③潸(shān)然:流泪的样子。

④"老至"二句：人已老了，但被贬小官，居于人下；春天已归
去，而自己尚未回去。

⑤长沙傅：西汉贾谊被贬为长沙王太傅三年。

钱　起

钱起（约710—约782），字仲文，湖州（今属浙江）人。天宝九载（750）进士，当过秘书省校书郎、司勋员外郎、祠部员外郎、考功郎中等。与卢纶、韩翃、吉中孚、司空曙、苗发、耿沣、崔峒、李端、夏侯审合称"大历十才子"，又与郎士元合称"钱郎"。钱起诗多饯别应酬之作，大历中声名甚著。据《南部新书》记载："大历来，自丞相以下出使作牧，无钱起、郎士元诗祖送者，时论鄙之。"高仲武作《中兴间气集》选钱起为第一人，并称其诗"体格新奇，理致清赡"，"文宗右丞，许以高格；右丞没后，员外为雄。"纪昀评曰："大历以还，诗格初变，开宝浑厚之气渐远渐漓，风调相高，稍趋浮响。升降之关，十子实为之职志。起与郎士元，其称首也。然温秀蕴藉，不失风人之旨，前辈典型，犹有存焉。"（《四库全书总目》）今有《钱考功集》十卷，《全唐诗》编其诗四卷。

送僧归日本①

钱起

上国随缘住②，来途若梦行。
浮天沧海远③，去世法舟轻④。
水月通禅寂⑤，鱼龙听梵声⑥。
惟怜一灯影⑦，万里眼中明。

注释：

①此诗为送赠日本僧人而作，语多褒扬。唐时，日本曾派僧人来中国留学，两国交流密切。

②上国：指唐王朝。随缘：佛家语，指佛应众生之缘而施教化。

③浮天：形容小船如浮于天际。

④法舟：特指佛船。

⑤水月：佛典《智度论》："解了诸法，如幻如焰，如水中月。"佛教中比喻一切事物像水中月一样虚幻。禅寂：佛教中指清寂的心境。

⑥鱼龙：泛指水族。梵声：颂经声。

⑦灯：佛教以灯能以明破暗，用以比喻佛法。此处以船灯喻禅灯，意为最爱佛法。

谷口书斋寄杨补阙①

钱起

泉壑带茅茨②，云霞生薜帷③。

竹怜新雨后④，山爱夕阳时。

闲鹭栖常早，秋花落更迟。

家僮扫萝径⑤，昨与故人期⑥。

注释：

①此诗写招引友朋聚会，突出一种闲雅的情趣。谷口：在今陕西泾阳县西北。杨补阙：其人不详。补阙，谏官，专向皇帝规谏举荐。

②壑(hè)：山谷。茅茨(cí)：草屋，指题中的书斋。

③薜(bì)帷：成片如帷帐的薜荔。薜，薜荔，常绿灌木。语本

《楚辞·九歌·湘夫人》:"网薜荔兮为帷。"

④怜:爱。

⑤萝:爬蔓常绿灌木,古时常与薜合称,曰薜萝。

⑥故人:老友,指杨补阙。期:约定。

淮上喜会梁州故人①

韦应物

江汉曾为客②,相逢每醉还。

浮云一别后,流水十年间。

欢笑情如旧,萧疏鬓已斑③。

何因不归去,淮上有秋山④。

注释:

①此诗写故友相逢悲喜交集的情景。淮上:淮河边。梁州:
　今陕西南郑县。故人:老朋友。

②江汉:即汉江。

③萧疏:形容头发零落、稀少。斑:斑白。

④"何因"二句:为什么不回乡去,是因为淮上有秋山之美景
　值得留恋。

赋得暮雨送李胄①

韦应物

楚江微雨里②,建业暮钟时③。

漠漠帆来重,冥冥鸟去迟④。

海门深不见⑤,浦树远含滋⑥。

相送情无限,沾襟比散丝⑦。

注释：

①此诗以暮雨写离情,景语中渗透黯然神伤之情。赋得:古
时文人分题作诗,分到的诗题称"赋得"。此诗题"暮雨",
故作"赋得暮雨"。李胄:生平不详。

②楚江:指属古楚国境内的一段长江。

③建业:今江苏南京市。

④冥冥:形容天色昏黑,也形容雨密。

⑤海门:指长江入海处。

⑥浦树:指江边的树木。

⑦沾襟:比喻眼泪。散丝:指密雨。晋代张协《杂诗》有"密雨
如散丝"句。

韩 翃

韩翃(生卒年不详),字君平,南阳(今属河南)人。天宝
十三载(754)登进士第,先后当过淄青节度使和汴宋节度使
的幕僚。建中初年,德宗赏其《寒食》诗,御批驾部郎中、知制
诰,官终中书舍人。韩翃为"大历十才子"之一,尤擅七绝。
高仲武评曰:"韩员外诗,匠意近于史,兴致繁富,一篇一咏,
朝士珍之,多士之选也。"并形容其诗如"芙蓉出水"(《中兴间
气集》)。王士禛称其七绝"蕴藉含蓄,意在言外"(《带经堂诗
话》)。有《韩君平集》八卷,《全唐诗》编其诗三卷。

酬程近秋夜即事见赠①

韩翃

长簟迎风早②,空城澹月华③。

星河秋一雁,砧杵夜千家④。

节候看应晚,心期卧已赊⑤。

向来吟秀句⑥,不觉已鸣鸦⑦。

注释:

①此诗为酬答程近所赠《秋夜即事》之作,在摹写秋景中抒发朋友间的深情。程近:其人不详。

②簟(diàn):竹席。

③月华:月光。

④砧(zhēn)杵:指捣衣,以备寒衣。砧,捣衣石。杵,捣衣棒。

⑤心期:指朋友间心心相印。《南史·向柳传》:"我与士逊心期久矣,岂可一旦以势利处之?"赊(shē):迟。

⑥秀句:佳句,对程近诗的美称。点明题中的"酬"字。

⑦鸣鸦:指天亮时的乌鸦叫声。

刘眘虚

刘眘(shèn)虚(生卒年不详),字全乙,洪州新吴(今江西奉新)人。开元间进士,当过弘文馆校书郎。为人淡泊,与王昌龄、孟浩然友善。殷璠称其诗"情幽兴远,思苦语奇;忽有所见,便惊众听"(《河岳英灵集》)。王士禛称其诗"超远幽夐,在王、孟、王昌龄、常建、祖咏伯仲之间"(《渔洋诗话》)。《全唐诗》存其诗一卷。

阙 题①

刘眘虚

道由白云尽,春与青溪长。

时有落花至,远随流水香。

闲门向山路②。深柳读书堂。

幽映每白日,清辉照衣裳③。

注释:

①阙题:题原缺。此诗写作者在山中的闲居生活。

②闲门:开着的门。

③清辉:指白日之光。

戴叔伦

戴叔伦(732—789),字次公,一字幼公,润州金坛(今属江苏)人。先后当过湖南转运留后、东阳令、抚州刺史、容州刺史等。晚年上表请为道士。有诗名,高仲武称"其诗体格虽不越中(格),然'廨宇经山火,公田没海潮',亦指事造形。其骨稍软,故诗家少之"(《中兴间气集》)。徐献忠评其诗"情旨馀旷,而调颇促急","虽工于斫炼,而寡于华要矣"(《唐诗品》)。《全唐诗》编其诗二卷。

江乡故人偶集客舍①

戴叔伦

天秋月又满,城阙夜千重②。

还作江南会，翻疑梦里逢。
风枝惊暗鹊③，露草泣寒虫。
羁旅长堪醉④，相留畏晓钟。

注释：

①此诗咏与故乡老友偶遇之事。

②城阙：官门前的望楼。此借指长安。

③风枝惊暗鹊：曹操《短歌行》有"月明星稀，乌鹊南飞。绕树
　三匝，何枝可依"句。此句暗用其意，寓思乡之情。

④羁(jī)旅：犹飘泊。

卢　纶

　　卢纶(748—约799)，字允言，河中蒲(今山西永济)人。
大历间考进士不中，因文才受宰相元载赏识而当了阌乡尉，以
后任过秘书省校书郎、昭应令、检校户部郎中等。为"大历十
才子"之一。在代宗、德宗朝，诗名颇著，文宗尤爱其诗。《旧
唐书·卢简求传》称："大历中，诗人李端、钱起、韩翃辈能为五
言诗，而辞情捷丽，纶作尤工。""在大历十才子中，号为翘楚"
(《吴礼部诗话》引时天彝《唐百家诗选评》)。尤其是他的《塞
下曲》六首，劲健爽捷，"有盛唐之音"(贺裳《载酒园诗话又
编》)。有《卢户部诗集》十卷，已佚。《全唐诗》编其诗五卷。

送李端①

卢　纶

故关衰草遍②，离别正堪悲。

路出寒云外，人归暮雪时。
少孤为客早③，多难识君迟④。
掩泣空相向⑤，风尘何所期⑥。

注释：

①这是一首送别好友的诗。李端：字正己，赵州（今河北赵县）人。大历十才子之一。

②故关：故乡。这里指送别之地。

③少孤：指自己早年丧父。《孟子·梁惠王》："幼而无父曰孤。"为客：古人称离开家乡谋生或做官为"作客"。

④君：指李端。

⑤空：徒然。

⑥风尘：指时世纷乱。何所期：何时能再相会。

李　益

李益（748—约827），字君虞，郑州（今属河南）人，郡望陇西姑臧（今甘肃武威）。大历四年（769）进士。曾几度入节度使幕府为从事，随军出征边塞。元和年间入朝，先后任过都官郎中、中书舍人、秘书少监、集贤学士判院事、右散骑常侍。大和间以礼部尚书致仕。李益在当时就诗名卓著，令狐楚选《御览诗》，以李益诗为集中之最。据说他"每作一篇，为教坊乐人以赂求取，唱为供奉歌词"（《旧唐书》本传）。他诸体皆工，其"五言古，多六朝体，效永明者，酷得其风神"，"七言古，气格绝类盛唐"，"五言律，气格亦胜，……可配开、宝"，"七言绝，开、宝而下，足称独步"（许学夷《诗源辨体》）。他的边塞诗很著名，"多抑扬激厉悲离之作，高适、岑参之流也"（辛文房《唐才子传》）。其七言绝句为中唐一绝，气韵风骨，直追李白、王昌龄。胡应麟称："七言绝开元以下，便当以李益为第一。"（《诗薮》）今有《李益集》二卷行世，《全唐诗》编其诗二卷。

喜见外弟又言别①

李益

十年离乱后，长大一相逢。
问姓惊初见，称名忆旧容。
别来沧海事②，语罢暮天钟。
明日巴陵道③，秋山又几重。

注释：

①此诗作于安史之乱后。写乱世的离合聚散情景。外弟：表弟。
②沧海事：典出葛洪《神仙传》："麻姑自说云：接待以来，已见东海之为桑田。"后以沧海桑田比喻世事变迁。
③巴陵：唐郡名，在今湖南岳阳。

司空曙

司空曙（生卒年不详），字文初，一字文明，广平（今河北永年）人。大历初中进士，当过右拾遗、长林丞、检校水部郎中，官终虞部郎中。司空曙为"大历十才子"之一，其诗"属调幽闲，终篇调畅"（辛文房《唐才子传》），"婉雅闲淡，语近性情"（胡震亨《唐音癸签》）。有《司空曙诗集》（一作《司空文明集》二卷,《全唐诗》编其诗二卷。

云阳馆与韩绅宿别①

司空曙

故人江海别,几度隔山川。
乍见翻疑梦②,相悲各问年③。
孤灯寒照雨,深竹暗浮烟。
更有明朝恨④,离杯惜共传⑤。

注释:

①此诗写旅途中与老友乍逢又别的怅恨。云阳:县名,在今陕
西泾阳县。馆:驿站馆舍。韩绅:一作"韩升卿",疑即韩绅
卿。韩愈有叔父名韩绅卿,曾任泾阳县令。宿别:同宿后
告别。
②翻:反。
③问年:询问几年来的情况。
④明朝恨:指明早离别之恨。
⑤共传:传杯共饮。

喜外弟卢纶见宿①

司空曙

静夜四无邻,荒居旧业贫②。
雨中黄叶树,灯下白头人。
以我独沉久③,愧君相见频。
平生自有分④,况是蔡家亲⑤。

注释：

①此诗写荒村独居喜见亲人的情景。外弟：表弟。卢纶：中唐诗人。见宿：来住宿。"见"一作"访"。

②旧业：原有的家产。

③沉：沉沦。

④分（fèn）：缘分。

⑤蔡家亲：指表亲。晋大将羊祜是蔡邕的外孙，因有功被封爵，而他却要求将爵位转赐给表兄弟蔡袭。蔡家亲一作"霍家亲"，亦指表亲。因西汉霍去病是卫青姐姐的儿子。

贼平后送人北归①

司空曙

世乱同南去，时清独北还②。

他乡生白发，旧国见青山③。

晓月过残垒，繁星宿故关④。

寒禽与衰草，处处伴愁颜。

注释：

①此诗写送友人还乡的心境。贼平：指安史之乱被平定。

②时清：时世安定。

③旧国：故乡。

④"晓月"二句：想象友人北归途中的艰辛。残垒，废弃的营垒。故关，旧的关口。

刘禹锡

刘禹锡(772—842),字梦得,洛阳(今属河南)人。贞元九年(793)进士,当过太子校书、监察御史等。永贞间,参与王叔文革新活动,宪宗立,贬连州刺史,再贬朗州司马,后又当过播州、夔州、和州刺史。大和初,入朝为主客、礼部郎中,充集贤殿直学士,复出为苏州、汝州、同州刺史。开成初年,为太子宾客、分司东都。后改秘书监分司,加检校礼部尚书。世称"刘宾客"。

刘禹锡诗才卓著,白居易推之为"诗豪",称其诗"其锋森然,少敢当者"(《刘白唱和集解》)。胡震亨称:"其诗气该今古,词总华实,运用似无甚过人,却都惬人意,语语可歌。"(《唐音癸签》)胡应麟形容其七律"骨力豪劲"(《诗薮》),杨慎则说:"元和以后,诗人之全集可观者数家,当以刘禹锡为第一。"(《升庵诗话》)刘禹锡的民歌体组诗很有特色,尤以《竹枝词》最受称道,苏轼誉为"奔轶绝尘,不可追也",黄庭坚称"词意高妙"(俱见《豫章黄先生集》卷二十六引)。有《刘梦得文集》四十卷,《全唐诗》编其诗十二卷。

蜀先主庙①

刘禹锡

天地英雄气②,千秋尚凛然。

势分三足鼎③,业复五铢钱④。

得相能开国⑤,生儿不象贤⑥。

凄凉蜀故妓,来舞魏宫前⑦。

注释：

①此诗是刘禹锡任夔州刺史时，过先主庙而作的怀古诗。蜀先主：指三国时蜀主刘备。蜀先主庙在夔州，即今重庆市奉节县。

②天地英雄：据《三国志·蜀书·先主传》记载，曹操曾与刘备饮酒论英雄，说："今天下英雄，惟使君与操耳！"此处专指刘备的英雄气概。

③三足鼎：刘备建立蜀汉，与魏、吴三分天下，成鼎足之势。

④业复五铢（zhū）钱：意谓刘备的事业是要复兴汉室。五铢钱，汉时通行货币，为汉武帝所立，新莽代汉时，曾废止不用；光武帝兴汉，重铸五铢钱，天下称便。

⑤得相：指刘备得诸葛亮辅佐，建立蜀汉政权，立诸葛亮为丞相。

⑥生儿不象贤：意谓刘备之子刘禅不能谨守父业。象贤，效法先人的好榜样。

⑦"凄凉"二句：据《三国志·蜀书·后主传》注引《汉晋春秋》中记载，魏灭蜀后，蜀主刘禅至洛阳，被封为安乐县公。魏太尉司马昭与之宴饮，专请蜀国的女乐歌舞表演，旁人皆为之感伤，而刘禅却喜笑自若，乐不思蜀。此二句慨叹先主艰苦创业，而后主昏庸亡国。

张　籍

　　张籍（约766—约830），字文昌，吴郡（今江苏苏州）人，后迁居和州乌江（今安徽和县）。贞元十五年（799）进士，当过太常寺太祝、秘书省秘书郎、水部员外郎、主客郎中、国子司业等职，世称"张水部"或"张司业"。张籍工诗，尤以乐府诗最受人称道。白居易赋诗称颂张籍"尤工乐府诗，举代少其伦"、"风雅比兴外，未尝著空文"（《读张籍古乐府诗》）。周紫芝甚至说:"唐人作乐府诗者甚多,当以张文昌为第一。"(《竹坡诗话》)刘放称其乐府"清丽深婉"(《中山诗话》),贺贻孙则评曰"深秀古质",但又觉得"边幅稍狭"(《诗筏》)。由于诗风与王建相近,宋代人常以"张王"并称。有《张司业集》八卷,《全唐诗》编其诗五卷。

没蕃故人①

张籍

前年戍月支②,城下没全师③。
蕃汉断消息,死生长别离。
无人收废帐④,归马识残旗。
欲祭疑君在,天涯哭此时。

注释:

①此诗是为作者怀念在唐蕃战争中失踪的老朋友而作。没(mò):消失。蕃(bō):吐蕃,古代藏族建立的政权。
②戍:此指出征。月支(ròuzhī):又作月氏,汉西域国名,此借指吐蕃。
③没:覆灭。
④废帐:指废弃的营帐。

草①

白居易

离离原上草②,一岁一枯荣。
野火烧不尽,春风吹又生。

远芳侵古道③，晴翠接荒城④。

又送王孙去，萋萋满别情⑤。

注释：

①此诗以咏草写离情，并蕴含生命不止的感悟。此题一作《赋得古原草送别》。据说此诗为白居易十六岁时所作。但此说仅为传闻，并不可靠。

②离离：形容草茂盛。

③远芳：指远处的绿草。

④晴翠：指晴空下的青山。

⑤"又送"二句：化用《楚辞·招隐士》"王孙游兮不归，春草生兮萋萋"之意。王孙，指远行之游子。萋萋，形容草茂盛。

杜 牧

杜牧（803—853），字牧之，京兆万年（今陕西西安）人。大和二年（828）登进士第，为弘文馆校书郎。后曾在江西观察使，宣歙观察使、淮南节度使为幕僚。在朝中当过监察御史、左补阙、史馆修撰等官。会昌间，先后为黄州、池州、睦州刺史。大中年间，为司勋员外郎、史馆修撰、吏部员外郎，又复出为湖州刺史。官终中书舍人。杜牧是晚唐文学大家，古文、诗赋、书画无一不精。他作诗力求"苦心为诗，唯求高绝，不务奇丽，不涉习俗，不今不古，处于中间"（杜牧《献诗启》）。当时人评其诗"情致豪迈，人号为'小杜'，以别杜甫"（《新唐书》本传）。宋人评其诗"风调高华，片言不俗"（蔡絛《蔡伯衲诗评》），"豪而艳，有气概，非晚唐人所能及也"（陈振孙《直斋书录解题》）。因为晚唐诗风柔靡，杜牧力矫其弊，"恐流于平弱，故措词必拗峭，立意必奇辟"（赵翼《瓯北诗话》）。徐献忠评其诗"含思悲凄,流情感慨,下语精切,含声圆整,而抑扬顿挫之节尤其所长"(《唐诗品》)。有《樊川文集》二十卷,《全唐诗》编其诗八卷。

旅　宿①

杜牧

旅馆无良伴,凝情自悄然②。
寒灯思旧事,断雁警愁眠③。
远梦归侵晓④,家书到隔年⑤。
沧江好烟月,门系钓鱼船。

注释:

①此诗写旅途的寂寞之感。

②悄然:指心情忧郁。

③断雁:离群之雁。此指离雁的鸣叫。警:惊醒。

④远梦归侵晓:因距家遥远,梦魂归家也要到天破晓时才能到达。侵晓,破晓。

⑤家书:家信。

许　浑

许浑(生卒年不详),字用晦,一字仲晦,润州丹阳(今属江苏)人。大和六年(832)进士,任当涂令。后当过监察御史,润州司马,睦州、郢州刺史。许浑多作律诗,尤工于七律,在晚唐"以精密俊丽见称"(徐献忠《唐诗品》)。《宣和书谱》评曰:"浑作诗似杜牧,俊逸不及而美丽过之。"其七律诗圆熟工巧，"格律匀称，工夫极细"（周咏棠《唐贤小三昧集续集》），田雯曰："声调之熟，无如浑者。"（《古欢堂集杂著》）故为后世学诗者奉为样板。有自编《丁卯集》三卷，《全唐诗》编其诗十一卷。

秋日赴阙题潼关驿楼①

许浑

红叶晚萧萧，长亭酒一瓢②。

残云归太华③，疏雨过中条④。

树色随关迥⑤，河声入海遥。

帝乡明日到⑥，犹自梦渔樵⑦。

注释：

①此诗写赴京述职考选将近都城时的心境。阙：宫门前的望楼，此处代指都城长安。潼关：在今陕西潼关县。驿楼：即驿站。

②长亭：此泛指路边亭舍。古时大道旁十里设一长亭，五里设一短亭，作为旅客休歇之所，与驿站有共同之处。

③太华（huà）：即华山。此处为与附近的少华山相区别，故称太华。

④中条：据《括地志》，蒲州河东县雷首山，一名中条山，在今山西永济县，处于太行山与华山之间。

⑤迥：远。

⑥帝乡：指都城长安。

⑦渔樵：捕鱼打柴，指隐居生活。

早　秋①

许浑

遥夜泛清瑟②，西风生翠萝。

残萤栖玉露③，早雁拂金河④。

高树晓还密，远山晴更多。

淮南一叶下⑤，自觉洞庭波⑥。

注释：

①此是作者旅居他乡时咏初秋清晨之景的诗作。

②遥夜：长夜。泛：弹奏。瑟：古代乐器。

③玉露：白露。

④金河：秋天的银河。据古时五行说，秋季属金。

⑤淮南一叶下：《淮南子·说山训》有"见一叶落而知岁之将暮"语，此句化用此典。

⑥洞庭波：《楚辞·九歌·湘夫人》有"袅袅兮秋风，洞庭波兮木叶下"句，此句化用此典。此句与上句感慨初秋黄叶飘零，岁暮将至。

蝉①

李商隐

本以高难饱，徒劳恨费声②。

五更疏欲断，一树碧无情③。

薄宦梗犹泛④，故园芜已平⑤。

烦君最相警⑥，我亦举家清⑦。

注释:

①此诗是作者借孤穷悲鸣之寒蝉,寄寓自己穷困潦倒、飘泊
  无依的悲愤心情。

②"本以"二句:蝉身居高树,难以饱腹,虽然恨声悲鸣,却也
  只是徒劳。高难饱,古人认为,蝉是栖息高树,餐风饮露
  的,故说"高难饱"。

③"五更"二句:寒蝉悲鸣彻夜,至五更时,稀疏几声,已近断
  绝,而绿树则无动于衷,无情相待。

④薄宦:官职卑微。梗犹泛:典出《战国策·齐策》:土偶人对
  桃梗说:"今子东国之桃梗也,刻削子以为人,降雨下,淄水
  至,流子而去,则子漂漂者将何如耳。"后以梗泛比喻飘泊
  无依。梗,树枝。

⑤故园芜已平:故园已荒芜,透露出欲归不得的意蕴。芜已
  平,杂草丛生,已平膝没胫,覆盖了田园。

⑥君:指蝉。警:提醒。

⑦举家清:全家清贫。"清"字又有操守清高之意。

风　雨①

李商隐

凄凉《宝剑篇》②,羁泊欲穷年③。

黄叶仍风雨,青楼自管弦④。

新知遭薄俗,旧好隔良缘⑤。

心断新丰酒⑥,销愁斗几千⑦?

注释:

①此诗是作者自伤身世,慨叹飘零沦落,怀才不遇的苦闷,当

作于大中十一年(857)游江东时。

②《宝剑篇》:一名《古剑篇》。唐代名将郭震所作,借宝剑埋
  尘喻才士沦落飘零,抒发抑郁不平之气。郭震少有大志,
  武则天闻其名,征见,令录旧文,震献《古剑篇》,得以升擢。

③羁泊:羁旅飘泊。穷年:终年。

④"黄叶"二句:自己如风雨中黄叶般飘零,而豪富之家却在
  歌舞取乐。仍,更。青楼,指富家高楼。

⑤"新知"二句:新知遭受世俗的非难,旧友也良缘阻隔,关系
  疏远。新知,新交的知己。薄俗,浅薄世俗。旧好,旧日的
  好友。

⑥心断新丰酒:自己再不会有马周那样的幸遇了。心断,犹
  绝望。新丰酒,典出《新唐书·马周传》:马周游长安,宿新
  丰旅店,遭店主慢待,便取酒独饮。后马周得唐太宗赏识,
  授监察御史。

⑨销愁斗几千:想用新丰美酒销愁,又不知道这酒值多少钱
  了。斗几千,一作"又几千"。王维《少年行》有"新丰美酒
  斗十千"一句,言酒价极贵。

落　花^①

李商隐

高阁客竟去^②,小园花乱飞。

参差连曲陌^③,迢递送斜晖^④。

肠断未忍扫,眼穿仍欲归^⑤。

芳心向春尽^⑥,所得是沾衣^⑦。

注释:

①此诗借落花以寓慨身世。

②竟:终于。

③参差(cēncī):形容花影之错落迷离。曲陌:弯曲的小路。

④迢递送斜晖:花瓣在夕阳下随风飘得很远。迢递,遥远的样子。斜晖,斜阳。

⑤眼穿仍欲泪:望眼欲穿盼来了春天,可春天仍要归去。

⑥芳心:指花,又指惜花之心。

⑦沾衣:眼泪。

凉　思①

李商隐

客去波平槛②,蝉休露满枝③。

永怀当此节④,倚立自移时⑤。

北斗兼春远⑥,南陵寓使迟⑦。

天涯占梦数⑧,疑误有新知⑨。

注释:

①此诗是李商隐寓使南陵时,怀人思归之作。

②槛(jiàn):栏杆。

③蝉休:蝉停止鸣叫,指夜深了。

④永怀:长久思念。节:季节。此指秋季。

⑤移时:季节更替。

⑥北斗兼春远:友人远在北斗星下,与逝去的春天一样遥远。兼,与。

⑦南陵:唐宣城县(今安徽南陵县)。寓使:因出使而流寓异地。

⑧占梦:即圆梦,据梦中见闻预测人事吉凶。数(shuò):多次。

⑨疑误:错误地怀疑。

北青萝①

李商隐

残阳西入崦②,茅屋访孤僧。

落叶人何在,寒云路几层。

独敲初夜磬③,闲倚一枝藤④。

世界微尘里⑤,吾宁爱与憎⑥。

注释:

①此诗写作者在北青萝访孤僧事。北青萝:地名,在王屋山中。

②崦(yān):指崦嵫山。《山海经》里记载,崦嵫山是日落之地。

③初夜:夜之初。磬(qìng):寺庙中的一种钵状铜乐器。

④藤:藤制手杖。

⑤世界微尘里:此句是说,大千世界都在小小的微尘之中,为佛家常语。《法华经》:"譬如有经卷,书写三千大千世界事,全在微尘中。"

⑥宁:为什么。爱与憎:《楞严经》曰:"人在世间,直微尘耳,何必拘于憎爱而苦此心也。"

温庭筠

温庭筠(约801—约870),本名岐,字飞卿,太原祁(今山西祁县)人。才情敏捷,每入试,八叉手而成八韵,人号"温八叉"。因恃才傲物,放浪不羁,又好讥权贵,故屡试不第,仕途坎坷,仅当过隋县尉、方城尉等小官,官终国子助教,世称

"温助教"。温庭筠诗与李商隐齐名,时号"温李"。为诗华艳绮丽,"调多清逸,语多闲婉"(许学夷《诗源辨体》)。其乐府歌行"似学长吉"(胡震亨《唐音癸签》),近体诗则颇近李商隐。贺裳评论其诗较公允:"大抵温氏之才,能瑰丽而不能澹远,能尖新而不能雅正,能矜饰而不能自然;然警慧处,亦非流俗浅学所易及。"(《载酒园诗话又编》)有《温飞卿集》七卷,别集一卷。《全唐诗》编其诗九卷。

送人东游^①

温庭筠

荒戍落黄叶^②,浩然离故关^③。
高风汉阳渡,初日郢门山^④。
江上几人在,天涯孤棹还。
何当重相见^⑤,樽酒慰离颜^⑥。

注释:

①东游:一作"东归"。此诗为送友人还乡的送别之作。

②荒戍:废弃的营垒。

③故关:指故乡。

④"高风"二句:在汉阳渡下船,乘着秋日之高风,到太阳刚升起时,就到了郢门山了。汉阳渡,在今湖北汉阳县。郢门山,即荆门山,在今湖北宜都县北、长江南面。

⑤何当:何时。

⑥樽酒:即杯酒。樽,古时盛酒之具。

马　戴

马戴(生卒年不详),字虞臣,曲阳(今江苏东海)人。会昌四年(844)登进士第。大中年间,在太原军幕府为掌书记,后又贬为朗州龙阳尉。官终太学博士。马戴与姚合、贾岛等诗人友善,他的诗"优游不迫,沉着痛快"(辛文房《唐才子传》),"在晚唐诸人之上"(严羽《沧浪诗话》)。马戴尤长五律,"不坠盛唐风格"(杨慎《升庵诗话》),"直可与盛唐诸贤侪伍"(翁方纲《石洲诗话》)。有《马戴诗》一卷,《全唐诗》编其诗二卷。

灞上秋居①

马戴

灞原风雨定,晚见雁行频②。
落叶他乡树,寒灯独夜人。
空园白露滴,孤壁野僧邻。
寄卧郊扉久③,何年致此身④。

注释:

① 此诗写寄居长安多时、求取官职不得的苦境。灞上:在今西安市东灞水南岸白鹿原上,故首句又称"灞原"。

② 雁行频:雁阵多次飞过。

③ 郊扉:此指郊外茅屋。

④ 致此身:指入仕为官、为君出力之意。语出《论语·学而》:"事君能致其身。"

楚江怀古①

马戴

露气寒光集，微阳下楚丘②。

猿啼洞庭树③，人在木兰舟④。

广泽生明月⑤，苍山夹乱流。

云中君不见⑥，竟夕自悲秋⑦。

注释：

①题下原有诗三首，此为其一。作于宣宗初年贬龙阳尉途经
洞庭时。借怀古写莫名的烦愁。楚江：此指湘江。

②楚丘：楚地之山。

③洞庭：洞庭湖，在湖南北部。

④木兰舟：木兰木制的舟。《述异记》载："木兰洲在浔阳江
中，多木兰树，七里洲中有鲁班刻木兰为舟，舟至今在洲
中。"《楚辞》中多有"兰舟"之称。

⑤广泽：广大的水域，指洞庭湖。

⑥云中君：《楚辞·九歌》有《云中君》一篇，为祭祀云神之作。
此即指云神。

⑦竟夕：终夜。

张 乔

张乔(生卒年不详)，字伯迁，池州(今安徽贵池)人。咸
通年间应进士举，其诗擅场。与许棠、郑谷等被誉为"咸通十
哲"。黄巢兵起后，归隐九华山。《唐摭言》中称其"诗句清
雅，夐无与伦"。胡震亨谓其"吟价颇高，如《听琴》之幽淡，

《送许棠》之惊耸,亦集中翘英"(《唐音癸签》)。有《张乔诗集》二卷,《全唐诗》编其诗二卷。

书边事①

张乔

调角断清秋②,征人倚戍楼③。
春风对青冢④,白日落梁州⑤。
大漠无兵阻,穷边有客游。
蕃情似此水,长愿向南流⑥。

注释:

①此诗是作者游边塞时所作。书:写。边:边地。

②调角:吹角。角,军中乐器。

③戍楼:兵士戍防的城楼。

④青冢:指昭君墓,在今内蒙古呼和浩特西南。据说塞外草枯,只有昭君墓上草色青青,故又名青冢。

⑤梁州:在今陕西南郑。此泛指边塞地域。

⑥"蕃情"二句:以南流之水比喻蕃情,希望吐蕃能长久地归附中央政权。蕃情,指吐蕃人的心情。蕃,指吐番,古代藏族建立的地方政权。

崔 涂

崔涂(生卒年不详),字礼山,睦州桐庐(今属浙江)人。光启四年(888)登进士第。他家境贫寒,一生四处飘泊,因而其诗多羁旅离怨之作。辛文房称其诗"深造理窟,端能竦动人意;写景状怀,往往宣陶肺腑"(《唐才子传》)。他的律诗较佳,徐献忠谓"音节虽促,而兴致颇多;身遭乱梗,意殊凄怅。虽喜用古事,而不见拘束"(《唐诗品》)。有《崔涂诗》一卷,《全唐诗》编其诗一卷。

除夜有怀①

崔涂

迢递三巴路②,羁危万里身③。

乱山残雪夜,孤独异乡人。

渐与骨肉远④,转于僮仆亲。

那堪正飘泊,明日岁华新⑤。

注释:

①此诗一题作《巴山道中除夜书怀》。此诗写客中度除夕的离愁乡思。除夜:除夕之夜。

②迢递:形容遥远。三巴:古称巴郡、巴东、巴西为三巴,在今四川东部。

③羁危:指流落于危险的蜀道上。

④骨肉:指家中亲人。

⑤明日岁华新:意为明天就是新年了。岁华,年华。

孤 雁①

崔涂

几行归塞尽②,念尔独何之③。

暮雨相呼失,寒塘欲下迟。

渚云低暗度④,关月冷相随⑤。
未必逢矰缴⑥,孤飞自可疑⑦。

注释:

①此诗是作者咏孤雁以自喻自伤。

②几行:指与孤雁同飞的几行雁阵。塞:指塞上。

③念尔:问你。

④渚(zhǔ)云:小洲上的云。渚,水中小洲。度,飞过。

⑤关月:城关上空的月亮。

⑥矰缴(zēngzhuó):即指箭。矰,时射鸟用的拴丝绳的箭。
缴,系在箭上的丝绳。

⑦可疑:令人担忧之意。

杜荀鹤

杜荀鹤(846—904),字彦之,号九华山人,池州石埭(今
安徽石台)人。累举进士不第,归隐山中。大顺二年(891)登
进士第,当过主客员外郎、知制诰,充翰林学士。杜荀鹤有诗
名,辛文房曰:"荀鹤苦吟,平生所志不遂,晚始成名,况丁乱
世,殊多忧惋思虑之语,于一觞一咏,变俗为雅,极事物之情,
足丘壑之趣,非易能及者也。"(《唐才子传》)胡震亨形容其诗
"以衰调写衰代,事情亦真切"(《唐音癸签》)。有《杜荀鹤文
集》三卷,《全唐诗》编其诗三卷。

春宫怨①

杜荀鹤

早被婵娟误,欲妆临镜慵②。

承恩不在貌③,教妾若为容④。

风暖鸟声碎,日高花影重。

年年越溪女,相忆采芙蓉⑤。

注释:

①此诗一说是周朴所作。作者借咏宫怨,寄托自己幽寂郁闷
之情。

②"早被"二句:因貌美而入宫中却耽误了青春,连梳妆镜都
懒得照了。婵娟,容貌美丽。慵,懒。

③承恩:指得皇帝宠爱。

④若为容:怎样梳妆打扮。

⑤"年年"二句:西施由浣女而入宫为妃,倒是那些女伴,年年
想起一同采芙蓉的快乐。越溪女,指西施。《方舆胜览》:
若耶溪,一名越溪,西施采莲于此。王维《西施咏》有"朝为
越溪女,暮作吴宫妃"。此指与西施一起浣纱的女伴。芙
蓉,荷花。

韦 庄

韦庄(约 836—910),字端己,京兆杜陵(今陕西西安)
人,韦应物四世孙。乾宁元年(894)进士,授校书郎。曾奉使
入蜀。天复元年(901)再度入蜀,后协助王建称帝,任左散骑
常侍、判中书门下事、吏部侍郎、平章事。韦庄在晚唐诗坛是

最好的诗人之一,"体近雅正"(胡震亨《唐音癸签》),"律诗虽不甚雄,亦是可讽"(《唐诗选脉会通评林》唐汝询语),"绝句在唐末诸人之上"(许学夷《诗源辨体》)。韦庄景仰杜甫,故其部分诗作"颇似老杜笔力"(余成教《石园诗话》)。韦庄也是晚唐五代重要词人,花间派之代表,与温庭筠齐名,史称"温韦"。有《浣花集》十卷,《全唐诗》编其诗六卷。

章台夜思①

韦庄

清瑟怨遥夜,绕弦风雨哀。

孤灯闻楚角②,残月下章台。

芳草已云暮,故人殊未来③。

乡书不可寄④,秋雁又南回⑤。

注释:

①此诗是韦庄在长安时思念远在越中的亲人而作的。章台:故址在今陕西长安,汉时此地为游览胜地。

②楚角:楚地曲调的角声。因韦庄思念南方的亲人。故听到的角声也恍然认为奏的是南方的曲调。

③故人:老友。殊:绝。

④乡书:家信。

⑤秋雁又南回:古时有鸿雁传书的传说,此句是羡秋雁能南归,而悲家信之不能寄。

皎 然

　　皎然(约 720—约 800),俗姓谢,字清昼,湖州长城(今浙江长兴)人。开元天宝间应进士试未第,失意出家,居润州长干寺。后居湖州杼山妙喜寺。交游广泛,诗名颇著。其诗"清机逸响,闲淡自如"(胡震亨《唐音癸签》),"极于缘情绮靡,故辞多芳泽;师古兴制,故律尚清壮"(于頔《释皎然杼山集序》)。故而在唐代诗僧中,皎然是最为杰出的。他还撰有《诗式》五卷,为系统的诗论专著,总结了中国古典诗歌创作和评论的一些重要原则。有《杼山集》(一作《皎然集》)十卷,《全唐诗》编其诗七卷。

寻陆鸿渐不遇①

皎然

移家虽带郭②,野径入桑麻。

近种篱边菊,秋来未著花。

扣门无犬吠,欲去问西家。

报道山中去③,归来每日斜。

注释:

①此诗为访迁居好友而不遇所作。陆鸿渐:陆羽,字鸿渐,竟陵(今湖北天门)人。隐居苕溪,著有《茶经》。后被奉为茶神。

②带郭:指乡间靠近城墙之地。郭,城墙。

③报道:回答道。

七言律诗五十三首

　　七言律诗,简称"七律",近体诗的一种,源于七言古体。起源于南北朝,成熟于唐初,至杜甫臻至炉火纯青。格律严密,每首八句四韵或五韵,每句七个字,中间两联必须对仗,第二、四、六、八句押韵,首句可押可不押,七言律诗首句入韵为正格,不入韵是变格。通常押平声韵。其押韵的音韵标准为中古音韵系统,即南北朝至隋唐时期汉语的语音。根据其平仄,定格为四式:首句平起入韵式、首句平起不入韵式、首句仄起入韵式、首句仄起不入韵式。

　　七言律诗则是最具宋诗"筋骨思理"(钱锺书《谈艺录》)的诗歌体裁,也是中国古典诗歌最成熟的一种体裁,为唐以后历代文人最为倾心,可以充分表达诗人强烈的主观感受。有唐一代,七律圣手有王维、杜甫、李商隐、刘长卿等。

崔　颢

崔颢(约704—754),汴州(今河南开封)人。开元十一年(723)进士及第。曾入河东军幕,后任太仆寺丞、司勋员外郎。崔颢"名重当时"(《新唐书·杜佑传》),其诗"气格奇俊,声调蒨美"(徐献忠《唐诗品》),边塞之作"风骨凛然"(殷璠《河岳英灵集》),其乐府歌行富赡委婉,情致真切。尤其是《黄鹤楼》诗,极负盛名,严羽评为唐人七律之首(《沧浪诗话》)。有《崔颢诗》一卷,《全唐诗》编其诗一卷。

黄鹤楼①

崔　颢

昔人已乘黄鹤去②,此地空馀黄鹤楼。

黄鹤一去不复返,白云千载空悠悠。

晴川历历汉阳树③,芳草萋萋鹦鹉洲④。

日暮乡关何处是⑤?烟波江上使人愁。

注释:

①此诗写登黄鹤楼之所见及引发的乡愁,被誉为题黄鹤楼之绝唱。黄鹤楼:在今湖北武汉黄鹤山西北黄鹤矶上,面江而立。传说是因仙人王子安乘黄鹤路经此地而得名。

②昔人:指传说中的仙人。

③历历:分明的样子。汉阳:在今武昌西北,与黄鹤楼隔江相望。

④萋萋:草茂盛的样子。鹦鹉洲:长江中的小沙洲,在武汉市西南长江中,相传因东汉祢衡曾作《鹦鹉赋》而得名。

⑤乡关:故乡。

行经华阴①

崔颢

岧峣太华俯咸京②,天外三峰削不成③。

武帝祠前云欲散④,仙人掌上雨初晴⑤。

河山北枕秦关险⑥,驿路西连汉畤平⑦。

借问路旁名利客⑧,何如此地学长生⑨。

注释:

①此诗写华山的高峻神秀和灵迹仙踪。华阴:今陕西华阴
县,城在华山脚下。

②岧峣(tiáoyáo):山高峻的样子。太华:华山。因潼关西面有少
华山,以示区别。咸京:即咸阳,因咸阳为秦之京城,故称。

③三峰:指华山最高的莲花、玉女、明星三峰。削不成:意谓
非人力所能削成。语本《山海经·西山经》:"太华之山,削
成而四方。"其中之"削",为陡峭之意,崔颢在此化用其语
而变其意。

④武帝祠:指巨灵祠,为汉武帝登华山仙人掌峰时下令所建。
相传是巨灵神为使河水畅流,将华山劈开,分为太华、少华。

⑤仙人掌:即仙人掌峰。

⑥秦关:指函谷关,战国时秦国所建,为通往秦地的咽喉,地
势险峻。故址在今河南灵宝县。

⑦驿路:即大路。汉畤(zhì):在今陕西凤翔县。畤为帝王祭
天地五帝之祠。

⑧名利客:指为名利而奔波的行人。

⑨长生:长生不老之术,即神仙之道。

祖　咏

祖咏（生卒年不详），洛阳（今属河南）人。开元十二年
（724）进士。颇有文名，与王维、储光羲、王瀚等唱和。所作
多山水田园诗，凝炼精致。殷璠评其诗"剪刻省净，用思尤
苦，气虽不高，调颇凌俗"（《河岳英灵集》）。有《祖咏诗》一
卷，《全唐诗》编其诗一卷。

望蓟门①

祖咏

燕台一去客心惊②，笳鼓喧喧汉将营③。
万里寒光生积雪，三边曙色动危旌④。
沙场烽火侵胡月⑤，海畔云山拥蓟城⑥。
少小虽非投笔吏⑦，论功还欲请长缨⑧。

注释：

①此诗是祖咏唯一的一首边塞诗，勾画蓟门的山川形胜，写
　　出雄伟阔大的意象。蓟（jì）门：蓟门关，在今北京市。

②燕台：即幽州台。一名蓟北楼。相传燕昭王在此筑黄金台
　　以招揽天下贤士。

③汉将营：指唐将军营。

④三边：古称幽、并、凉三州为三边。危旌：高扬的旗帜。

⑤胡月：指边地之月。

⑥海畔：因蓟门关地近渤海，故称海畔。蓟城：即蓟门关。

⑦投笔吏：典出《后汉书·班超传》。班超原为抄写文书的小
　　吏，一天投笔叹道："大丈夫无它志略，犹当效傅介子、张骞

立功异域，以取封侯，安能久事笔研间乎？"

⑧论功：指论功封赏。请长缨：典出《汉书·终军传》。终军
　出使南越，对汉武帝说："愿受长缨，必羁南越王而致之阙
　下。"即说用一根长绳把南越王牵来。此句与上句表达愿
　从军报国的志向。

崔　曙

　　崔曙(?—739)，一作崔署，原籍博陵(今河北安平)，寓
居宋州(今河南商丘)。开元二十六年(738)进士及第，为河
内尉。有诗名，与薛据友善。殷璠选其诗六首入《河岳英灵
集》，并评论曰："署诗多叹词要妙，清意悲凉，送别、登楼，俱
堪泪下。"有《崔曙集》一卷，《全唐诗》存其诗一卷。

九日登望仙台呈刘明府①

崔　曙

汉文皇帝有高台，此日登临曙色开。

三晋云山皆北向②，二陵风雨自东来③。

关门令尹谁能识④，河上仙翁去不回⑤。

且欲近寻彭泽宰⑥，陶然共醉菊花杯⑦。

注释：

①此诗为重阳怀古投赠之作。九日：指九月九日重阳节，古
　时有登高赏菊之旧俗。《西京杂记》卷三："九月九日，佩茱
　萸、食蓬饵、饮菊花酒，令人长寿。"望仙台：汉文帝所筑，在
　今陕西陕县。据《神仙传》记载："河上公授文帝《老子》而

去，失所在，帝于西山筑台望之。"刘明府：其人不详。明
府，县令的尊称。

②三晋：战国时晋国被韩、赵、魏三家所分，后称此三国为三
晋，地属今山西、河南北部、河北西部地区。

③二陵：殽山的南陵北陵合称二陵，在今河南洛宁县北。据
《左传·僖公十三年》记载，南陵是夏后皋之墓，北陵是周
文王避风雨之所在。

④关门令尹(yǐn)：此即指关尹子，名喜，为函谷关掌关门的
官吏。据说老子至关，关尹子留他著书，成《道德经》授之。
后关尹子也随他而去。

⑤河上仙翁：即河上公，晋人葛洪把他写入《神仙传》中。

⑥彭泽宰：指陶渊明。他曾任彭泽县令，因不愿为五斗米折
腰，挂冠而去。此处借指刘明府。

⑦共醉菊花杯：据《南史·隐逸传》记载，陶渊明辞官后，家
贫，九九重阳节时无酒，便在屋边菊丛中久坐，逢王宏送酒
至，大醉而归。

送魏万之京①

李颀

朝闻游子唱离歌②，昨夜微霜初度河。

鸿雁不堪愁里听，云山况是客中过③。

关城曙色催寒近④，御苑砧声向晚多⑤。

莫见长安行乐处，空令岁月易蹉跎⑥。

注释：

①此诗为送别之作，除写离情还致良友规勉之意。魏万：又叫魏

颢，上元初登第，诗人，曾为李白集作序，为李白之友。之：往。

②游子：指魏万。离歌：告别之歌。

③况是：更何况是。客中：客游四方途中。

④关城：指潼关城。

⑤御苑：皇家宫苑，此指长安城。砧(zhēn)声：捣衣声。

⑥"莫见"二句：不要因为长安城是行乐之地，就让岁月白白浪费掉。蹉跎(cuōtuó)，虚度。

登金陵凤凰台①

李白

凤凰台上凤凰游，凤去台空江自流。

吴宫花草埋幽径②，晋代衣冠成古丘③。

三山半落青天外④，二水中分白鹭洲⑤。

总为浮云能蔽日⑥，长安不见使人愁。

注释：

①此诗借怀古写景并写出诗人独特的感受。金陵：今江苏南京市。凤凰台：在今南京凤台山。相传南朝元嘉年间有三凤凰集于山，因筑凤凰台，山也因此得名。

②吴宫：三国时吴国建都于金陵。

③晋代：东晋南渡后即建都金陵。衣冠：指名门望族。古丘：指古墓、坟丘。

④三山：指金陵西南临长江的三座山峰。陆游《入蜀记》："三山自石头及凤凰台望之，杳杳有无中耳，及过其下，则距金陵才五十馀里。"

⑤二水：一作"一水"，指秦淮河穿越金陵城而入长江，江中有白鹭洲，分水为二支。白鹭洲：长江中沙洲，因多聚白鹭而得名。

⑥浮云能蔽日：古诗文中多有以"浮云蔽日"来作比喻，有的喻乡关之念，《古诗十九首》中有"浮云蔽白日，游子不顾反"语；有的喻奸邪之蔽贤良，汉陆贾《新语·慎微篇》："邪臣之蔽贤，犹浮云之障日月也。"有的喻小人得志帝王垂幸，《载记》："秦苻坚幸慕容垂夫人，宦者赵整歌云：不见雀来入燕室，但见浮云蔽白日。"李白此诗用何意，历代说法纷纭。

送李少府贬峡中王少府贬长沙①

高适

嗟君此别意何如，驻马衔杯问谪居②。

巫峡啼猿数行泪③，衡阳归雁几封书④。

青枫江上秋帆远⑤，白帝城边古木疏⑥。

圣代即今多雨露⑦，暂时分手莫踟蹰⑧。

注释：

①此诗送人贬官，有劝慰之意。少府：官名，指县尉。李、王二人事迹不详。峡中：泛指四川东部。长沙：在今湖南。

②衔杯：喝送别酒。谪居：贬官之地。

③巫峡啼猿数行泪：此句出古巴蜀民歌："巴东三峡巫峡长，猿鸣三声泪沾裳。"

④衡阳：在今湖南。相传南飞之雁到衡阳的回雁峰即折回北方。又古时有鸿雁传书的说法。

⑤青枫江：指浏水，在长沙。

⑥白帝城：在今重庆市奉节县。

⑦"圣代"二句：当今朝廷恩泽广播，你二人不久就可以获得
　升迁，现在暂时分手也就没有什么犹豫、烦恼了。圣代，美
　称当代。雨露，喻指朝廷的恩意。

和贾至舍人《早朝大明宫》之作①

岑参

鸡鸣紫陌曙光寒②，莺啭皇州春色阑③。

金阙晓钟开万户④，玉阶仙仗拥千官⑤。

花迎剑佩星初落⑥，柳拂旌旗露未干。

独有凤凰池上客⑦，阳春一曲和皆难⑧。

注释：

①此题又作《奉和中书贾至舍人早朝大明宫》，作于乾元元年
　(758)，贾至赋诗后，杜甫、王维、岑参都有和诗。此诗以皇
　宫春晓写宫廷早朝。和(hè)：以诗互相唱和酬答。贾至：
　字幼邻，洛阳人，天宝末年随玄宗入蜀，肃宗即位，为中书
　舍人。舍人：即中书舍人，官名，专掌草拟诏旨，宣旨奏表
　等事，为文士之极任。大明宫：即唐时东内，又名蓬莱宫。

②紫陌：指京师的街道。

③啭：鸟啼声。皇州：京城。阑：晚。

④金阙：金殿。万户：指皇宫中宫门。

⑤玉阶：指皇宫中大明宫的台阶。仙仗：天子的仪仗。

⑥剑佩：带剑、垂佩绶，都为高官之饰物。

⑦凤凰池上客：指贾至。凤凰池，也称凤池，指中书省。

⑧阳春：古曲名，即宋玉《对楚王问》中提到的《阳春》、《白雪》，

"国中属而和者不过数十人"，后以之比喻作品高妙而懂得的人很少。

附录：

《早朝大明宫》呈两省僚友

贾至

银烛熏天紫陌长，禁城春色晓苍苍。

千条弱柳垂青琐，百啭流莺绕建章。

剑佩声随玉墀步，衣冠身惹御炉香。

共沐恩波凤池里，朝朝染翰侍君王。

奉和贾至舍人《早朝大明宫》

杜甫

五夜漏声催晓箭，九里春色醉仙桃。

旌旗日暖龙蛇动，宫殿风微燕雀高。

朝罢香烟携满袖，诗成珠玉在挥毫。

欲知世掌丝纶美，池上于今有凤毛。

和贾至舍人《早朝大明宫》之作①

王维

绛帻鸡人报晓筹②，尚衣方进翠云裘③。

九天阊阖开宫殿④，万国衣冠拜冕旒⑤。

日色才临仙掌动⑥，香烟欲傍衮龙浮⑦。

朝罢须裁五色诏^⑧，珮声归到凤池头^⑨。

注释：

①王维此诗亦作于乾元元年(758)。此诗从天子视角写宫廷早朝。

②绛帻(zé)：红头巾。鸡人：据《汉官仪》，古时宫中不得养鸡，负责报时的卫兵戴鸡冠状的红头巾，于朱雀门外高叫，如鸡鸣报晓，故称鸡人。

③尚衣：唐时有尚衣局，专掌皇帝的服冕。翠云裘：饰有绿色云霞纹的皮衣。此为天子之衣。

④九天：喻皇宫。阊阖：指宫门。

⑤万国衣冠：指全国的文武百官。冕旒(liú)：此处指天子。旒指礼冠前后悬垂的玉串，天子之冕为十二旒。

⑥仙掌：此指天子身后的障扇，用来遮风蔽日。

⑦香烟：指宫中香炉之烟。衮(gǔn)龙：即指天子龙袍上的龙。衮，天子礼服，上绣龙，又称龙衮。浮：指香烟在龙袍周围浮动。

⑧五色诏：用五色纸书写的诏书。

⑨珮声：玉骊碰击之声。唐五品以上官员可佩玉佩。凤池：凤凰池，指中书省。

奉和圣制从蓬莱向兴庆阁道中留
春雨中春望之作应制^①

王维

渭水自萦秦塞曲^②，黄山旧绕汉宫斜^③。
銮舆迥出千门柳^④，阁道回看上苑花^⑤。
云里帝城双凤阙^⑥，雨中春树万人家。
为乘阳气行时令^⑦，不是宸游玩物华^⑧。

注释:

①这是一首典型的写得较好的应制诗。写天子迎春于郊,写得雍容典雅。奉和(hè):奉命应和。圣制:皇帝作的诗。蓬莱:即大明宫,在皇宫东南,因宫后有蓬莱池,故名。兴庆:兴庆宫,在长安城东北。阁道:复道,即高楼间架设的通道。据《旧唐书·地理志》记载,蓬莱宫与兴庆宫之间,有夹城复道相通。应制:奉皇帝命应和之作。

②萦:绕。秦塞:长安古属秦地,周围有山关之险,故称秦塞。

③黄山:黄麓山,在今陕西兴平县。汉宫:此指唐朝宫殿。

④銮舆:天子车驾。迥出:远出。千门:指宫中重重门户。

⑤上苑:指皇家园林。

⑥凤阙:汉长安建章宫有凤阙,此处泛指皇宫门前的望楼。

⑦阳气:指春天阳和之气。行时令:按季节颁发行政令。据《礼记·月令》:"立春之日,天子亲率三公、九卿、诸侯、大夫,以迎春于郊,命相布德和令,行庆施惠,下及兆民。"

⑧宸(chén)游:皇帝出游。宸,指北极星之所居;此指皇帝。物华:美好的景物。

积雨辋川庄作①

王维

积雨空林烟火迟②,蒸藜炊黍饷东菑③。

漠漠水田飞白鹭,阴阴夏木啭黄鹂④。

山中习静观朝槿⑤,松下清斋折露葵⑥。

野老与人争席罢⑦,海鸥何事更相疑⑧。

注释:

①此诗描写雨后辋川庄清幽的景色和纯朴的生活。积雨：久雨。庄：别墅。

②烟火迟：因久雨后，故烟火之燃徐缓。

③藜：一种野菜。黍：黄米。饷东菑(zī)：把饭送到东边新开的田地里。菑，新开一年的土地。

④夏木：大树。

⑤习静：道家静坐守一的方法。观朝槿(jǐn)：静观槿花，可以体悟人生短暂、荣枯无常之理。朝槿，木槿花早开午谢，故称朝槿。

⑥清斋：素食之意。《旧唐书·王维传》载："维弟兄俱奉佛，居常素食，不茹荤血，晚年常斋，不衣文彩。"露葵：葵菜有"百菜之主"之称。此指新鲜蔬菜。

⑦野老：王维自称。争席罢：是说自己已没有倨傲损人之心，已与世无争。争席，典出《庄子·寓言》。杨朱倨傲骄矜，自见老子之后，学会了谦恭礼敬，人们也敢于与他争坐席了。

⑧海鸥何事更相疑：我已无好胜损人之心，海鸥为什么还怀疑我呢？海鸥，典出《列子·黄帝》。有海边好鸥者，每天与海鸥相亲。后其父要他捉海鸥来玩，第二天，海鸥再也不与他亲近了。

赠郭给事①

王维

洞门高阁霭馀晖②，桃李阴阴柳絮飞。
禁里疏钟官舍晚③，省中啼鸟吏人稀④。
晨摇玉佩趋金殿⑤，夕奉天书拜琐闱⑥。
强欲从君无那老⑦，将因卧病解朝衣⑧。

注释：

①此诗为唱和之作，写郭给事的贤良辛劳并慨叹自己的老病。赠：一作"酬"。郭给事：其人不详。给事，给事中，门下省之属官，正五品上。

②洞门：指宫殿或深宅中重重相对又相通的门。霭（ǎi）：形容盛、多。

③禁里：指宫中。据《三辅黄图》："汉宫中谓之禁中，谓宫中门有禁，非侍卫通籍之臣，不得妄入。"故称。

④省中：指门下省内。

⑤趋：小步急走，以示恭敬。

⑥天书：指皇帝诏书。琐闱：有雕饰的门，此指宫门。

⑦强欲：非常想。从君：追随您。君，指郭给事。无那：无奈。

⑧解朝衣：辞职之意。

蜀　相①

杜甫

丞相祠堂何处寻？锦官城外柏森森②。

映阶碧草自春色③，隔叶黄鹂空好音④。

三顾频烦天下计⑤，两朝开济老臣心⑥。

出师未捷身先死⑦，长使英雄泪满襟！

注释：

①此诗是杜甫于上元元年（760）初到成都游武侯祠时所作。蜀相：指诸葛亮。刘备在蜀即帝位后，以诸葛亮为丞相。

②锦官城：成都别名，古代成都以产锦著名，设专官管理，故

称。武侯祠在成都城南门外,晋代李雄在成都称王时
所建。

③自春色:自呈春色。

④空好音:空作好音。

⑤三顾:诸葛亮隐居襄阳隆中,刘备三请方出。顾,访问。频
烦,多次烦劳。

⑥两朝:指蜀汉刘备、刘禅两朝。开济:指诸葛亮佐刘备开
国,助刘禅继业。

⑦出师:出兵伐魏。建兴十二年(234),诸葛亮兴师伐魏,出
斜谷据五丈原,与魏司马懿相拒百馀日。八月,病死军中。

客　至^①

杜甫

舍南舍北皆春水^②,但见群鸥日日来。

花径不曾缘客扫,蓬门今始为君开^③。

盘飧市远无兼味^④,樽酒家贫只旧醅^⑤。

肯与邻翁相对饮^⑥,隔篱呼取尽馀杯^⑦。

注释:

①原诗自注:"喜崔明府相过。"过:访问。此诗是杜甫在上元
二年(761)作于成都草堂。写客人来访的村野日常生活细
事,流露出真率、闲适的情怀。客:指崔明府。唐人称县令
为明府。

②舍:指草堂。

③"花径"二句:意谓来宾稀少,也写客来欣悦之情。缘客扫,
因为有客来而打扫。

④盘飧(sūn)：泛指菜肴。飧，熟菜。市远：远离集市。无兼
　味：指菜少。兼味，多种味道。

⑤樽：酒器。旧醅(pēi)：隔年陈酒。

⑥肯：能否之意。

⑦呼取：唤来。尽馀杯：一同干杯。

野　望①

杜甫

西山白雪三城戍②，南浦清江万里桥③。

海内风尘诸弟隔④，天涯涕泪一身遥。

惟将迟暮供多病，未有涓埃答圣朝⑤。

跨马出郊时极目⑥，不堪人事日萧条⑦。

注释：

①诗作于上元二年(761)。此诗写野望所见和忧家忧国的
　愁绪。

②西山：即雪岭，在成都西面，终年积雪，是岷山主峰。三城：
　指松(今四川松潘)、维(故城在今四川理县西)、保(故城在
　理县新保关西北)三州。此三城为蜀边要镇，为防吐蕃侵
　犯，有兵戍守。

③清江：锦江，在城外南郊。万里桥：在成都城南，相传诸葛
　亮送费祎访问吴国时说："万里之行，始于此桥。"故名。

④风尘：指战乱不息。诸弟隔：与诸弟分隔。杜甫有四弟，此
　时唯杜占随他入蜀·另三弟散在各地。

⑤"惟将"二句：只有将不多的馀生交给时时发作的各种疾病
　了，却没有一点点报答国家。迟暮，时杜甫五十岁，故称迟

暮。多病，时杜甫身患肺病、疟疾、头风等多种疾病。涓
埃，一点点、丝毫。涓为细流，埃为微尘。

⑥极目：放眼远望。

⑦人事：世事。

闻官军收河南河北①

杜甫

剑外忽传收蓟北②，初闻涕泪满衣裳。

却看妻子愁何在③？漫卷诗书喜欲狂④。

白日放歌须纵酒⑤，青春作伴好还乡⑥。

即从巴峡穿巫峡，便下襄阳向洛阳⑦。

注释：

①此诗作于广德元年(763)春，杜甫在梓州(今四川三台县)。
这一年正月，史思明之子史朝义兵败而死，其部将田承嗣、
李怀仙归降，河南、河北地区相继收复，安史之乱终于结束。
此诗叙写闻听光复蓟北的喜悦和还乡的愉快。

②剑外：剑门以南地区称剑外，即蜀地。收：收复。蓟北：河
北北部地区。

③却看：回头看。妻子：妻子儿女。

④漫卷：随手卷起。

⑤放歌：放声歌唱。纵酒：纵情饮酒。

⑥青春：明媚春色。

⑦"即从"二句：这是杜甫想象中的还乡路线。巴峡，指在今重庆
嘉陵江之巴峡，俗称"小三峡"。巫峡，三峡之一，在今重庆市
巫山县。襄阳，今湖北襄阳县。杜甫先世为襄阳人。洛阳，杜

甫家在洛阳。"洛阳"句下原注云:"余有田园在东京。"

登　高①

杜甫

风急天高猿啸哀,渚清沙白鸟飞回②。

无边落木萧萧下③,不尽长江滚滚来。

万里悲秋常作客④,百年多病独登台⑤。

艰难苦恨繁霜鬓⑥,潦倒新停浊酒杯⑦。

注释:

①此诗作于大历二年(767)秋,杜甫在夔州之时。写客居异
乡、重阳登高的观感。登高:旧时重阳节有登高之俗。

②渚(zhǔ):水中小洲。回:回旋。

③落木:落叶。

④万里:指夔州与故乡洛阳和京城相距遥远。作客:客居他乡。

⑤百年:一生。古人以上寿为百年。

⑥艰难:指时世艰难。苦恨:极恨,甚恨。繁霜鬓:鬓边白发日增。

⑦潦倒:失意,困顿。新停浊酒杯:停杯罢饮之意。

登　楼①

杜甫

花近高楼伤客心,万方多难此登临②。

锦江春色来天地③,玉垒浮云变古今④。

北极朝廷终不改⑤,西山寇盗莫相侵⑥。

可怜后主还祠庙⑦，日暮聊为梁甫吟⑧。

注释：

①此诗是杜甫于广德二年（764）春回成都所作。写万方多
难，急欲报效朝廷之情。

②"花近"二句：万方多难之时，登临高楼，见花而伤心。

③锦江：即濯锦江，一称浣花溪，岷江的支流，流经成都城西。
杜甫的草堂临近锦江。

④玉垒：玉垒山，在今四川灌县西。变古今：与古今一同变幻。

⑤北极朝廷终不改：唐王朝如北极星一样不可动摇。北极，
北辰。《论语·为政》："为政以德，譬如北辰，居其所而众
星拱之。"广德元年十月，吐蕃军攻陷长安，立广武王李承
宏为帝。后郭子仪收复京师，代宗回京，吐蕃败走。

⑥西山寇盗：指吐蕃。广德元年十二月，吐蕃攻陷松、维、保
三州及云山、新筑二城，后剑南西川诸州也被吐蕃吞并。

⑦"可怜"二句：杜甫怀念诸葛亮，叹息唐王朝没有诸葛亮一
样的英雄济世匡君，担心代宗身后，其命运连平庸可怜的
后主刘禅都比不上。后主还祠庙，刘备之子刘禅得诸葛亮
辅佐，尚可立国，死后还有祠庙。刘禅后主祠在刘备先主
祠的东边，西边为诸葛亮武侯祠。梁甫吟，乐府曲名。诸
葛亮躬耕南阳时，好为《梁甫吟》。

宿　府①

杜甫

清秋幕府井梧寒②，独宿江城蜡炬残。
永夜角声悲自语③，中庭月色好谁看。

风尘荏苒音书断④，关塞萧条行路难。

已忍伶俜十年事，强移栖息一枝安⑤。

注释：

①此诗作于广德二年(764)，时杜甫在成都严武幕府中为节度使参谋、检校工部员外郎。写依人作幕僚的感触。宿府：宿于幕府。古时军队出征，将领以幕帐为府署，称幕府，后用指地方长官或节度使的衙门。

②井梧：井边梧桐。一说，井即金井，因叶上有黄圈文如井，故名。

③永夜：长夜。

④风尘荏苒(rěnrǎn)：指战乱不息。荏苒，时光不断流逝。

⑤"已忍"二句：我忍受飘泊困苦的生活已经十年了，现在入严武幕府，不过是勉强求得暂时的安定罢了。伶俜(língpīng)，飘零困苦之意。十年，指自天宝十四载安禄山乱起至今已十年。栖息一枝，语出《庄子·逍遥游》"鹪鹩巢于深林，不过一枝"句。

阁　夜①

杜甫

岁暮阴阳催短景②，天涯霜雪霁寒宵③。

五更鼓角声悲壮④，三峡星河影动摇⑤。

野哭几家闻战伐⑥，夷歌数处起渔樵⑦。

卧龙跃马终黄土⑧，人事音书漫寂寥⑨。

注释:

①此诗是大历元年(766)冬,杜甫寓居夔州西阁时所作。抒
　写伤乱思乡之慨。

②阴阳:指日月。短景:冬季日短,故称短景。

③霁(jì)寒宵:指雪后寒冷的夜空十分晴朗。霁,雨过天晴曰霁。

④鼓角:更鼓与号角。

⑤三峡星河影动摇:银河星辰之影随三峡之水而摇动。一写
　江中夜景,另亦暗喻战乱未已。三峡,长江之瞿塘峡、巫
　峡、西陵峡。夔州之东即为瞿塘峡。星河,银河。古时认
　为天上星辰位置动摇往往是有战事的征兆。

⑥野哭几家闻战伐:从几家野哭声中能感到战争的存在。战
　伐,指此时蜀中崔旴、郭英乂、杨子琳等的混战。

⑦夷歌:当地少数民族之歌。起渔樵:起于渔人樵夫之中。
　即渔樵都唱夷歌,足见夔州之偏远。

⑧卧龙:诸葛亮又号卧龙先生。跃马:指公孙述。公孙述在
　西汉末年乘乱据蜀,称白帝。晋左思《蜀都赋》有"公孙跃
　马而称帝"句。二人在夔州都有祠庙。

⑨人事音书:指仕途生涯与亲朋消息。漫寂寥:任其寂寞寥落。

咏怀古迹 五首①

杜甫

其一

支离东北风尘际,飘泊西南天地间②。
三峡楼台淹日月,五溪衣服共云山③。
羯胡事主终无赖④,词客哀时且未还⑤。
庾信平生最萧瑟,暮年诗赋动江关⑥。

注释：

① 此是杜甫作于大历元年（766）的一组七律连章诗，五首分咏五处古迹，一指江陵的庾信宅，二指归州（今湖北秭归）的宋玉宅，三指归州的昭君村，四、五分指夔州的先主庙和武侯祠。杜甫由古迹而追怀古人，又由古人而抒发一己之怀抱。

② "支离"二句：指作者在安史之乱期间，逃离长安，入蜀往来飘泊。支离，流离之意。东北风尘际，指安史之乱时期。

③ "三峡"二句：意谓作者在三峡、五溪地区都居住过。楼台，泛指房屋。淹日月，指滞留多日。五溪，指雄溪、楠溪、酉溪、沅溪、辰溪，在今鄂贵交界处，为古代少数民族所居住。《后汉书·南蛮传》："武陵五溪蛮，皆槃瓠之后。……织绩木皮，好五色衣服。"

④ 羯（jié）胡：指安禄山，亦指反南朝梁的侯景。无赖：狡猾可恶之意。

⑤ 词客：指庾信，也指自己。哀时：感伤时事。未还：指飘泊异乡，不能回家。

⑥ "庾信"二句：梁朝诗人庾信，字子山，新野（今属河南）人，梁元帝时出使北周，被留不归，常怀乡国之思。作《哀江南赋》曰："将军一去，大树飘零；壮士不还，寒风萧瑟。提挈老幼，关河累年。"有《伤心赋》："对玉关而羁旅，坐长河而暮年。"此处作者把安禄山叛唐比作梁朝侯景叛梁，把自己的乡国之思比作庾信之哀思故乡。

其二

摇落深知宋玉悲①，风流儒雅亦吾师②。

怅望千秋一洒泪，萧条异代不同时③。

江山故宅空文藻,云雨荒台岂梦思④。
最是楚宫俱泯灭,舟人指点到今疑⑤。

注释:

①宋玉:战国楚人,其所作《楚辞·九辩》:"悲哉,秋之为气
也,萧瑟兮草木摇落而变衰。"深知:指杜甫十分理解宋玉
悲秋之原因。

②风流儒雅:指宋玉的气度和才学。

③"怅望"二句:慨叹与宋玉异代相隔近千年,而萧条之感却
是相同的。

④"江山"二句:宋玉故宅空,只留下盖世文章,所作《高唐赋》
难道只是说梦,而没有讽劝君王之意吗?故宅,指宋玉宅。
空文藻,枉留下文采。云雨荒台,宋玉曾作《高唐赋》:昔先
王尝游高唐,梦见一妇人曰:"妾巫山之女也。"王因幸之。
去而辞曰:"妾在巫山之阳,商丘之岨,旦为行云,暮为行
雨;朝朝暮暮,阳台之下。"阳台山,在今重庆市巫山县。岂
梦思,难道是梦中的思绪。

⑤"最是"二句:最叫人感慨的是,当年的楚宫今天都已片瓦
不存,船夫们驾船经过这里,指点旧址,还有怀疑。

其三

群山万壑赴荆门①,生长明妃尚有村②。
一去紫台连朔漠③,独留青冢向黄昏④。
画图省识春风面,环珮空归月夜魂⑤。
千载琵琶作胡语,分明怨恨曲中论⑥。

咏怀古迹

注释:

①荆门:荆门山。《水经注·江水》:"江水东历荆门虎才之间。荆门山在南,上合下开,其状似门。"

②明妃:王昭君,汉元帝时宫人;晋时为避司马昭名讳而改称明妃。尚有村:昭君村在归州东北四十里,唐时还留有昭君故居遗址,故说"尚有村"。

③紫台:帝王之宫。朔漠:北方沙漠。

④青冢(zhǒng):即昭君墓,在今内蒙古呼和浩特西南。汉元帝时,朝廷与匈奴和亲,把宫人王昭君嫁给匈奴呼韩邪单于,从此再也没有回来,死在沙漠匈奴中。

⑤"画图"二句:靠画图怎么能知道昭君的美貌呢?使得昭君葬身沙漠,只有魂魄随着月夜归来。省(xǐng)识,认识。春风面,指美貌。据《西京杂记》载:"元帝后宫既多,使画工图形,按图召幸之。宫人皆赂画工,昭君自恃其貌,独不肯与,工人乃丑图之,遂不得见。后匈奴入朝求美人,上案图以昭君行。及去,召见,貌为后宫第一。帝悔之,而重信于外国,故不复更人。乃穷案其事,画工毛延寿弃弃市。"环珮,指妇女的装饰品,此借指昭君。

⑥"千载"二句:千年来流传的《昭君怨》虽然是胡人音乐的风格,但曲中幽怨怅恨的乡思还是听得很清楚的。相传王昭君在匈奴曾作怨思之歌,后人名为《昭君怨》。作胡语,琵琶为西域胡人乐器,所奏皆为胡音。曲中论,曲中所倾诉之意。

其四

蜀主窥吴幸三峡①,崩年亦在永安宫②。

翠华想像空山里③,玉殿虚无野寺中④。

古庙杉松巢水鹤⑤,岁时伏腊走村翁⑥。
武侯祠屋常邻近⑦,一体君臣祭祀同⑧。

注释:

①蜀主:指刘备。窥吴:对东吴有企图。幸:旧称帝王驾临曰幸。

②崩:旧称帝王死亡曰崩。永安宫:三国蜀汉章武二年(222),刘备率蜀军经三峡攻东吴,被陆逊击溃,退至鱼复(今重庆市奉节)白帝城,改鱼复为永安,建永安宫居之,次年四月病死。

③翠华:皇帝的仪仗。

④玉殿:此句下有原注:"殿今为卧龙寺,庙在宫东。"则唐时永安宫已变成荒凉的寺庙了。

⑤巢:筑窝。水鹤:鹤为水鸟,故称。

⑥岁时:一年中的节日。伏腊:古代两种祭祀的名称,伏在六月,腊在十二月。"岁时"以上四句是说,当年刘备在此建宫驻跸的情景依稀还能想见,而现在玉殿已不复存在,变成山间寺庙了。鹤鸟在寺旁林中建窝筑巢,每逢节日还有老乡来这里祭祀。

⑦武侯祠:诸葛亮封武乡侯,其武侯祠与先主庙相邻。

⑧一体君臣:刘备诸葛亮君臣和谐,视如一体。祭祀同:一同接受后人的祭祀。

其五

诸葛大名垂宇宙,宗臣遗像肃清高①。
三分割据纡筹策,万古云霄一羽毛②。

伯仲之间见伊吕③,指挥若定失萧曹④。
运移汉祚终难复,志决身歼军务劳⑤。

注释:

①宗臣:为后世所尊仰的重臣。《三国志·蜀书·诸葛亮传》
 注引张俨《默记》:"亦一国之宗臣,霸主之贤佐也。"肃清
 高:为其清高的节操而肃然起敬。

②"三分"二句:诸葛亮以其出色的谋略导致了三分天下,他
 就像千百年来仅见的鸾凤翱翔在云霄。三分割据,指魏蜀
 吴三国鼎立。纡筹策,周密的筹划谋略。羽毛,指鸾凤。

③伯仲之间:意谓不相上下。伊吕:指商之伊尹和周之吕尚,
 皆为辅佐贤主开基立国的名相。

④失萧曹:意谓萧曹有所不及。萧曹,指辅佐汉高祖的萧何、
 曹参,皆一代名臣。

⑤"运移"二句:不可抗拒的气运转移,再不护佑汉朝,诸葛亮
 终究难以复兴汉室,虽然他志向坚定,但终因军务繁杂,积
 劳成疾,不治而亡。运,指气运。汉祚(zuò),指汉朝的国
 统。祚,帝位。身歼,死亡。

江州重别薛六柳八二员外①

刘长卿

生涯岂料承优诏②,世事空知学醉歌③。
江上月明胡雁过④,淮南木落楚山多⑤。
寄身且喜沧洲近⑥,顾影无如白发何⑦。
今日龙钟人共老⑧,愧君犹遣慎风波⑨。

①此诗作于刘长卿从贬所南巴尉任后回归经过江州辞别故
人之时。江州：今江西九江。薛六：指薛弁，曾为水部员外
郎。柳八：指柳浑，曾任祠部员外郎。员外：员外郎之
简称。

②优诏：朝廷免罪优容之诏。

③空知：徒知。

④胡雁：指北方飞来的雁阵。

⑤木落：树叶飘零。

⑥沧洲：滨海之处。

⑦无如：无奈。

⑧龙钟：年高衰老的样子。

⑨愧君犹遣慎风波：还要你仍教我当心风波，真是惭愧。

长沙过贾谊宅①

刘长卿

三年谪宦此栖迟②，万古惟留楚客悲③。
秋草独寻人去后，寒林空见日斜时④。
汉文有道恩犹薄⑤，湘水无情吊岂知⑥。
寂寂江山摇落处⑦，怜君何事到天涯⑧。

注释：

①刘长卿曾两度被贬，此诗当作于贬谪江西以后，以吊古而
自伤。贾谊宅：西汉贾谊曾被贬为长沙王太傅。据《太平
寰宇记》称，贾谊宅在县南六十步。

②三年谪宦：贾谊为长沙王太傅三年。栖迟：逗留。

③楚客：指贾谊。

④寒林空见日斜时：据《史记·屈原贾生列传》记载，贾谊在
长沙时，有鹏飞入居室，自以为个祥，乃作《鹏鸟赋》，有"庚
子日斜兮，鹏集予舍"和"野鸟入室兮，主人将去"之句。作
者在此处化用其语，即景写心。

⑤汉文：汉文帝，他虽有明君之称，仍不能重用贾谊。

⑥岂知：哪里知道。贾谊渡湘水时，曾作赋吊屈原。

⑦摇落：秋景荒凉。

⑧君：作者自指。到天涯：指被贬到极远的地方。

自夏口至鹦鹉洲夕望岳阳寄源中丞①

刘长卿

汀洲无浪复无烟②，楚客相思益渺然③。

汉口夕阳斜渡鸟④，洞庭秋水远连天。

孤城背岭寒吹角⑤，独树临江夜泊船。

贾谊上书忧汉室，长沙谪去古今怜⑥。

注释：

①此诗作于刘长卿被贬，途经汉水时，抚景感怀。夏口：今湖
北武昌。鹦鹉洲：在今武汉西南长江中，因东汉祢衡在此
作《鹦鹉赋》而得名。岳阳：今属湖南。源中丞：即源休，曾
任御史中丞，后贬岳州（今湖南岳阳）。

②汀洲：指鹦鹉洲。

③楚客：作者自指。

④汉口：汉水入长江处。

⑤孤城：指汉阳城。

⑥“贾谊”二句：用贾谊故事。西汉贾谊心系汉室，向汉文帝上书，言词激烈，被贬为长沙王太傅。此处，刘长卿自比贾谊，内心凄苦。

赠阙下裴舍人①

钱起

二月黄鹂飞上林②，春城紫禁晓阴阴③。
长乐钟声花外尽④，龙池柳色雨中深⑤。
阳和不散穷途恨⑥，霄汉常悬捧日心⑦，
献赋十年犹未遇⑧，羞将白发对华簪⑨。

注释：

①此诗为诗人赴京求官献诗裴舍人以期荐引之作。阙下：即宫阙之下，此指朝廷。裴舍人：其人不详。舍人，中书舍人，专掌草诏传旨之职。

②上林：上林苑，秦汉时皇家宫苑，在今陕西西安市。此指唐宫苑。

③紫禁：指皇宫。古时星象学家把天上紫微星座比作皇帝居处，故有称皇宫为“紫宫”。又皇宫禁卫森严，非人可随意出入，又称“宫禁”。合二称即为“紫禁”。

④长乐：长乐宫为汉宫殿名，此借指唐宫。花外尽：指钟声在花丛中渐渐消散。

⑤龙池：在唐宫中，唐中宗时因称有云龙之祥，故名。

⑥阳和：仲春之气。此处喻天子布施恩泽。

⑦霄汉：指云空。捧日心：典出《三国志·魏书·程昱传》裴注。程昱年轻时曾梦见自己双手捧日。曹操得知，对他说：

"卿当终为吾腹心。"昱原名立,曹操在其上加"日",改为昱。此处指效忠皇帝之心。

⑧献赋:向皇帝献辞赋,以示忠诚。古代文人常以献赋为仕途捷径。

⑨华簪(zān):指高官华美的冠饰。此指裴舍人。簪,指官吏的冠饰。

寄李儋元锡①

韦应物

去年花里逢君别,今日花开又一年。
世事茫茫难自料,春愁黯黯独成眠②。
身多疾病思田里,邑有流亡愧俸钱③。
闻道欲来相问讯④,西楼望月几回圆⑤。

注释:

①此诗当作于韦应物为滁州刺史任上。因春愁而怀友寄赠。李儋(dān):武威(今甘肃武威)人,曾任殿中侍御史。元锡:字君贶,曾任淄王傅。二人皆韦应物之友。

②黯黯(àn):形容心情郁闷。

③邑:指滁州属境。流亡:逃亡之灾民。俸钱:指自己所得的薪金。

④问讯:探问消息,此为探望之意。

⑤西楼:指滁州西楼。

同题仙游观①

韩翃

仙台初见五城楼②，风物凄凄宿雨收③。
山色遥连秦树晚，砧声近报汉宫秋④。
疏松影落空坛静，细草香生小洞幽。
何用别寻方外去⑤，人间亦自有丹丘⑥。

注释：

①此诗描写秋雨后道观的清虚悠远。仙游观：道士潘师正在
嵩山逍遥谷所立之道观。

②五城楼：据《史记·封禅书》记载："黄帝时为五城十二楼，
以候神人于执期，命曰迎年。"后人以"五城楼"、"十二楼"
为神仙之居处。此处即指仙游观。

③宿雨：经夜之雨。

④砧(zhēn)声：捣衣声。汉宫：也指唐宫。

⑤方外：即世外仙居。

⑥丹丘：传说中神仙所居，昼夜常明。

皇甫冉

皇甫冉（约717—约770），字茂政，润州丹阳（今属江
苏）人，郡望安定（今甘肃泾州）。天宝十五载（755）进士，当
过无锡尉、左拾遗、左补阙等。皇甫冉诗名早著，与弟皇甫曾
齐名。张九龄爱其所作，称"清颖秀拔，有江、徐之风"。高仲
武评其诗"巧于文字，发调新奇，远出情外"（《中兴间气集》）。
有《皇甫冉诗集》三卷，《全唐诗》编其诗二卷。

春思①

皇甫冉

莺啼燕语报新年，马邑龙堆路几千②？

家住层城临汉苑③，心随明月到胡天④。

机中锦字论长恨⑤，楼上花枝笑独眠。

为问元戎窦车骑，何时返旆勒燕然⑥？

注释：

①此诗写新春时闺中妻子思念征戍在外的丈夫。

②马邑：边城名，在今山西朔县西北。龙堆：即白龙堆，在今新疆。

③层城：指京城。因京城分内外两层，故称。汉苑：此指唐时皇宫。

④胡天：指丈夫征戍之地，即上文马邑、龙堆。

⑤机中锦字：典出《晋书·窦滔传》。苻坚时，窦滔为秦州刺史，被徙流沙。其妻苏蕙能文，思念窦滔，织锦为回文诗寄给他，共二百馀首，循环反覆，皆成文意。机，指织机。锦字，即回文诗。

⑥"为问"二句：借东汉窦宪故实，表达盼望丈夫早日立功凯旋的心情。元戎，主将。窦车骑，指东汉车骑将军窦宪。返旆(pèi)，班师。勒，刻石。燕然，燕然山，即今蒙古国杭爱山。窦宪为车骑将军，大破匈奴，登燕然山，刻石而归。

晚次鄂州①

卢纶

云开远见汉阳城,犹是孤帆一日程②。
估客昼眠知浪静③,舟人夜语觉潮生④。
三湘愁鬓逢秋色⑤,万里归心对月明⑥。
旧业已随征战尽⑦,更堪江上鼓鼙声⑧。

注释:

①此诗作于安史之乱之后,卢纶作客鄱阳途中,夜泊武昌之
　时,即景抒怀,寓伤老、思归、厌战的感慨。次:留宿。鄂
　州:今湖北武汉市武昌。

②孤帆:指船。

③估客:商人。

④舟人:船家。

⑤三湘:漓湘、潇湘、蒸湘之总称,在今湖南境内。卢纶此去
　鄱阳,由武昌南下即入湖南。愁鬓:指鬓发因愁思而变白。

⑥归心:思乡之心。

⑦旧业:原有的家产。征战:指安史之乱。

⑧鼓鼙(pí)声:战鼓声。

登柳州城楼寄漳汀封连四州刺史①

柳宗元

城上高楼接大荒②,海天愁思正茫茫。
惊风乱飐芙蓉水③,密雨斜侵薜荔墙④。
岭树重遮千里目,江流曲似九回肠⑤。

共来百越文身地⑥，犹自音书滞一乡⑦。

注释：

①唐顺宗永贞元年(805)，柳宗元因参加王叔文集团政治革新失败，与刘禹锡等八人一起被贬为州郡司马，史称"八司马"。唐宪宗元和十年(815)，其中的五人又另有任命：柳宗元为柳州刺史，韩泰为漳州刺史，韩晔为汀州刺史，陈谏为封州刺史，刘禹锡为连州刺史。此诗是柳宗元初到任时，寄赠其他四人的。柳州：在今广西。漳州：在今福建。汀州：今福建长汀。封州：今广东封川。连州：今广东连县。

②大荒：旷野。

③惊风：狂风。飐(zhǎn)：吹动。芙蓉水：指生长着荷花的河流。

④薜荔墙：爬满薜荔的城墙。薜荔，蔓生植物，又称木莲。

⑤九回肠：语本司马迁《报任安书》"肠一日而九回"，比喻愁绪萦绕心中。

⑥百越：指岭南少数民族地区。文身地：意指蛮荒之地。文身，在身上刺花纹，据古书记载，此地少数民族"文身断发"。

⑦音书：音信。滞：阻隔。

西塞山怀古①

刘禹锡

王濬楼船下益州，金陵王气黯然收②。
千寻铁锁沉江底③，一片降幡出石头④。
人世几回伤往事，山形依旧枕寒流⑤。

从今四海为家日,故垒萧萧芦荻秋⑥。

注释:

①此诗作于长庆四年(824)由夔州调任和州刺史,途经西塞山时。是一首咏晋、吴兴亡事迹的怀古诗。西塞山:在今湖北大冶县,为长江中流要塞,三国时东吴曾在此设防。

②"王濬"二句:王濬出兵益州,吴国都城的王气便黯然消散,国运将终。王濬,字士治,弘农湖县(今河南灵宝)人,官益州刺史。楼船,晋咸宁五年(279),王濬奉晋武帝之命,为伐吴造战船,船上以木为城,起楼。每船可容二千人。益州,今四川成都。太康元年(280),王濬率船队从益州出发,顺流而下,征伐东吴。金陵王气,金陵即建业,今南京市。相传战国楚威王时,有人见此地有王气,埋金以镇之,故名金陵。东吴也以金陵为都城。黯然,形容伤神。

③千寻:形容长。寻,古时八尺为一寻。铁锁:为防守晋国战船的进攻,吴国在江面上拉起铁锁,横绝江面,但被王濬用大火烧断。

④降幡:降旗。石头:石头城,在今江苏江宁,为吴都的屏障。王濬率军攻入石头城,吴主孙皓亲至营门投降。

⑤寒流:指长江。

⑥"从今"二句:在今天唐代一统天下的时代,旧日的营垒都荒废遗弃了,只剩下瑟瑟芦荻、萧萧秋风了。四海为家,四海为一家所有,即天下统一之意。故垒,旧日的营垒。

元 稹

元稹(779—831),字微之,别字威明,河内(今河南洛阳)人。贞元九年(793)以明经登第,十八年举书判拔萃科,授秘书省校书郎。元和元年(806)又登制举甲科,授左拾遗。后当过监察御史、通州司马、虢州长史、膳部员外郎、祠部郎中、中书舍人等。长庆二年(822)由工部侍郎拜相。大和五年(831)以武昌节度使卒于任所。元稹与白居易为至交,一起倡导新乐府运动,唱和极多,"擅名一时,天下称为'元白',学者翕然,号'元和诗'"(顾陶《唐诗类选后序》)。其乐府诗遵循"美刺"传统,最为警策。而流传最广的则是其悼亡诗和艳诗,《才调集》选载达五十九首之多,足见影响之大。虽在后世多受诟病,但却受人喜爱。今有《元氏长庆集》六十卷行世,《全唐诗》编其诗二十八卷。

遣悲怀三首①

元稹

其一

谢公最小偏怜女②,自嫁黔娄百事乖③。
顾我无衣搜荩箧④,泥他沽酒拔金钗⑤。
野蔬充膳甘长藿⑥,落叶添薪仰古槐⑦。
今日俸钱过十万⑧,与君营奠复营斋⑨。

注释:

①题一作《三遣悲怀》,是元稹追悼妻子的三首诗作。元稹原
　配韦丛,字茂之,生五人而仅存一女,死于元和四年(809)
　七月,仅二十七岁。此首回忆婚后贫苦生活。

②谢公:指东晋宰相谢安。谢安最偏爱其侄女谢道韫。韦丛

之父韦夏卿,官至太子少保,死后赠左仆射,亦为宰相之位,韦丛为其幼女。此处以谢安比作韦夏卿。怜:爱。

③黔娄:为春秋时齐国贫士,其妻最贤。此处元稹用以自比。乖:不顺利。

④顾:看。荩箧(jìnqiè):草编箱子。

⑤泥(nì):软语央求。沽酒:买酒。

⑥藿:豆叶。

⑦薪:柴禾。仰:依靠。

⑧俸钱:官吏的薪金。此时元稹已官监察御史。

⑨营奠:置办祭品。营斋:请僧人斋会,超度亡灵。

其二①

昔日戏言身后意②,今朝都到眼前来。

衣裳已施行看尽③,针线犹存未忍开。

尚想旧情怜婢仆④,也曾因梦送钱财⑤。

诚知此恨人人有,贫贱夫妻百事哀⑥。

注释:

①此首抒写诗人丧妻后无法驱遣的悲痛。

②身后意:有关死后的话。

③施:施舍与人。行看尽:看着就要没有了。

④尚想旧情怜婢仆:想起与你的旧情,对你以前的侍女仆从都格外关怀。

⑤也曾因梦送钱财:也曾因为梦到了你,就去施舍钱财,为你做好事超度亡灵。

⑥贫贱夫妻:元稹与韦丛共同生活时,境况贫困,故称。

其三①

闲坐悲君亦自悲,百年多是几多时②。

邓攸无子寻知命③,潘岳悼亡犹费词④。

同穴窅冥何所望⑤,他生缘会更难期⑥。

唯将终夜长开眼⑦,报答平生未展眉⑧。

注释:

① 此首由哀馀生、疑来生引发百年长恨,哀思无尽。

② 百年多是几多时:就算多至百年又有多少时间呢。

③ 邓攸无子:晋河东太守邓攸,字伯道,战乱中曾保侄舍子,后终无子,时人叹道:"天道无知,使伯道无儿!"韦丛曾生五人,仅存一女,故元稹如此慨叹。寻知命:眼看到了知天命之年。

④ 潘岳悼亡:晋人潘岳为大文学家,妻子死后,作《悼亡》诗三首,世所传诵。费词:浪费笔墨,意谓多说无用。

⑤ 同穴:指夫妻死后合葬一处。窅(yǎo)冥:形容渺茫深远。

⑥ 他生缘会:指再世里有缘重会,仍为夫妻。期:期待,期望。

⑦ 终夜长开眼:传说中鳏鱼的眼睛终夜不闭,而无妻之人又称鳏夫。此处用作长鳏不娶之意。事实上,元稹在韦丛死后两年就纳安氏为妾,六年后,又娶裴氏,"终夜长开眼",实为一时冲动之词。

⑧ 未展眉:没有快乐。此指韦丛一生都过着清贫生活。

自河南经乱关内阻饥兄弟离散各在一处
因望月有感聊书所怀寄上浮梁大兄於潜
七兄乌江十五兄兼示符离及下邽弟妹①

白居易

时难年荒世业空②，弟兄羁旅各西东③。
田园寥落干戈后④，骨肉流离道路中。
吊影分为千里雁⑤，辞根散作九秋蓬⑥。
共看明月应垂泪，一夜乡心五处同⑦。

注释：

①此诗是作者在吴越避乱时所作，直叙流离之苦。河南经乱：
贞元十五年(799)二月，宣武军节度使董智部下叛乱；三月，
彰义军节度使吴少诚叛乱，都在河南道境内。关内：关内
道，在今陕西、甘肃一带。阻饥：因时世艰难而致饥荒。语
出《尚书·舜典》："黎民阻饥。"浮梁大兄：白居易大哥白幼
文曾任浮梁主簿。浮梁，在今江西景德镇。於潜七兄：为白
居易之堂兄，曾任於潜尉。於潜，在今浙江临安县。乌江十
五兄：为白居易之堂兄，曾任乌江主簿。乌江，在今安徽和
县。符离：唐时属宿州，即今安徽宿县符离集。白居易家属
曾居此地。下邽(guī)：即今陕西渭南县之下邽镇，为白居
易家乡。

②世业：世代传下的祖业。

③羁旅：飘泊于旅途。

④干戈：古代的两种兵器，此指代战争。

⑤吊影分为千里雁：兄弟姐妹各自分散，远隔千里，顾影自

怜，倍感孤独。吊影，顾影自怜之意。千里雁，古人常以雁行比作兄弟。

⑥辞根：指蓬草离根飞散。九秋：深秋。蓬：蓬草。古人常以草木同根比作兄弟，以蓬草离根飞散比喻游子离家，兄弟分散。

⑦"共看"二句：今夜分散在五处的亲人们遥望明月，定会流泪，因为大家的思乡之心是一样的。乡心，思乡之心。

锦　瑟①

李商隐

锦瑟无端五十弦②，一弦一柱思华年③。
庄生晓梦迷蝴蝶④，望帝春心托杜鹃⑤。
沧海月明珠有泪⑥，蓝田日暖玉生烟⑦。
此情可待成追忆，只是当时已惘然⑧。

注释：

①此诗以首二字命题，与"无题"相似。对于此诗诗意，历代多有猜测，或说是悼亡的，或说是赠佳人的，或说是自伤身世的，或说是讽喻政治的，或说是诠释音乐的，莫衷一是。因此诗写得扑朔迷离，诸说都没有有力的证据可以凭借，故读者自己也可见仁见智。锦瑟：绘有织锦纹饰的瑟。瑟是古代一种弦乐器。

②无端：没来由。五十弦：据《史记·封禅书》载："太帝使素女鼓五十弦瑟，悲，帝禁不止，故破其瑟为二十五弦。"作者用五十弦寄托悲怨之意。

③柱:支弦的木柱。华年:青年时光。

④庄生晓梦迷蝴蝶:典出《庄子·齐物论》:"不知周之梦蝴蝶
　欤,蝴蝶之梦为周欤?"此处以庄周梦蝶、不辨物我之典来
　传达一种如梦如幻,令人迷惘的心境。庄生,庄周。

⑤望帝春心托杜鹃:典出《华阳国志》、《蜀王本纪》。据说望
　帝死后化为杜鹃,暮春啼鸣直至口中流血,其声凄苦哀怨。
　此处用以表现一种华年已逝的哀婉之情。望帝,蜀帝杜
　宇,号望帝。

⑥沧海月明珠有泪:典出《博物志》,据说南海有鲛人,水居如
　鱼,哭时眼泪成珠。

⑦蓝田:山名,产玉,在今陕西蓝田县。据司空图《与极浦
　书》:"戴容州云:'诗家之景,如蓝田日暖,良玉生烟,可望
　而不可置于眉睫之前也。"作者可能用此表现一种对华年
　的恍惚失落的感受。

⑧"此情"二句:这种感情哪用等到追忆时才有,在当时我就
　已经怅然失意了。可待,岂待。惘然,失意的样子。

无　题①

李商隐

昨夜星辰昨夜风,画楼西畔桂堂东②。

身无彩凤双飞翼,心有灵犀一点通③。

隔座送钩春酒暖④,分曹射覆蜡灯红⑤。

嗟余听鼓应官去,走马兰台类转蓬⑥。

注释:

①此题下原有诗二首,作于李商隐做秘书省校书郎时。此为

其一，写一场聚会的经过。至于其主旨则很难确证，历代
诸说争论，了无定见。

②"昨夜"二句：写聚会的时间、地点。画楼、桂堂，指富丽的
屋舍。

③"身无"二句：虽然身无双翼，飞越阻隔，但两心都如灵犀般
一脉相通。灵犀，旧说犀牛角为灵异之物，中间有一条白
纹贯通上下。

④送钩：又叫"藏钩"，一种游戏，人分两队，一队传递一钩，令
另一队猜钩所在，猜不中则罚。

⑤分曹射覆：分两队互相猜。射覆，也是一种游戏，猜盖在器
皿下的东西。

⑥"嗟余"二句：比喻自己为官，像蓬草遇风一样身不由己。
听鼓应官，唐时，官府五更二点击鼓召集官员。兰台，即指
秘书省。转蓬，指随风吹转的飞蓬。

隋 宫①

李商隐

紫泉宫殿锁烟霞②，欲取芜城作帝家③。

玉玺不缘归日角，锦帆应是到天涯④。

于今腐草无萤火⑤，终古垂杨有暮鸦⑥。

地下若逢陈后主，岂宜重问《后庭花》⑦！

注释：

①此诗作于唐宣宗大中十一年（857）。作者咏隋炀帝故事，
讽刺他逸乐贪婪以致亡国，感慨世事之变迁。

②紫泉宫殿：即指隋宫。紫泉，司马相如《上林赋》咏长安形

胜,有"丹水更其南","紫渊径其北"语。后"紫渊"借指长安。此处避唐高祖李渊名讳,改作紫泉。

③芜城:即江都,旧称广陵。刘宋时鲍照因广陵荒芜,作《芜城赋》,因此得名。

④"玉玺"二句:要不是李渊做了皇帝,隋炀帝的龙舟应可游到天涯海角了。玉玺,皇帝的玉印。日角,古时把人的额骨中央隆起如日者,称作日角,附会为帝王之相。隋末,晋阳人唐俭劝李渊起兵,说他"日角龙庭",当作天子。锦帆,隋炀帝南游的龙舟,帆皆锦制成。

⑤于今腐草无萤火:现在隋宫荒芜,萤火虫尽绝,腐草也不再化萤了。腐草,《礼记·月令》有"腐草为萤"之说。古人误认为萤火虫为腐草所化。据记载,炀帝曾征求萤火虫数斛,夜游时放出,光照山谷。

⑥终古垂杨有暮鸦:长久以来,隋堤上的杨柳上,只有暮鸦在聒噪了。此句与上句诗都是感慨隋朝之覆亡。终古,长久。垂杨,指隋堤的杨柳。

⑦"地下"二句:隋炀帝国亡身死,在地下重逢陈后主,还好意思请张丽华舞《玉树后庭花》吗?陈后主,陈朝末代皇帝陈叔宝,荒淫奢侈,为隋所灭,后人称为亡国之君。《后庭花》,即乐府《玉树后庭花》,为陈后主所作,后人称作亡国之音。据《隋遗录》记载,隋炀帝在江都曾夜梦陈后主,请陈之宠妃张丽华舞《玉树后庭花》。后主问炀帝:"龙舟之游乐乎?始谓殿下致治在尧、舜之上,今日复此逸游,曩时何见罪之深耶?"

无　题二首①

李商隐

其一

来是空言去绝踪②，月斜楼上五更钟。

梦为远别啼难唤③，书被催成墨未浓④。

蜡照半笼金翡翠，麝熏微度绣芙蓉⑤。

刘郎已恨蓬山远，更隔蓬山一万重⑥。

注释：

①此题下原为四首，此处录前二首。这一首是写情人远别后的思念之情。

②来是空言去绝踪：归来重逢已成空言，人去之后再无消息。

③梦为远别啼难唤：积思成梦，梦中却为远别而悲啼，但远别之人却唤不回来。

④书被催成墨未浓：墨还没磨浓就急急地写了给情人的书信。

⑤"蜡照"二句：写室内华美的陈设，透出寂寥的气氛，是主人在追忆往昔的欢乐。半笼，半映。金翡翠，指有金翡翠花纹的被子。麝（shè），指麝香。度，透过。绣芙蓉，绣以芙蓉图案的帐子。

⑥"刘郎"二句：刘郎已恨仙凡路隔，仙境渺不可及，而我与情人更远隔万重蓬莱山，相会杳不可期。刘郎，典出刘义庆《幽明录》，东汉永平中，刘晨、阮肇入天台山采药，遇二仙女邀至仙府，留半年返故里，子孙已七世。后重入天台，踪迹渺然。后以此事用作人仙相恋以及艳遇之典。刘郎即指刘晨。蓬山，蓬莱山，传说中的海上仙山。

其二①

飒飒东风细雨来②,芙蓉塘外有轻雷③。
金蟾啮锁烧香入,玉虎牵丝汲井回④。
贾氏窥帘韩掾少,宓妃留枕魏王才⑤。
春心莫共花争发,一寸相思一寸灰⑥。

注释:

①此诗写闺中女子之情思和相思无望之痛苦。

②飒(sà)飒:风声。

③芙蓉塘:即荷塘。轻雷:隐约的雷声。

④"金蟾"二句:涵意隐晦,用清人朱彝尊之说,是说,锁虽坚固,但香气依然能透过;井虽深,但井绳一样能打上水来。金蟾啮锁,形容锁的形状。金蟾,因蟾善闭气,古人用蟾来装饰锁。啮(niè),咬。玉虎,井上的辘轳。丝,指井绳。汲井,从井中打水。

⑤"贾氏"二句:贾氏爱韩寿是因为他年少美貌,宓妃爱曹植是因为他才华出众。贾氏,典出《世说新语》。晋人韩寿美貌,被贾充辟为掾。贾充之女从窗格中见韩寿,爱上了他,私与之通。后贾充得知,便把女儿嫁给了韩寿。韩掾(yuàn),韩寿。掾,僚属。少,年轻。宓(fú)妃,典出《文选·洛·神赋》李善注。曹植曾求娶甄逸之女而未成,后甄氏为曹丕皇后,被郭后谮死。黄初年间,曹植入朝,曹丕取出甄后玉镂金带枕,曹植见之泣下。曹丕便把枕送给曹植。植返回时停于洛水,忽见一女子来,赠以在家时所用枕,自言即甄氏,遂欢会。后隐身不见。曹植遂作《洛神赋》。此事为后人附会。宓妃,即洛神,相传为伏羲之女。留枕,此

指幽会。魏王，指曹植，他曾为魏东阿王。才，才华。曹植是历史上有名的才子。

⑥"春心"二句：不要让春心和春花一同萌发生长，否则相思之情焰会把一切都烧成灰烬。

筹笔驿①

李商隐

鱼鸟犹疑畏简书②，风云常为护储胥③。

徒令上将挥神笔④，终见降王走传车⑤。

管乐有才真不忝⑥，关张无命欲何如⑦。

他年锦里经祠庙⑧，梁父吟成恨有馀⑨。

注释：

①此诗作于大中十年(856)，李商隐承杜甫《蜀相》咏诸葛亮之笔意，表现其悲剧命运。筹笔驿：即今朝天驿，在今四川广元县北。相传诸葛亮出兵伐魏，曾在此筹画军机，因此得名。

②鱼鸟犹疑畏简书：诸葛亮治军严明，连鱼鸟都畏惧他的军令。疑，惊惧。简书，古人把文字写在竹简上，称简书。此指军令。

③风云常为护储胥：风云也护卫着当年的营盘。储胥，驻军用的篱栅。此指军营。

④上将：指诸葛亮。挥神笔：指筹画军事。

⑤降王：指后主刘禅。魏景元四年(263)，邓艾伐蜀，后主刘禅出降，东迁洛阳，经过筹笔驿。传车：古代驿站用车。

⑥管：管仲，春秋时齐相，佐齐桓公成就霸业。乐：乐毅，战国时燕国大将，曾大破齐国。诸葛亮躬耕南阳时，常自比管

仲、乐毅。不忝(tiǎn)：不愧。

⑦关：关羽。孙权派吕蒙袭荆州，关羽遇害。张：张飞。刘备
伐吴时，张飞被部将所杀。无命：谓关、张皆非善终。

⑧他年：往年。锦里：在成都城南，有武侯祠。

⑨《梁父吟》：古乐府名，一名《梁甫吟》。诸葛亮在南阳时，好
为《梁父吟》。此处作者借《梁父吟》转指自己的咏史诗。

无　题①

李商隐

相见时难别亦难②，东风无力百花残。

春蚕到死丝方尽③，蜡炬成灰泪始干④。

晓镜但愁云鬓改⑤，夜吟应觉月光寒。

蓬山此去无多路，青鸟殷勤为探看⑥。

注释：

①此诗所咏，历代说法不一。有人说是怀念朋友的，有人说
　是写给心爱的女人的。今天看来，其曲折缠绵的情感，更
　像首爱情诗。

②相见时难别亦难：曹丕《燕歌行》有“别日何易会何难”，曹
　植《当来日大难》有“别易会难，各尽杯觞”。此句更进一
　层，因相会难，故离别也难。

③春蚕到死丝方尽：南朝乐府《西曲歌·作蚕丝》有“春蚕不
　应老，昼夜常怀丝。何惜微躯尽，缠绵自有时”句，“丝”字
　与“思”谐音双关。此句化用其意。

④蜡炬成灰泪始干：蜡炬，蜡烛。杜牧《赠别》有“蜡烛有心还
　惜别，替人垂泪到天明”句，此句化用其意。

⑤晓镜：清晨照镜。云鬓改：指头发由黑变白。

⑥"蓬山"二句：对方所居之地离这儿不远，希望有信使为我
　传递消息。蓬山，蓬莱山，传说中的海上仙山。青鸟，西王
　母的神禽。据《汉武故事》记载，西王母见汉武帝时，先有
　青鸟临殿前报信。后人常以青鸟为信使。探看，打听打
　听看。

春　雨①

李商隐

怅卧新春白袷衣②，白门寥落意多违③。

红楼隔雨相望冷④，珠箔飘灯独自归⑤。

远路应悲春畹晚⑥，残宵犹得梦依稀。

玉珰缄札何由达⑦，万里云罗一雁飞⑧。

注释：

①此诗为春夜细雨中怀人之作。

②白袷(jiá)衣：即白夹衣。白衫为唐人闲居时的便服。

③白门：据《南史》记载，建康宣阳门称作白门。此处即指
　南京。

④红楼：指怀念之人居住之所。

⑤珠箔(bó)：珠帘。

⑥畹(wǎn)晚：日落黄昏之时。

⑦玉珰：耳珠。古时男女常以玉珰作为定情信物。缄札：
　书信。

⑧云罗：如罗纹般的云彩。雁飞：古时有鸿雁传书的传说，此
　处即取其意。

无题二首①

李商隐

其一

凤尾香罗薄几重,碧文圆顶夜深缝②。

扇裁月魄羞难掩,车走雷声语未通③。

曾是寂寥金烬暗,断无消息石榴红④。

斑骓只系垂杨岸,何处西南待好风⑤。

注释:

①《无题》二首均描写幽闺女子相思寂寥之情。

②"凤尾"二句:描写女子深夜缝制罗帐。凤尾香罗,即凤文罗。罗,一种丝织品。圆顶,即圆顶帐子。

③"扇裁"二句:是女子回忆当初相见时的情景,含羞中团扇掩面,随即乘车而去,话也没说。扇裁月魄,语出班婕妤《怨歌行》:"裁为合欢扇,团团如明月。"此处指用团扇掩面。车走雷声,语出司马相如《长门赋》:"雷殷殷响起兮,声像君之车音。"形容车响如雷声。

④"曾是"二句描写女子别后相思孤寂的情景。金烬暗,形容残烛。烬,指烛花。石榴红,石榴开花时节。

⑤"斑骓(zhuī)"二句:情人的乘马就在杨柳岸,我只等待像西南风吹到你的身边。斑骓,青花马。《清商曲辞·神弦歌·明下童曲》有"陆郎乘斑骓"之句,此句化用其意。好风,即指西南风。语出曹植《七哀诗》:"愿为西南风,长逝入君怀。"

其二

重帏深下莫愁堂，卧后清宵细细长^①。
神女生涯原是梦，小姑居处本无郎^②。
风波不信菱枝弱，月露谁教桂叶香^③。
直道相思了无益，未妨惆怅是清狂^④。

注释：

①"重帏"二句：女子在帷帐深幽的闺中醒来，长夜无眠。重帏，指帷帐深幽。莫愁，古乐府中传说的女子。此处泛指年轻女子。卧后，醒来后。

②"神女"二句：与情人相会只能在梦中，而自己只是孤身一人。神女，指巫山神女与楚王在梦中欢会，典出宋玉《神女赋》。小姑，古乐府《青溪小姑曲》："小姑所居，独处无郎。"

③"风波"二句：意谓自己如柔弱菱枝，偏遭风雨之欺凌，又如芬芳之桂叶，却得不到月下甘露的滋润。

④"直道"二句：即使这番相思毫无好处，也不妨碍我把这惆怅之情化作一片痴情。直道，即使。清狂，痴颠。

利州南渡^①

温庭筠

澹然空水带斜晖^②，曲岛苍茫接翠微^③。
波上马嘶看棹去，柳边人歇待船归。
数丛沙草群鸥散，万顷江田一鹭飞。
谁解乘舟寻范蠡^④，五湖烟水独忘机^⑤。

注释：

①此诗描写渡口景物，寓归隐之志。利州：今四川广元，嘉陵江绕利州城而过。

②澹(dàn)然：水波荡漾的样子。空水：空阔的水面。

③翠微：青翠的山坡。

④范蠡：春秋时楚国人，辅佐越王勾践灭吴后，辞官乘舟，泛湖而去。

⑤五湖：指太湖及附近的湖泊。机：机心。

苏武庙①

温庭筠

苏武魂销汉使前②，古祠高树两茫然。

云边雁断胡天月③，陇上羊归塞草烟。

回日楼台非甲帐④，去时冠剑是丁年⑤。

茂陵不见封侯印⑥，空向秋波哭逝川⑦！

注释：

①此为写苏武事迹的怀古诗。苏武：西汉人，字子卿。汉武帝天汉元年(前100)出使匈奴，被扣留逼降，始终不屈，乃流放至北海(今贝加尔湖)牧羊，达十九年，历尽艰苦，忠心不渝。汉昭帝时，与匈奴和亲，汉使臣与匈奴交涉，苏武方得回国，至长安已是始元六年(前81)春了。后拜典属国，专掌少数民族事务。

②苏武魂销汉使前：苏武见到汉昭帝派来的使节时万分激动。

③雁断：指音讯不通。汉使向匈奴询问苏武时，匈奴诡称苏武已死。后有人教汉使对单于说，汉帝射雁，在雁足上得

苏武之亲笔信，称在某泽中。单于这才承认苏武尚在。

④回日楼台非甲帐：回国的时候，汉武帝已死，楼台宫殿已非当时出国时的样子。甲帐，据《汉武故事》记载，汉武帝以琉璃、珠玉、宝石等为帷帐，分为甲帐和乙帐，甲帐居神，乙帐自居。

⑤去时冠剑是丁年：当年出使的时候，冠冕佩剑的人正当壮年。丁年，壮年。汉制，男子二十岁至五十岁须服徭役，谓之丁年。旧题李陵《答苏武书》有"丁年奉使，皓首而归"之句。

⑥茂陵不见封侯印：苏武不能在汉武帝在世时见到他，得到封侯之赏。茂陵，汉武帝陵墓，在今陕西兴平县。此代指汉武帝。

⑦逝川：《论语·子罕》："子在川上曰：逝者如斯夫！"后以逝川比喻流逝的岁月。

薛　逢

薛逢（生卒年不详），字陶臣，蒲州河东（今山西永济）人。会昌元年（841）登进士第，授秘书省校书郎，后当过万年尉、侍御史、尚书郎、给事中等，官终秘书监。薛逢以才名著于当时，辛文房谓其"天资本高，学力亦赡，故不甚苦思，而自有豪逸之态。第长短皆率然而成，未免失浅露俗"（《唐才子传》）。诗以七律为工，胡震亨评论曰："长歌似学白氏，虽以此得名，未如七律多警。"（《唐音癸签》）《全唐诗》存其诗一卷。

宫 词①

薛逢

十二楼中尽晓妆,望仙楼上望君王②。

锁衔金兽连环冷③,水滴铜龙昼漏长④。

云髻罢梳还对镜⑤,罗衣欲换更添香。

遥窥正殿帘开处,袍袴宫人扫御床⑥。

注释:

①此诗写宫妃望幸不得的寂寞和顾影自怜。

②"十二楼"二句:一大早皇宫中的妃嫔们都打扮好,盼望着
　皇帝的临幸。十二楼,《史记·封禅书》记载方士所云:"黄
　帝时为五城十二楼,以候神人于执期,命曰迎年。"后以"五
　城楼"、"十二楼"指仙人之居处。此处把皇帝比作仙人,即
　指皇宫。望仙楼,唐宫中楼名,武宗会昌五年(841)修建,
　此非实指,意同"十二楼"。

③金兽连环:宫门上铜制的兽头形的门环。

④铜龙:指铜制龙形的滴漏,是古时的计时器,水从龙口滴
　下,观刻度以知时。昼:白天。

⑤罢梳:梳妆完毕。

⑥袍袴(kù)宫人:指穿袍套裤的宫女。短袍绣裤是当时宫女
　的装束。御床:皇帝睡的龙床。

秦韬玉

　　秦韬玉(生卒年不详),字中明(一作仲明),湖南人。屡
试不第,后交通宦官,为神策军判官。随唐僖宗入蜀,为工部

侍郎。中和二年(882)，特赐进士及第。秦韬玉"有词藻，工歌吟，恬和浏亮"……每作人必传诵(辛文房《唐才子传》)。胡震亨也称其诗"调似李山甫，《咏平》押'髻'字诗，尤矫痴可喜"(《唐音癸签》)。《全唐诗》存其诗一卷。

贫　女①

秦韬玉

蓬门未识绮罗香②，拟托良媒亦自伤。

谁爱风流高格调③，共怜时世俭梳妆④。

敢将十指夸针巧⑤，不把双眉斗画长⑥。

苦恨年年压金线⑦，为他人作嫁衣裳。

注释：

①此诗是作者借贫女自伤身世，来倾诉自己的抑郁心情。

②蓬门：蓬草编的门，指贫女破败之居。绮罗香：指富贵女子的服装。

③风流：举止潇洒。高格调：指气质品格超群。

④怜：爱。时世：当代。俭梳妆：俭朴的打扮。唐文宗曾下诏："禁高髻，俭妆，去眉开额。"白居易《时世妆》也将"腮不施朱，面无粉"作为当时流行的俭妆。

⑤敢将十指夸针巧：意谓贫女精于刺绣。

⑥不把双眉斗画长：意谓贫女貌美。斗：争。

⑦压金线：指刺绣。

乐府一首

《独不见》本为乐府歌名，但沈佺期这首乐府更接近七言律诗，只是末句"更教明月照流黄"仍为"齐梁乐府语"（王世贞《艺苑卮言》）。七律大都由七律乐府发展而来，此诗即为一例证。

独不见①

沈佺期

卢家少妇郁金堂②,海燕双栖玳瑁梁③。

九月寒砧催木叶④,十年征戍忆辽阳⑤。

白狼河北音书断⑥,丹凤城南秋夜长⑦。

谁知含愁独不见,更教明月照流黄⑧。

注释:

①独不见:乐府歌名。又题作《古意呈乔补阙知之》。此诗虽
列在乐府类,但实为一首七律,写思妇愁怨。

②卢家少妇郁金堂:南朝梁武帝《河中之水歌》:"河中之水向
东流,洛阳女儿名莫愁。……十五嫁为卢家妇,十六生儿
字阿侯。卢家兰室桂为梁,中有郁金苏合香。"此句即用此
意。郁金堂,即堂上点着郁金苏合香。

③海燕:又称"越燕",多在梁上作巢。玳瑁梁:即玳瑁色的屋
梁。玳瑁,一种海龟,龟甲黑黄相间,半透明。

④砧(zhēn):捣衣石。

⑤辽阳:指今辽东一带,为唐时边防重地。

⑥白狼河:即今辽宁的大凌河。

⑦丹凤城:相传秦穆公之女弄玉吹箫引凤,凤凰飞降咸阳城。
后以凤城作为京城的别称。此指唐都长安,民居多在
城南。

⑧流黄:黄紫相间的绢。此指帷帐。

五言绝句 二十九首

　　五言绝句,简称"五绝",既包括五言律绝,也包括五言古绝,前者属于近体诗的一种,而后者则属于古体诗的一种。五绝起源于汉,一般认为南朝陈徐陵《玉台新咏》中的四首古绝句是目前所见收录最早的五言古绝。古人作诗一般以四句为一个意思的完结,所以单独四句诗便称为绝句。五言绝句,每首四句,每句五个字,通首比兴,婉而多讽。五言律绝则四句二韵或三韵,平仄、押韵均有要求。依据平仄,其定格有四式:首句仄起不入韵式、首句仄起入韵式、首句平起不入韵式、首句平起入韵式。

　　唐代绝句率真自然,名家有李白、王维、孟浩然、刘长卿等人。

鹿　柴^①

王维

空山不见人，但闻人语响。

返影入深林^②，复照青苔上。

注释：

①王维有《辋川集》，收诗二十首，前有序，举孟城坳、华子冈、
　鹿柴、竹里馆等二十景，每景一诗，并有裴迪的同咏。此诗
　写山林幽趣。鹿柴(zhài)：用带枝杈树木搭成的栅栏，形
　似鹿角，故名。这是王维辋川别业中的一景。柴，通"寨"、
　"砦"，木栅栏。

②返影：落日返照。

竹里馆^①

王维

独坐幽篁里^②，弹琴复长啸^③。

深林人不知，明月来相照。

注释：

①此诗写隐居者闲适的禅趣。竹里馆：王维辋川别业之
　一景。

②篁(huáng)：竹林。

③长啸：撮口发出长而清脆的声音，其主要功能在于宣泄激
　荡的情思。《封氏闻见记》云："人有所思则长啸，故乐则歌
　咏，忧则嗟叹，思则吟啸。"

送　别①

王维

山中相送罢，日暮掩柴扉②。

春草年年绿，王孙归不归③。

注释：

①题一作《山中送别》，疑居辋川时作。以别后寂寞写希望
　重聚。

②柴扉：柴门。

③"春草"二句：典出《楚辞·招隐士》。参见本书第 182 页王
　维《山居秋暝》注释④。王孙：王维自指。

相　思①

王维

红豆生南国②，春来发几枝。

愿君多采撷③，此物最相思。

注释：

①此诗以咏物而咏人，有因物而寄相思之意。

②红豆：相思木所结之子，又名相思子，产于亚热带地区。相
　传相思子圆而红，昔有人死于边塞，其妻思之，哭于树下而
　卒，因以为名。

③采撷（xié）：采摘。

杂　诗①

王维

君自故乡来，应知故乡事。
来日绮窗前②，寒梅著花未③？

注释：

①原题下有三首，此为其二。以淡绝口吻写思乡之切，宛然
　　如画。
②来日：来的时候。绮窗：镂花之窗。
③著花：开花。

裴　迪

　　裴迪（生卒年不详），关中（今陕西）人。早年与王维、崔
兴宗隐居终南山，后于辋川与王维唱和。上元年间入蜀州，
与杜甫友善。其诗多五绝，咏田园山水，淡雅清逸。王士禛
称王维、裴迪"辋川唱和，工力悉敌"（《唐人万首绝句选评·
凡例》），管世铭也认为他的"辋川唱和不失为摩诘劲敌"（《读
雪山房唐诗钞·凡例》）。《全唐诗》存其诗二十九首。

送崔九①

裴迪

归山深浅去，须尽丘壑美②。
莫学武陵人，暂游桃源里③。

注释：

①此诗是劝崔兴宗坚定隐居之心的。崔九：崔兴宗，王维表弟。当时裴迪与王维、崔兴宗皆隐居终南山。
②壑（hè）：山谷。
③"莫学"二句：化用陶潜《桃花源记》事：武陵打渔人入桃花源中，居数日即辞去。此是劝崔九不要做走"终南捷径"的假隐士。

终南望馀雪①

祖咏

终南阴岭秀②，积雪浮云端。
林表明霁色③，城中增暮寒。

注释：

①此诗咏高山积雪，景色秀伟。据说，此诗是祖咏应试时的作品。按唐代当时科考规定，作诗必须为五言六韵十二句，而此诗仅为四句。终南：终南山。
②阴岭：终南山在长安之南，故从长安望去，只能见到山的北坡。山南为"阳"，山北为"阴"，故称阴岭。
③林表：林外。霁（jì）色：雪后晴明之光。

宿建德江①

孟浩然

移舟泊烟渚②，日暮客愁新。
野旷天低树，江清月近人。

注释：

①此诗作于诗人漫游吴越时，约在开元十六年(728)后，写羁
旅之思。建德江：新安江流经建德县(今浙江建德)的一段。

②烟渚(zhǔ)：暮烟笼罩的小洲。

春　晓^①

孟浩然

春眠不觉晓^②，处处闻啼鸟。

夜来风雨声，花落知多少。

注释：

①此诗以春睡醒觉的片断写出喜春、惜春的生活情味。

②不觉晓：不知道天亮了。

静夜思^①

李白

床前明月光，疑是地上霜。

举头望明月^②，低头思故乡。

注释：

①诗题一作《夜思》，作年不详。此诗以"月光"与"霜"之间所
形成的错觉写游子思乡之情。

②望明月：晋《清商曲辞·子夜四时歌·秋歌》："仰头看明
月，寄情千里光。"

怨　情①

李白

美人卷珠帘，深坐颦蛾眉②。

但见泪痕湿，不知心恨谁。

注释：

①此为闺怨诗，描摹美人幽怨的情态。

②颦(pín)蛾眉：皱眉。蛾眉，即娥眉，形容美人细长而弯的眉。

八阵图①

杜甫

功盖三分国②，名成八阵图。

江流石不转③，遗恨失吞吴④。

注释：

①此诗作于大历元年(761)，杜甫初到夔州之时。借评述孔明表明自己的识见。八阵图：诸葛亮所布八阵共有四处，以夔州为最著名。八阵即天、地、风、云、飞龙、翔鸟、虎翼、蛇盘。

②功盖三分国：诸葛亮佐蜀，三分天下，成盖世之功。三分国，即魏、蜀、吴三国鼎立。

③江流石不转：八阵之石虽经江水冲激，仍屹立不动。石不转，八阵在夔州西南江边，聚石成堆，纵横棋布，夏季为水所淹，冬季水退则现。

④遗恨失吞吴：此处说法不一：一解作以失策于吞吴为恨。

诸葛亮本意在联吴抗曹,故不赞成刘备兴兵伐吴,猇亭大败,以为失策。一解作以未能灭吴为恨。诸葛亮立志灭吴伐魏,复兴汉室,本有灭吴之心,而刘备未能成功,以此为恨。一解作以不能用八阵图制吴为恨。三说中,以第一说较为合理。

王之涣

王之涣(688—742),字季凌,祖籍晋阳(今山西太原),后徙居绛郡(今山西新绛)。当过衡水主簿和文字尉,为官清正。王之涣"慷慨有大略,倜傥为异才"(靳能《唐故文安郡文安县太原王府君墓志铭并序》)。曾游边地,是唐代著名边塞诗人之一。所作边塞诗"传乎乐章,布在人口"(同上),辛文房称其"为诗情致雅畅,得齐梁之风"《唐才子传》)。《全唐诗》存其诗六首。

登鹳雀楼①

王之涣

白日依山尽,黄河入海流。

欲穷千里目,更上一层楼。

注释:

①此诗抒写登高望远的豪迈之情。鹳(guàn)雀楼:在蒲州(今山西永济)西南城上,因常有鹳雀栖其上而得名。

送灵澈①

刘长卿

苍苍竹林寺②,杳杳钟声晚③。
荷笠带斜阳④,青山独归远。

注释:

①此诗以写景而写送别,似一幅有声画。灵澈:唐著名诗僧,
　本姓汤,生于会稽,后出家,号灵澈,字源澄。

②竹林寺:在今江苏镇江南。

③杳杳:形容钟声幽远。

④荷:背着。

听弹琴①

刘长卿

泠泠七弦上②,静听松风寒③。
古调虽自爱,今人多不弹。

注释:

①此题又作《弹琴》,感慨世上无知音,抒发抑郁自伤之情。

②泠泠(líng):形容水声,此处状琴声之清幽。七弦:相传神
　农氏制琴为五弦,周文王加为七弦。

③松风:一说此为琴曲名,即古曲《风入松》。

送上人①

刘长卿

孤云将野鹤②,岂向人间住。
莫买沃洲山③,时人已知处。

注释:

①此诗为一首送别之作,意谓:若想当孤云野鹤,就该隐居。但
　不能去沃洲山这种名山,这会让人知道你的居处。上人:佛教
　称具备德智善行的人,后用作对僧人之尊称。此指灵澈。

②此句用张祜《寄灵澈诗》"独树月中鹤,孤舟云外人"之意,
　形容上人之清高。

③沃洲山:在今浙江新昌。相传晋代名僧支遁曾居此;道家
　第十二福地。

秋夜寄丘员外①

韦应物

怀君属秋夜②,散步咏凉天。
空山松子落,幽人应未眠③。

注释:

①此诗作于韦应物任苏州刺史任上,时丘丹正在临平山中学
　道。此诗以秋夜独吟怀想未眠的幽人,诗意空灵。丘员
　外:指丘丹,嘉兴(今浙江嘉兴)人,曾任仓部员外郎。

②属(zhǔ):适逢。

③幽人:指学道的丘丹。

李 端

李端(生卒年不详),字正己,赵郡(今河北赵县)人。大历五年(770)登进士第,授秘书省校书郎。以病辞官,隐居终南山草堂寺。建中中为杭州司马。李端为"大历十才子"之一,为诗工捷,辛文房言其"诗更高雅,于才子中名响铮铮"(《唐才子传》)。胡震亨称其"七字俊语亮节,开口欲佳"(《唐音癸签》)。有《李端诗集》三卷,《全唐诗》编其诗三卷。

听 筝①

李端

鸣筝金粟柱②,素手玉房前③。

欲得周郎顾,时时误拂弦④。

注释:

①此诗写一弹筝女郎为吸引情郎聆赏,故意将曲子弹错。筝:拨弦乐器,古为十二弦,后十三弦。

②金粟柱:桂木做的柱。古称桂为金粟,柱为琴筝上系弦之木。此写弦轴之精美。

③玉房:筝上安枕之处。

④"欲得"二句:典出《三国志·吴书·周瑜传》。周瑜二十四岁为建威中郎将,吴中人称作周郎。他精通音乐,听人弹奏有误,必能知之,知之必会顾看,故时人有"曲有误,周郎顾"的说法。

王 建

王建(约766—?),字仲初,颍川(今河南许昌)人。贞元间,先后入淄青、幽州幕为从事,元和间佐岭南、荆南节度使幕,后当过太府寺丞、秘书郎、陕州司马。王建与张籍早年为同窗,后为至友,诗风相近,世称"张王",其乐府古诗也称"张王乐府",为人称道。高棅评曰:"大历以还,古声逾下,独张籍、王建二家,体制相似,稍复古意。或旧曲新声,或新题古义,词旨通畅,悲欢穷泰,慨然有古歌谣之遗风。"(《唐诗品汇》)严羽称:"张籍、王建之乐府,我所深取耳。"(《沧浪诗话》)王建因与宦官王守澄联宗,而尽得宫中之情,因作《宫词》百首,脍炙人口,被目为"宫词名家"(葛立方《韵语阳秋》)。有《王建集》八卷(一作十卷),《全唐诗》编其诗六卷。

新嫁娘词①

王建

三日入厨下②,洗手作羹汤。
未谙姑食性③,先遣小姑尝。

注释:

①此题下原有三首,此为其二。此诗写纯朴的民间风俗人情。

②三日入厨下:按古代风俗,婚后三天叫"过三朝",新娘要下厨房做菜。

③谙(ān):熟悉。姑:指婆婆。食性:口味。

权德舆

权德舆（761—818），字载之，天水略阳（今甘肃秦安）人，居润州丹阳（今江苏丹阳）。先后当过太常博士、司勋郎中、中书舍人，礼部、吏部、兵部、户部侍郎，礼部和刑部尚书等职，掌诰九年，三知贡举，位历卿相，在贞元、元和间名重一时。其为文博雅弘正，时人奉为宗匠。其诗多五言，"词致清深，华彩巨丽，言必合雅，情皆中节"（张荐《答权载之书》），"有绝似盛唐者"（严羽《沧浪诗话》）。有《权德舆集》五十卷，《全唐诗》编其诗十卷。

玉台体①

权德舆

昨夜裙带解②，今朝蟢子飞③。
铅华不可弃④，莫是藁砧归⑤。

注释：

①此题下，权德舆原作诗十二首，此为其十一，咏闺情。玉台体：南朝陈徐陵编《玉台新咏》十卷，选古代艳情诗作，后世称之为玉台体。

②裙带解：指裙带不解自开。章云仙《唐诗注疏》有"裙带解，主应夫归之兆"。

③蟢（xǐ）子：一种蜘蛛，又名喜蛛。因嬉、喜谐音，而引为吉兆。胡震亨《唐音癸签》卷二十云："俗说：裙带解，有酒食；蟢子缘人衣，有喜事。其来盖远。"

④铅华：脂粉。

⑤莫是:莫不是之意。藁砧(gǎozhēn):古时妇女称丈夫的隐语。藁砧都是切割用的垫具,切时用铁,即铡刀。因铁、夫谐音而生此意。

江　雪①

柳宗元

千山鸟飞绝,万径人踪灭。

孤舟蓑笠翁②,独钓寒江雪。

注释:

①此诗作于柳宗元被贬永州司马期间,写极寥廓的背景中的孤舟蓑苙翁,隐含诗人凄苦、倔强的心志。

②蓑(suō)笠:穿蓑衣,戴斗笠。蓑衣是一种棕编成的雨衣。

行　宫①

元稹

寥落古行宫②,宫花寂寞红③。

白头宫女在,闲坐说玄宗④。

注释:

①此诗以白头宫女闲坐说玄宗寄托深远感慨。行宫:皇帝外出时所住之处。此指连昌宫,在今河南宜阳。

②寥落:寂静冷落。

③宫花:行宫中所开的花。

④"白头"二句:暗示此宫女在玄宗时已入宫,现已白头,寂寞

数十年了。玄宗,唐玄宗李隆基。

问刘十九^①

白居易

绿蚁新醅酒^②,红泥小火炉。
晚来天欲雪^③,能饮一杯无^④?

注释:

①此诗为白居易在江州时所作,是一首邀请好友来饮酒赏雪
　的闲适诗。刘十九:其人不详。作者另有一首《刘十九同
　宿》,有"唯共嵩阳刘处士",疑刘十九即刘处士,诗人江州
　任时好友。

②绿蚁:未经过滤的米酒上,浮有米粒,微呈绿色,称"浮蚁"。
　新醅(pēi)酒:新酿熟的酒。

③雪:下雪,作动词。

④无:犹"否"。

张　祜

张祜(约792—约854),字承吉,南阳(今河南邓县)人,
寓居姑苏(今江苏苏州)。早年漫游江湖。屡举进士不第。曾
先后以诗投谒李愿、李翱、韩愈、裴度、白居易等,终无成。大
和五年(831),令狐楚表荐之,并献其诗,被抑退。与杜牧相
得,多有唱和。张祜素有诗名,令狐楚评其诗"研机甚苦,搜象
颇深;辈流所推,风格罕及"(《进张祜诗册表》)。徐献忠评其
诗"长于模写,不离本色,故览物品游,往往超绝,可谓五言之

匠也"(《唐诗品》)。其所作宫体诗声调谐美,婉绝可思。有《张承吉文集》十卷行世,《全唐诗》编其诗二卷。

何满子①

张祜

故国三千里②,深宫二十年。

一声《何满子》③,双泪落君前!

注释:

①此题下原有二首,此为第一首,写宫女之怨。题又作《宫词》。

②故国:故乡。

③何满子:又作《河满子》,乐府曲名。据白居易《听歌六绝句》之五《何满子》一诗自注说:"开元中,沧州有歌者何满子,临刑进此曲以赎死,上意不免。"后以其名命曲,曲调哀婉悲切。它也为舞曲名。苏鹗《杜阳杂编》记载,唐文宗时,"宫人沈阿翘为帝舞《何满子》,调辞风态,率皆宛畅。"张祜又有一诗《孟才子叹》,序中说,唐武宗病重临终前,问宠姬孟才人今后怎么办,孟才人指着笙囊说:"请以此就缢。"又说:"妾尝艺歌,愿对上歌一曲,以泄其愤。"于是,"乃歌一声《何满子》,气亟立殒"。武宗让医生看视,医生说:"脉尚温而肠已断。"张祜听知其事,作《孟才人叹》诗:"偶因歌态咏娇嚬,传唱宫中十二春。却为一声《何满子》,下泉须吊旧才人。"

登乐游原①

李商隐

向晚意不适②，驱车登古原。

夕阳无限好，只是近黄昏。

注释：

①此诗以登高远览，抒发迟暮之感、沉沉之痛。乐游原：又名乐游苑、乐游阙，本为汉宣帝所立乐游庙。地处长安东南，登高可眺望全城。

②不适：不快。

贾　岛

贾岛(779—843)，字浪仙，一作阆仙，自称碣石山人，范阳幽都(今北京市)人。初为僧，法名无本，后还俗。累举进士不第，当过遂州长江主簿、普州司仓参军等。贾岛作诗以苦吟著名，诗境奇僻寒峭，与孟郊齐名，苏轼有"郊寒岛瘦"(《祭柳子玉文》)之喻。司空图评曰："贾浪仙诚有警句，视其全篇，意思殊馁，大抵附于蹇涩，方可致才。"(《与李生论诗书》)其诗对晚唐、五代、宋影响较大。有《长江集》十卷，《小集》三卷，《全唐诗》编其诗四卷。

寻隐者不遇①
贾岛

松下问童子②，言师采药去。

只在此山中，云深不知处。

注释：

①此诗一题《访羊尊师》，孙革作。此诗以问答体写访友不遇。

②童子：指隐者之弟子。

渡汉江①

宋之问

岭外音书绝②，经冬复立春。

近乡情更怯，不敢问来人③。

注释：

①宋之问因张易之事而被贬岭南，于神龙二年（706）逃归洛
阳。此诗作于途经汉水时，以白描手法写特定时间、环境
中的特殊心态。此诗原题李频作，误。汉江：汉水。

②岭外：指岭南。书：信。

③来人：指从家乡来的人。

金昌绪

金昌绪（生卒年不详），馀杭（今浙江杭州）人。大中以
前在世，生平无考。《全唐诗》仅有其诗一首，即脍炙人口的
《春怨》。

春　怨①

金昌绪

打起黄莺儿，莫教枝上啼。

啼时惊妾梦②，不得到辽西③。

注释：

①—题作《伊州歌》。此为一首闺怨诗，丈夫从军在外，少妇梦中与之相会，却被黄莺惊醒。

②妾：古时女子自称。

③辽西：辽河以西，为丈夫从军之地。

西鄙人

西鄙人，天宝时西北边境人，姓名事迹无考。所作《哥舒歌》收入《全唐诗》。

哥舒歌①

西鄙人

北斗七星高②，哥舒夜带刀③。

至今窥牧马④，不敢过临洮⑤。

注释：

①此为西北边地人民怀念哥舒翰的诗歌。哥舒：指哥舒翰，唐玄宗时大将，曾大败吐蕃，威名甚著，使之不敢西进。他曾任陇右节度使兼河西节度使，积功封西平郡王。

②北斗七星：即北极星。古人常以之喻指人君或威望很高的人。

③夜带刀：指哥舒翰严守边防，枕戈待旦。

④窥：偷视。牧马：古代北方少数民族常南下牧马劫掠，后用之以称其侵边。

⑤临洮（táo）：在今甘肃岷县。

乐府 八首

　　五绝乐府,句式和字数与五言绝句类似,或拟用江南民歌的乐府旧题写男女恋情及闺怨,或以唐代的新乐府辞写边塞生活。

长干行 二首①

崔颢

其一

君家何处住,妾住在横塘②。

停船暂借问③,或恐是同乡。

注释:

①崔颢此题下原有四首诗,此选前二首。以青年男女邂逅水
上相互问答写其相悦之情。长干行:乐府《杂曲歌辞》旧
题,本为江南一带民歌。长干:地名,古时建业(今江苏南
京市)有长干里,在秦淮河南,地近长江。

②横塘:地名,在今南京市西南,与长干里相近。

③借问:请问。

其二

家临九江水①,来去九江侧。

同是长干人,生小不相识②。

注释:

①九江:泛指长江下游。

②生小:从小。

玉阶怨①

李白

玉阶生白露,夜久侵罗袜②。

却下水精帘③,玲珑望秋月④。

注释:

①此题为乐府《楚调曲》的旧题,李白拟作,写闺怨。

②侵罗袜:露水打湿了丝织袜子。

③水精帘:即水晶所制帘子。

④玲珑:澄澈明亮的样子。

塞下曲①四首

卢纶

其一

鹫翎金仆姑②,燕尾绣蝥弧③。

独立扬新令④,千营共一呼。

注释:

①塞下曲:唐新乐府辞,属《横吹曲》,源出《出塞》、《入塞》曲。一题作《张仆射塞下曲》。题下原有六首,此选前四首。此首写将军的装束气概。

②鹫(jiù):鹰的一种,体形较大。翎:鸟尾上长羽毛,可制箭翎。金仆姑:箭名。《左传·庄公十一年》:"乘丘之役,公以金仆姑射南宫长万。"此指箭。

③燕尾:指旗上飘带。蝥弧(máohú):旗名。《左传·隐公十一年》:"颍考叔取郑伯之旗蝥弧以先登。"

④扬:传达。

其二①

林暗草惊风②，将军夜引弓③。

平明寻白羽，没在石棱中④。

注释：

①此诗写将军黑夜射虎的神勇。

②林暗草惊风：写猛虎出现之状。

③引弓：拉弓

④"平明"两句：用李广事。《史记·李将军列传》："广出猎，见草中石，以为虎而射之，中石没镞，视之，石也。"平明，天刚亮。白羽，指箭。因箭上装有鸟羽，故称。石棱，石之边角。

其三①

月黑雁飞高，单于夜遁逃②。

欲将轻骑逐，大雪满弓刀。

注释：

①此诗写雪夜闻警追击的场面。

②单(chán)于：匈奴首领之称。遁：逃避。

其四①

野幕敞琼筵②，羌戎贺劳旋③。

醉和金甲舞④，雷鼓动山川⑤。

注释:

①此诗写野外军帐祝捷的欢欣场景。

②野幕:指野地里的营帐。敞:开设。琼筵:指盛宴。

③羌戎:对西北少数民族的泛指。此指被征服而归附的部
　族。贺劳:庆贺慰劳。旋:凯旋。

④和:穿戴着。金甲:铠甲。

⑤雷鼓:即擂鼓。

江南曲①

李益

嫁得瞿塘贾②,朝朝误妾期③。

早知潮有信④,嫁与弄潮儿⑤。

注释:

①此诗以嗔怨写商人妇对丈夫的挚情。江南曲:乐府《相和
　歌》旧调,源自江南民歌,多写男女恋情。

②瞿塘:长江三峡有瞿塘峡,在今重庆市奉节县。瞿塘贾
　(gǔ):指经长江入蜀经商的商人。贾,商人。

③妾:古代妇女的谦称。

④潮有信:指潮水涨落有固定的时候。信,信期,约定的
　归期。

⑤弄潮儿:据《元和郡县志》卷二十五记载,每年八月十八日
　人们观浙江潮时,总有渔家子弟溯涛触浪,称之为弄潮。

七言绝句 五十一首

　　七言绝句，简称"七绝"，既包括七言律绝，也包括七言古绝，前者属于近体诗的一种，而后者则属于古体诗的一种。七绝起源于六朝，在齐梁时期成型，初唐阶段成熟。七言绝句，每首四句，每句七个字，其章法往往是一、二句正说，三、四句转折，从而使全诗婉曲回环，韵味无穷。七言律绝则四句二韵或三韵，平仄、押韵均有要求。依据平仄，其定格有四式：首句仄起不入韵式、首句仄起入韵式、首句平起不入韵式、首句平起入韵式。唐代绝句气象高远，名家有李白、王昌龄、杜牧、刘禹锡、李商隐等人。

贺知章

贺知章（659—744），字季真，会稽永兴（今浙江萧山）人，早年移居山阴（今浙江绍兴）。武后证圣元年（695）擢进士第，又登超拔群类科，授四门博士。曾做过太子宾客、秘书监。天宝二年（743）上疏请为道士，求还乡里。至乡不久而卒。贺知章早年就以文词知名，与包融、张旭、张若虚并称"吴中四士"。他的诗歌以《回乡偶书》和《咏柳》最为有名。贺知章性格疏放不羁，晚年自号"四明狂客"；又好饮酒，与李白、张旭等合称"饮中八仙"。《全唐诗》存其诗一卷。

回乡偶书①

贺知章

少小离家老大回，乡音无改鬓毛衰②。

儿童相见不相识，笑问客从何处来。

注释：

①此诗作于天宝三年(744)贺知章辞官还乡时，时已八十六岁了。此诗截取诗人久客返乡的生活场景，表达感触万千的心情。

②衰（cuī）：稀疏。

张　旭

张旭（生卒年不详），字伯高，吴郡（今江苏苏州）人。天宝年间当过金吾长史，故世称"张长史"。张旭最善草书，唐文宗时，诏以李白歌诗、裴旻剑舞、张旭草书为"三绝"。他又嗜酒，是"饮中八仙"之一，每每大醉后号呼狂奔，下笔挥洒，或以头濡墨而书,变化无穷,如有神助,时人称其为"张颠"。他的诗做得也不错,明杨慎在《升庵诗话》中称"清逸可爱",与贺知章、包融、张若虚合称"吴中四士"。今存诗十首,《全唐诗》存其诗六首。

桃花溪①

张旭

隐隐飞桥隔野烟,石矶西畔问渔船②。

桃花尽日随流水,洞在清溪何处边?

注释:

①此诗承陶渊明《桃花源记》之事,加以发挥。桃花溪:在今湖南桃源县西南,源自桃花山。

②矶(jī):水边突出的岩石。

九月九日忆山东兄弟①

王维

独在异乡为异客,每逢佳节倍思亲。

遥知兄弟登高处,遍插茱萸少一人②。

注释:

①此诗作于王维十七岁时。当时他在长安,家乡蒲州(今山西永济)在华山之东,故称家乡兄弟为山东兄弟。以浅切的语言写出佳节异乡为异客的孤独、凄惶感受。九月九日:重阳节。山东:指华山以东。

②"遥知"二句:遥想兄弟们一定都登高插茱萸,只我一人还在异乡。茱萸(zhūyú),一种有浓香的植物。据《风土记》载,古时在重阳节有登高饮菊花酒、佩带茱萸以避祸驱邪的风俗。

芙蓉楼送辛渐①

王昌龄

寒雨连江夜入吴,平明送客楚山孤②。
洛阳亲友如相问,一片冰心在玉壶③。

注释:

①此诗当作于王昌龄官江宁丞时。据殷璠《河岳英灵集》卷下记载,王昌龄晚年"晚节不矜细行,谤议沸腾,再历遐荒",正是此时。王昌龄此诗正是要向亲友表明自己的清白。芙蓉楼:为唐代润州(今江苏镇江)之西北角楼。辛渐:其人不详。

②平明:天刚亮。楚山:润州春秋时属吴地,战国时属楚地,故称楚山,与上句"吴"互文。

③冰心在玉壶:此用以表明自己心地纯洁。语有所本:陆机《汉高祖功臣颂》有"心若怀冰"句,鲍照《白头吟》有"清如玉壶冰"句,姚崇《冰壶诚序》云:"内怀冰清,外涵玉润,此君子冰壶之德也。"俱用以比喻君子之品格。

闺　怨①

王昌龄

闺中少妇不知愁,春日凝妆上翠楼②。
忽见陌头杨柳色③,悔教夫婿觅封侯④。

注释：

①此诗以春光反衬闺中少妇的孤清、寂寞和怨悔。

②凝妆：盛妆。

③陌头：道边。

④觅封侯：为封侯而从军。

春宫曲①

王昌龄

昨夜风开露井桃②，未央前殿月轮高③。

平阳歌舞新承宠④，帘外春寒赐锦袍⑤。

注释：

①此题一作《春宫怨》，是一首借汉武帝卫皇后事咏唐代宫闱的宫怨诗。

②露井桃：《宋书·乐志·鸡鸣古词》有"桃生露井上"之句。露井，露天之井。

③未央：未央官，在汉长安城西南角。此亦泛指唐之宫殿。

④平阳歌舞：据《汉书·外戚传》记载，汉武帝即位，数年无子。后到其姊平阳公主家，看中了歌女卫子夫，公主送其入宫，大得宠幸。陈皇后闻之，极感愤妒。后卫子夫生男，遂立为皇后。此句用汉卫子夫事，比喻皇帝又有了新宠。

⑤赐锦袍：皇帝因春寒而赐袍，其宠爱可知。

王　翰

王翰（生卒年不详），字子羽，并州晋阳（今山西太原)人。

景云元年(710)进士及第,为张嘉贞、张说所礼重,当过秘书正字、驾部员外郎、汝州长史、道州别驾等。王翰恃才豪健,能文善诗,善写边塞生活,以《凉州词》最著名。张说评其所作"有如琼杯玉斝,虽烂然可珍,而多有玷缺"(《大唐新语》引)。辛文房称其诗"多壮丽之词"(《唐才子传》)。有《王翰集》十卷,已佚。《全唐诗》存其诗一卷。

凉州曲①

王翰

蒲萄美酒夜光杯②,欲饮琵琶马上催③。

醉卧沙场君莫笑,古来征战几人回。

注释:

① 此诗是描写出征情景的边塞诗。凉州曲:又作《凉州词》,唐乐府名。据《乐府诗集》引《乐苑》说,它是开元年中西凉府都督郭知运进献给朝廷的。凉州:在今甘肃武威。

② 蒲萄美酒:西域盛产葡萄,酿成美酒,汉武帝时已传入中国。夜光杯:据《海内十洲记》记载,周穆王时,西域曾进献白玉制作的"光明照夜"的"夜光常满杯"。这里借以形容酒杯的晶莹精致。

③ 琵琶:据刘熙《释名·释琵琶》说,琵琶是马上弹奏的乐器。催:弹奏。

送孟浩然之广陵①

李白

故人西辞黄鹤楼②,烟花三月下扬州③。
孤帆远影碧空尽,惟见长江天际流。

注释:

①此诗写楼头送别,怅望之情,俱在言外。孟浩然:盛唐诗
　　人。之:往。广陵:今江苏扬州。

②故人:老友,指孟浩然。

③烟花三月:繁花浓丽的春天。

下江陵①

李白

朝辞白帝彩云间,千里江陵一日还②。
两岸猿声啼不住,轻舟已过万重山。

注释:

①此诗又题《早发白帝城》。白帝城在今四川奉节县。诗作
　　于乾元二年(759),李白因永王李璘事而流放夜郎,行至白
　　帝城而遇赦,故乘船返江陵,一日千里可谓欢快心情的写
　　照。江陵:在今湖北江陵县。

②千里江陵一日还:盛弘之《荆州记》曰:"有时朝发白帝,暮
　　到江陵,其间千二百里,虽乘奔御风,不为疾也。"

逢入京使^①

岑参

故园东望路漫漫，双袖龙钟泪不干^②。

马上相逢无纸笔，凭君传语报平安。

注释：

① 此诗作于天宝八年(749)岑参前往安西时，写故园难归的
乡思酸辛。

② 龙钟：被泪水沾湿的样子。

江南逢李龟年^①

杜甫

岐王宅里寻常见^②，崔九堂前几度闻^③。

正是江南好风景，落花时节又逢君。

注释：

① 此诗作于大历五年(770)春，杜甫少时曾听李龟年唱过歌，
此时在潭州(今湖南长沙)重逢，即作此诗相赠。江南：指
长江、湘水一带。李龟年：唐时著名音乐家，善歌，开元、天
宝年间颇负盛名，得玄宗优遇。安史之乱后，流落江南，每
逢良辰胜景，为人歌数曲，座中无不掩泪罢酒。

② 岐王宅：在洛阳尚善坊。岐王，李范，睿宗之子、玄宗之弟。
喜爱文学，好结纳文士。寻常：平常。

③ 崔九堂：崔涤有宅在洛阳遵化里。崔九，即崔涤，玄宗宠
臣，常出入禁中。杜甫少时"出游瀚墨场"，常于岐王、崔九

的宅第中出入,见过李龟年。

滁州西涧①

韦应物

独怜幽草涧边生②,上有黄鹂深树鸣。
春潮带雨晚来急,野渡无人舟自横。

注释:

①此诗作于建中四年(783)春,韦应物为滁州刺史时。此诗
　是写春游西涧赏景和晚雨野渡所见的山水诗。西涧:在滁
　州(今安徽滁县)城西,俗称上马河。
②独怜:只爱。

张　继

张继(生卒年不详),字懿孙,襄州(今湖北襄阳)人。天
宝十二载(753)登进士第。大历间当过检校祠部员外郎,在
洪州掌管财赋。张继的诗"诗体清迥,有道者风"(高仲武《中
兴间气集》),"诗情爽激,多金玉音"(辛文房《唐才子传》)。
有《张继诗》一卷,《全唐诗》存其诗一卷。

枫桥夜泊①

张　继

月落乌啼霜满天,江枫渔火对愁眠②。
姑苏城外寒山寺③,夜半钟声到客船。

注释：

①此诗写旅人夜泊枫桥的景象和感受。枫桥：本名"封桥"，
因张继诗而相沿为"枫桥"，在今江苏苏州市西郊。

②江枫渔火对愁眠：因愁绪而未入眠的人只能与江枫、渔火
相对。江枫，江边枫树。

③姑苏：苏州的别称，因城西南有姑苏山而得名。寒山寺：寺
在枫桥边，相传因唐名僧寒山、拾得曾在此居住而得名。

寒　食①

韩翃

春城无处不飞花②，寒食东风御柳斜③。
日暮汉宫传蜡烛④，轻烟散入五侯家⑤。

注释：

①此诗描绘寒食节景象和改火习俗。寒食：古代以冬至后一
百零五天为寒食节，约在清明节前二天，其时禁火，吃寒
食。寒食禁火是古代"改火"习俗的沿续，每年春天，灭旧
火，用新火，除旧迎新。

②飞花：初春柳絮纷飞，称飞花。

③御柳：指皇宫之柳。

④汉宫：指唐宫。传蜡烛：寒食节时，据唐制，须由宫廷取新
火，由蜡烛以赐群臣。

⑤五侯：《汉书·元后传》载，汉成帝时封王谭等五个外戚为
侯，称"五侯"。此处指豪门贵族。

刘方平

刘方平(生卒年不详),河南(今河南洛阳)人。天宝中举进士不第;曾入军幕,也怀才不遇,故退居颍水、汝水之滨,终身不仕。工诗,为李颀、萧颖士所赞颂。辛文房评其诗"多悠远之思,陶写性灵,默会风雅,故能脱略世故,超然物外"(《唐才子传》)。有《刘方平诗》一卷,《全唐诗》存其诗一卷。

月　夜①

刘方平

更深月色半人家②,北斗阑干南斗斜③。

今夜偏知春气暖,虫声新透绿窗纱④。

注释:

①此诗描写春夜的静谧、虫鸣的欢快,写景幽深,含情言外。

②半人家:半个庭院。指月亮已西斜,只能照亮半个院落。

③阑干:形容星斗横斜。南斗:即斗宿,二十八宿之一,位于北斗之南,故称。

④新透:初透。

春　怨①

刘方平

纱窗日落渐黄昏,金屋无人见泪痕②。

寂寞空庭春欲晚,梨花满地不开门。

注释：

①此题原有诗二首，此为其一。这是一首宫怨诗。

②金屋：指华丽的官殿。《汉武故事》记载，汉武帝少年时喜欢其表妹阿娇，说："若得阿娇作妇，当作金屋贮之。"

柳中庸

柳中庸（？—775），名淡，以字行，蒲州虞乡（今山西永济）人。天宝中受学于萧颖士，后居江南。曾诏授洪府户曹，不就。与陆羽、李端等友善。工诗，乔亿称其七绝"体源于乐府"，"而五言轻艳，殆不减梁、陈间人"（《大历诗略》）。《全唐诗》存其诗十三首。

征人怨①

柳中庸

岁岁金河复玉关②，朝朝马策与刀环③。

三春白雪归青冢④，万里黄河绕黑山⑤。

注释：

①此诗写征人久戍边塞不能还乡之怨。征人：指征戍边塞的将士。

②岁岁金河复玉关：意谓年年战争不断。金河，即黑河，在今内蒙古呼和浩特市南，唐时属匈奴辖地。玉关，即玉门关。

③朝朝马策与刀环：意谓每天都有战斗。马策，马鞭。刀环，指刀。

④三春白雪归青冢：指三月阳春，仍有白雪，状此地之苦寒。

三春，三月阳春。青冢，指昭君墓，在今内蒙古呼和浩特市西南。

⑤万里黄河绕黑山：意谓此地还应是大唐帝国的疆土。黑山，即杀虎山，在今呼和浩特市东南。

顾　况

　　顾况(约 727—约 820)，字逋翁，自号华阳山人。苏州(今属江苏)人。至德二载(757)进士，当过新亭、永嘉的监盐官和大理寺司直、秘书省著作佐郎等。晚年归隐茅山。顾况性诙谐放任，有诗名，长于歌行。皇甫湜称其诗"偏于逸歌长句，骏发踔厉，往往若穿天心，出月胁，意外惊人语非寻常所能及"(《唐故著作佐郎顾况集序》)。严羽评曰："顾况诗多在元、白之上，稍有盛唐风骨处。"(《沧浪诗话》)今有《顾华阳集》三卷行世，《全唐诗》编其诗四卷。

宫　词①

顾　况

玉楼天半起笙歌②，风送宫嫔笑语和③。
月殿影开闻夜漏④，水精帘卷近秋河⑤。

注释：
①此题下原为五首，此为其二，也是一首咏宫怨的诗。
②天半：形容玉楼之高。
③和：喧闹之意。
④闻夜漏：半夜里听着漏滴滴水声。漏，古代滴水(或沙)计时器。

⑤水精帘:水晶帘。秋河:即银河。

夜上受降城闻笛①

李益

回乐烽前沙似雪②,受降城外月如霜。

不知何处吹芦管③,一夜征人尽望乡④。

注释:

①此诗写边塞月夜,芦管引乡思。受降城:唐中宗景龙二年
　(708),朔方军总管张仁愿为出击突厥,在黄河以北筑东、
　西、中三座受降城。此指西城,在今宁夏灵武。

②回乐烽:指回乐城附近的烽火台。回乐城故址在今宁夏灵
　武西南。

③芦管:以芦叶所作的笛子。

④征人:指远征的将士。

乌衣巷①

刘禹锡

朱雀桥边野草花②,乌衣巷口夕阳斜。

旧时王谢堂前燕,飞入寻常百姓家③。

注释:

①此诗是《金陵五题》的第二首。此诗写乌衣巷的现状,将抚
　今吊古的感慨寄寓景物描写中。乌衣巷:在今南京市区东
　南。自东晋至唐代,乌衣巷一直是王、谢两大世家的居处。

②朱雀桥:秦淮河上的浮桥,在六朝都城金陵正南朱雀门外,
　为交通要道。花:开花。
③"旧时"二句:王、谢世家的旧宅子现已成为普通的民居了。
　寻常,平常。

春　词①

刘禹锡

新妆宜面下朱楼②,深锁春光一院愁。
行到中庭数花朵,蜻蜓飞上玉搔头③。

注释:

①这是一首宫怨诗,一题《和乐天春词》。
②宜面:指打扮得很漂亮。
③蜻蜓飞上玉搔头:打扮一新,却不见皇帝到来,而蜻蜓倒欣
　赏我的美貌。玉搔头,玉簪。《西京杂记》卷上载:"武帝过
　李夫人就取玉簪搔头,自此宫人搔头皆用玉。"

宫　词①

白居易

泪尽罗巾梦不成,夜深前殿按歌声②。
红颜未老恩先断③,斜倚熏笼坐到明④。

注释:

①此为代色衰爱弛的宫人所作的怨诗。题一作《后宫词》。
②按歌声:给歌声打节拍。

③恩：指皇帝的宠幸。

④熏笼：熏香炉上罩的竹笼。

赠内人①

张祜

禁门宫树月痕过②，媚眼惟看宿鹭窠③。

斜拔玉钗灯影畔，剔开红焰救飞蛾④。

注释：

①此诗写宫女静夜寂寞无聊的心境。内人：唐代称入宫内宜
春院学艺的伎女为内人。后又泛指宫人。

②禁门：宫门。月痕：月影。

③鹭（lù）：一种水鸟。窠（kē）：鸟窝。

④红焰：灯芯。

集灵台二首①

张祜

其一

日光斜照集灵台，红树花迎晓露开。

昨晚上皇新授箓②，太真含笑入帘来③。

注释：

①此二诗都是讽刺宫廷荒淫事的。第一首是讽刺唐玄宗、杨
贵妃事。杨玉环本为唐玄宗子寿王之妃，玄宗命她先出家

为女道士,再纳为贵妃。集灵台:即长生殿。在华清宫中,因用以祭神,故称。

②新授箓(lù):指唐玄宗下诏令杨玉环出家为女道士事。上皇:指唐玄宗。肃宗即位灵武后尊玄宗为"上皇天帝"。箓,道家秘文。

③太真含笑入帘来:此句是说杨玉环受玄宗恩幸。太真,杨玉环为道士时,道号太真。

其二①

虢国夫人承主恩②,平明骑马入宫门③。
却嫌脂粉污颜色,淡扫蛾眉朝至尊④。

注释:

①此诗表面恭维虢国夫人的美艳,实则讥刺其轻佻。

②虢(guó)国夫人:杨玉环三姐,嫁于裴家,封虢国夫人。倚仗权势,荒淫骄纵。承主恩:指得到唐玄宗的恩宠。

③平明:天刚亮。

④"却嫌"二句:典出乐史《太真外传》:"虢国不施脂粉,自炫美艳,常素面朝天。"朝,朝见。至尊,皇帝,指唐玄宗。

题金陵渡①

张祜

金陵津渡小山楼②,一宿行人自可愁。
潮落夜江斜月里,两三星火是瓜州③。

注释：

① 此诗描写夜泊江边的景色和羁愁旅意。金陵渡：在今江苏镇江的长江边，与瓜洲隔岸相对。

② 津渡：渡口。小山楼：张祜寄宿之处。

③ 瓜州：又作瓜洲，在今江苏扬州长江边，当运河口，为南北交通要冲。

朱庆馀

朱庆馀（生卒年不详），名可久，以字行，越州（今浙江绍兴）人。宝历二年（826）进士，授秘书省校书郎，迁协律郎。其诗受张籍赞赏，由是知名，与贾岛、姚合、顾非熊等唱和。徐献忠称其诗"文有精思，词有调发，意匠所遣，纵横得意"（《唐诗品》）。有《朱庆馀诗》一卷，《全唐诗》存其诗二卷。

宫中词①

朱庆馀

寂寂花时闭院门②，美人相并立琼轩③。

含情欲说宫中事，鹦鹉前头不敢言。

注释：

① 诗题一作《宫词》。此诗以细节写森严宫禁中宫女的怨思。

② 花时：春暖花开时节。

③ 琼轩：装饰富丽的长廊。

近试上张水部①

朱庆馀

洞房昨夜停红烛②,待晓堂前拜舅姑③。

妆罢低声问夫婿,画眉深浅入时无④。

注释:

①此题又作《闺意献张水部》。这是一首以新妇自比的求荐
　诗。近试:临近考试。张水部:指张籍,他曾任水部员外
　郎。水部,工部四司之一,掌水道事。

②停:置放。

③舅姑:公婆。

④入时:时髦。

将赴吴兴登乐游原①

杜牧

清时有味是无能②,闲爱孤云静爱僧。

欲把一麾江海去③,乐游原上望昭陵④。

注释:

①大中四年(850),杜牧由吏部员外郎出任湖州刺史,行前登
　乐游原告别。吴兴:今浙江吴兴。乐游原:为长安城南登
　临游览之处,为长安最高处。因西汉时汉宣帝在此建乐游
　苑,故名。

②清时有味是无能:此句是说,当此清平之世,正当有所作
　为,我却有如此闲情,那是因为自己无能啊。

③把：持。一麾(huī)：语本颜延之《五君咏》"屡荐不入官，一
麾乃出守"句。麾，指旌旗。此处用指出任外省官吏。江
海：此指湖州。因湖州临太湖、近海滨，故称。
④昭陵：唐太宗陵墓，在今陕西醴泉县九嵕山。

赤　壁①

杜牧

折戟沉沙铁未销，自将磨洗认前朝②。
东风不与周郎便，铜雀春深锁二乔③。

注释：

①这是一首咏史诗。赤壁：在今湖北武昌赤矶山，一说在今
湖北蒲圻县赤壁山。建安十三年(208)，孙权、刘备联军大
败曹操，史称"赤壁之战"。
②"折戟"二句：断戟沉埋沙里，还未腐蚀掉，我拿起来洗干
净，认出是前代的遗物。折戟，断戟。将，拿起。
③"东风"二句：如果没有东风助周郎一臂之力，那么天姿国
色的二乔怕会被幽闭在铜雀台上了。东风，赤壁大战时，
曹操兵多势强，东吴都督周瑜用黄盖火攻之策，趁着东南
风，用火船冲击曹军，大获全胜。周郎，指周瑜。铜雀，台
名。曹操在邺城(今河北临漳县)建铜雀台，高十丈，极尽
富丽。楼顶有大铜雀，故名。曹操把自己的宠姬歌妓尽贮
台中，以娱晚景。二乔，指东吴美女大乔、小乔。大乔为孙
策之妇，小乔为周瑜之妇。

泊秦淮①

杜牧

烟笼寒水月笼沙,夜泊秦淮近酒家。
商女不知亡国恨②,隔江犹唱后庭花③。

注释:

①此诗抚景感事,有亡国之忧。秦淮:秦淮河,长江下游支
　流,穿过金陵(今江苏南京市)而入长江。时秦淮河两岸酒
　家林立,纸醉金迷,为寻欢作乐之所。
②商女:指在商人船上的扬州歌女。
③后庭花:即《玉树后庭花》,为陈朝末代皇帝陈后主(叔宝)
　所作乐府新曲。陈后主耽于声色,寻欢作乐,终至亡国。
　后人以此曲为亡国之音。

寄扬州韩绰判官①

杜牧

青山隐隐水迢迢②,秋尽江南草未凋③。
二十四桥明月夜④,玉人何处教吹箫⑤。

注释:

①杜牧曾在扬州节度使下任掌书记,此诗当为离职后所作,
　寄给仍在扬州的老友。韩绰:其人不详。判官:唐时节度
　使、观察使的僚属。
②迢迢:形容遥远。
③未:一作"木"。

④二十四桥：此桥有二说：一为宋沈括所说，《梦溪笔谈·补
笔谈》中记载了扬州二十四座桥的名称；一为清李斗所说，
《扬州画舫录》中说，二十四桥即吴家砖桥，又名红药桥，因
古时有二十四位美人在桥上吹箫，故名。

⑤玉人：美人。

遣　怀①

杜牧

落魄江湖载酒行②，楚腰纤细掌中轻③。
十年一觉扬州梦，赢得青楼薄幸名④。

注释：

①杜牧年轻时曾在扬州放浪冶游，颇受责备，后反省前事而
作此诗。

②落魄：飘泊之意。

③楚腰纤细掌中轻：此句是说，喜爱那些体态轻盈、腰肢纤
细、能歌善舞的美女。楚腰，典出《韩非子·二柄》："楚灵
王好细腰，而国中多饿人。"此处借喻美人细腰。掌中轻，
典出《飞燕外传》，说汉成帝皇后赵飞燕体轻，能在掌中
起舞。

④青楼：歌楼妓院。薄幸：薄情负心。

秋　夕①

杜牧

银烛秋光冷画屏②，轻罗小扇扑流萤③。
天阶夜色凉如水④，卧看牵牛织女星⑤。

注释:

①此诗一题王建作。向被认作为宫词,写宫女秋夜冷落寂寥的心情。
②银烛秋光冷画屏:意谓秋夜中烛光照在画屏上,透出凉意。银烛,白蜡烛。
③轻罗:轻薄丝织品。
④天阶:指皇宫里的台阶。
⑤牵牛织女:相传牵牛、织女二星原为地上夫妇,因得罪天庭,被招回天上,隔于银河两端,相望而不相及。

赠　别二首①

杜牧

其一

娉娉袅袅十三馀②,豆蔻梢头二月初③。
春风十里扬州路,卷上珠帘总不如④。

注释:

①此二诗作于大和九年(835),杜牧由淮南节度府掌书记升任监察御史,将离扬州赴长安,此为杜牧临行前留赠妓女之作。
②娉娉(pīng)袅袅(niǎo):形容女子柔美。
③豆蔻(kòu):豆蔻花,形似芭蕉,初夏开花。二月初正是含苞未放之时。此处用以比喻处女。
④"春风"二句:繁华的扬州城里,一路上有众多红粉佳丽,但卷起珠帘一看,总是不如你漂亮。

其二

多情却似总无情,唯觉尊前笑不成①。
蜡烛有心还惜别,替人垂泪到天明。

注释:

①"多情"二句:意谓我对你满怀爱情,但离别之际、杯酒之间,却笑不出来,无言以对,倒像彼此无情一样。尊:同"樽",酒杯。

金谷园①

杜牧

繁华事散逐香尘②,流水无情草自春③。
日暮东风怨啼鸟,落花犹似堕楼人④。

注释:

①此为咏春吊古之作。金谷园:西晋石崇别墅。《晋书·石崇传》:"崇有别馆,在河阳之金谷,一名梓泽。"在今洛阳西北金谷涧,极尽豪华。石崇爱妾绿珠即在此园中跳楼自尽。

②繁华事散逐香尘:意谓金谷园昔日繁华随香尘一起烟消云散。香尘,据《拾遗记》记载,石崇曾"屑沉水之香如尘末,布象床上,使所爱者践之,无迹者赐以真珠"。石崇巨富,生活极其奢靡,曾与贵戚王恺等斗富。

③流水:此指金谷涧水。

④堕楼人:指绿珠。据《晋书·石崇传》记载,石崇有爱妾名

绿珠,美艳聪慧。权臣孙秀想要她。石崇说:"绿珠吾所
爱,不可得也!"孙秀怒而假托圣旨,逮捕石崇。石崇对绿
珠说:"我今为尔得罪。"绿珠哭曰:"当效死于君前。"跳楼
殉情。石崇一门俱被害。

夜雨寄北^①

李商隐

君问归期未有期,巴山夜雨涨秋池^②。
何当共剪西窗烛,却话巴山夜雨时^③。

注释:

①此诗是李商隐入东川节度使柳仲郢幕时所作,写给朋友
的。它又题作《夜雨寄内》,即是写给北方妻子的,但有人
反对此说。
②巴山:今四川、陕西、湖北交界处的大巴山。这里泛指四川
东部的山。
③"何当"两句:是设想重逢时的情景。何当,何时。却话,回
忆、追溯过去而谈起。却,回溯。

寄令狐郎中^①

李商隐

嵩云秦树久离居^②,双鲤迢迢一纸书^③。
休问梁园旧宾客^④,茂陵秋雨病相如^⑤。

注释：

①会昌五年(845)秋，李商隐闲居洛阳，身体多病。旧友令狐
　绹从长安来信问候，李商隐作诗寄答。令狐郎中：指令狐
　绹，当时在长安任右司郎中。

②嵩云：嵩山之云。秦树：秦中之树。这里分别借指洛阳、长
　安两地。

③双鲤：指书信。典出古乐府《饮马长城窟行》："客从远方
　来，遗我双鲤鱼。呼儿烹鲤鱼，中有尺素书。"

④梁园：汉梁孝王的官苑，遗址在今河南商丘。大文学家司
　马相如曾为梁孝王的宾客，在梁园住过。旧宾客：作者自
　称。李商隐曾先后三次在令狐绹之父令狐楚的幕府中为
　幕僚，与令狐楚诸子游。

⑤茂陵：汉武帝陵墓，在今陕西兴平。司马相如曾因患病，被
　免去孝文园令，住于茂陵。李商隐在会昌二年(842)丁母
　忧而罢官闲居，且多病缠身。

为　有①

李商隐

为有云屏无限娇②，凤城寒尽怕春宵③。
无端嫁得金龟婿④，辜负香衾事早朝⑤。

注释：

①此诗以首二字为题，写春宵苦短的闺怨。

②云屏：云母石饰制的屏风。

③凤城：即指京城。相传秦穆公之女弄玉，吹箫引凤，凤凰集
　于京城，故曰丹凤城。后因称京都为凤城。

④无端:不料。金龟:唐武则天时,三品以上大官要佩金饰的
　龟袋,称金龟。金龟婿:指身居高官的丈夫。
⑤衾(qīn):被子。早朝:朝会或朝参。这里指起早上朝。

隋　宫①

李商隐

乘兴南游不戒严②,九重谁省谏书函③。
春风举国裁宫锦,半作障泥半作帆④。

注释:

①此诗极写隋炀帝的荒淫和残暴。隋宫:指隋炀帝在江都
　(今江苏扬州)所建的江都、显福、临江等行宫。
②乘兴南游不戒严:意谓隋炀帝以为天下无事,毫无戒备。
　南游,隋炀帝在位时曾三次南巡江都。戒严,按礼制,皇帝
　出游时沿途需实行戒严。
③九重:指皇宫,也可借指皇帝。省(xǐng):理会。谏书函:
　炀帝三游江都时,奉信郎崔民象、王爱仁等上书极谏,均
　被杀。
④"春风"二句:意谓正当春天务农之时,全国百姓却都在织
　裁宫锦,以供隋炀帝南巡时,一半用作马鞯,一半当作船
　帆。宫锦,宫中所用的华美锦缎。障泥,即马鞯,垫在马鞍
　下,垂于马背两边以挡泥土。

瑶　池①

李商隐

瑶池阿母绮窗开②，黄竹歌声动地哀③。

八骏日行三万里④，穆王何事不重来？

注释：

①此诗假借《穆天子传》故事，讽刺唐王学仙服药之虚妄
无稽。

②瑶池阿母绮窗开：意谓西王母在瑶池开窗等待穆王。瑶池
阿母，据《穆天子传》记载，周穆王西游昆仑山，与西王母会
宴于瑶池。临别时，西王母作歌，希望穆王"将子毋死，尚
能复来"。穆王表示，三年后再来相会。阿母，即西王母。
绮窗，雕饰精丽的窗户。

③黄竹歌声动地哀：借以暗示周穆王已死。黄竹，地名。《穆
天子传》记载，周穆王在黄竹路上见风雪冻死人，便作诗
哀之。

④八骏：相传周穆王有赤骥、华骝等八匹骏马。

嫦　娥①

李商隐

云母屏风烛影深，长河渐落晓星沉②。

嫦娥应悔偷灵药，碧海青天夜夜心③。

注释：

①此诗众说纷纭，不知所指何事。嫦娥：古代传说中的后羿

之妻。后羿从西王母处得到不死灵药，嫦娥窃而食之，成
仙而奔向月宫。后称嫦娥为月中仙子。

②"云母"二句：写月宫之冷清寂寞状。云母屏风，用云母石
饰制的屏风。长河，银河。

③"嫦娥"二句：要知道天上如此，嫦娥也要懊悔，不该偷药奔
月了。

贾　生①

李商隐

宣室求贤访逐臣②，贾生才调更无伦③。
可怜夜半虚前席④，不问苍生问鬼神⑤。

注释：

①李商隐借古事讽今时，讥刺唐王好仙崇鬼，不能识贤任贤、
体恤民生。贾生：指贾谊。据《史记·屈原贾生列传》记
载，西汉贾谊才高志大，曾任大中大夫。汉文帝召见他，问
以鬼神之事，十分佩服，却不请教有关百姓生计之事。

②宣室：汉未央宫正室。汉文帝在此召见贾谊。逐臣：贾谊
曾被贬长沙，故称逐臣。

③才调：才气。

④前席：把坐席向前挪动。据载，汉文帝听贾谊讲鬼神之事，
直到半夜；因听得入神，不觉将坐席移近贾谊。

⑤苍生：指百姓。

瑶瑟怨①

温庭筠

冰簟银床梦不成②，碧天如水夜云轻。

雁声远过潇湘去③，十二楼中月自明④。

注释：

①这是一首闺怨诗。瑶瑟：瑟的美称。

②冰簟（diàn）：凉席。银床：指月光照临的床。

③潇湘：水名，即潇水、湘江，在今湖南境内。此处用刘禹锡
《潇湘神》诗意："楚客欲听瑶瑟怨，潇湘深夜月明时。"

④十二楼：《史记·封禅书》中记方士曾说："黄帝时为五城十
二楼，以候神人于执期，命日迎年。"此处以十二楼喻指
闺楼。

郑 畋

郑畋（tián，825—883），字台文，荥阳（今属河南）人。会
昌二年（842）登进士第，历任秘书省校书郎、刑部员外郎、中
书舍人。僖宗时为兵部侍郎、中书侍郎、兼礼部尚书、集贤殿
大学士。郑畋文学优赡，尤擅制诰，亦有诗名，诗以《马嵬坡》
最为著名。有《玉堂集》五卷，《凤池稿草》、《续凤池稿草》各
三十卷，均佚。《全唐诗》存其诗十六首。

马嵬坡①

郑畋

玄宗回马杨妃死②，云雨难忘日月新③。

终是圣明天子事，景阳宫井又何人④。

注释：

①此诗咏玄宗与杨贵妃事，意在翻案。马嵬(wéi)：在今陕西兴平县。唐天宝十四载安禄山反，次年玄宗仓皇奔蜀，过马嵬驿，赐杨贵妃死，葬于此。

②回马：指叛乱平定后，唐玄宗从蜀地返回长安。

③云雨：宋玉《高唐赋》述楚王梦遇巫山神女，神女自称"旦为朝云，暮为行雨"。后用指帝王艳遇及男女欢会。日月新：指唐肃宗即位后，中兴唐室。

④景阳宫井：即景阳井，又称胭脂井，在今南京。陈后主闻隋兵攻入都城，偕宠妃张丽华、孔贵嫔逃匿于井内，终被俘获。

韩　偓

韩偓(wò，约842—约915)，字致尧(一作致光)，自号玉山樵人。京兆万年(今陕西西安)人。龙纪元年(889)进士，当过左拾遗、翰林学士、中书舍人、兵部侍郎等，受唐昭宗信任。后为朱全忠排挤而贬为濮州司马、邓州司马。晚年入闽投靠王审知。韩偓十岁能诗，其姨父李商隐曾赠诗，有"雏凤清于老凤声"之句。诗多伤时叹世之作，"忠愤之气，时时溢于语外。性情既挚，风骨自道"(《四库全书总目》)。又作艳诗，成《香奁集》，"词致婉丽"(薛季宣《香奁集叙》)，"丽而无骨"(《彦周诗话》引高秀实语)。有《韩翰林诗集》(或名《玉山樵人集》)行世，《全唐诗》编其诗四卷。

已　凉^①

韩偓

碧阑干外绣帘垂，猩色屏风画折技^②。
八尺龙须方锦褥^③，已凉天气未寒时。

注释：

①此题下原有诗二首，此为第一首。全诗以秋天室内陈设烘
　托闺客的秋思。
②猩色：如猩猩血的颜色，指红色。折技：画花卉的一种技
　法，画枝而不带根。
③龙须：此指龙须草织成之席。

金陵图^①

韦庄

江雨霏霏江草齐^②，六朝如梦鸟空啼^③。
无情最是台城柳^④，依旧烟笼十里堤。

注释：

①此题一作《台城》，原有诗二首，此为其二，乃作者吊古伤今
　之作。金陵：今江苏南京市。
②霏霏：雨细密的样子。
③六朝：指吴、东晋、宋、齐、梁、陈六朝。金陵为此六朝的
　都城。
④台城：为六朝建业城的旧址，在南京市鸡鸣山麓，玄武
　湖边。

陈 陶

陈陶（约 803—约 879），字嵩伯，长江以北人。初举进士不第。大和中南游江南、岭南。大中中隐居洪州西山，与蔡京、贯休往还，以读书、种兰、饮酒、赋诗为事。工诗，长于乐府。其事亦多与南唐另一陈陶相混，宋以后人常混二人为一人。有《陈嵩伯诗集》一卷行世，《全唐诗》编其诗二卷，其中都混有南唐陈陶及他人作品。

陇西行①

陈陶

誓扫匈奴不顾身，五千貂锦丧胡尘②。
可怜无定河边骨③，犹是春闺梦里人。

注释：

①题下原有诗四首，此为其二。写战争给百姓带来的痛苦和灾难。陇西行：古乐府《相和歌辞·瑟调曲》旧题。

②"誓扫"二句：用汉李陵故事。李陵为击败匈奴，率步卒不足五千人深入沙漠，为诱兵之计。但因救兵不至，死伤殆尽。貂锦，汉羽林军着貂裘锦衣。此处指将士。

③无定河：源出内蒙古鄂尔多斯，流经陕西，汇入黄河。

张 泌

张泌（生卒年不详），字子澄，淮南（今安徽寿县）人。在南唐李后主时，当过句容尉、监察御史、内史舍人等。擅诗词，其词收入《花间集》，其诗收入《才调集》。《全唐诗》编其诗一卷。

寄 人^①

张泌

别梦依依到谢家^②,小廊回合曲阑斜^③。
多情只有春庭月,犹为离人照落花。

注释:

①此题下原有诗二首,此为其一,写梦寄人,表现入骨相思。

②谢家:此指情人所居之处。唐人常以萧娘、谢娘称所爱
之人。

③回合:回环。

杂 诗^①

无名氏

近寒食雨草萋萋^②,著麦苗风柳映堤^③。
等是有家归未得,杜鹃休向耳边啼^④。

注释:

①此诗写有家未归者的愁思。

②寒食:清明节前两天为寒食节。

③著:吹拂。

④杜鹃:杜鹃鸟,又名子规,旧说其啼鸣婉,如叫"不如归去",
最能动思乡人之旅思。

乐府九首

　　七绝乐府,句式和字数与七言绝句类似,既有用乐府古题,亦有自创的乐府曲牌,还有当时的唐教坊曲调。内容则写闺怨,写边塞生活,或写唐时社会生活。

渭城曲①

王维

渭城朝雨浥轻尘②,客舍青青柳色新。
劝君更尽一杯酒,西出阳关无故人③。

注释:

①此诗以清景写别情,风味隽永。诗题一作《送元二使安西》。元二,其人不详。安西:指唐安西都护府,治所在今新疆库车。诗题又作《赠别》、《阳关》。此诗《乐府诗集》列入《近代曲辞》。王维作诗,后谱成曲,有《阳关三叠》之名。

②渭城:秦时名咸阳县,汉时改名渭城,治所在今陕西咸阳市东北。浥(yì):湿润。

③阳关:汉置边关,因在玉门关南,故称阳关,故址在今甘肃敦煌西南。

秋夜曲①

王维

桂魄初生秋露微②,轻罗已薄未更衣③。
银筝夜久殷勤弄④,心怯空房不忍归。

注释:

①此为乐府《杂曲歌辞》。题下原有二诗,此为其二,咏闺怨。有题此首为王涯作,第一首为张仲素作。今检《王右丞集》无此诗。其他唐诗选本均属王涯作。

②桂魄:指月亮。据《酉阳杂俎》载,月中桂树高五百丈,故常

将月与桂联系起来。

③轻罗：轻薄的丝织衣服。更衣：指换上厚暖的衣服。

④弄：弹奏。

长信怨①

王昌龄

奉帚平明金殿开②，暂将团扇共徘徊③。

玉颜不及寒鸦色，犹带昭阳日影来④。

注释：

①此题又作《长信秋词》，原有五首，此其三，写宫怨。长信怨：乐府《相和歌·楚调曲》。据《汉书》记载，班婕妤入宫后，深得汉成帝宠爱，但后因赵飞燕而失宠。婕妤害怕赵飞燕加害，请求到长信宫供养太后。

②奉帚：执帚洒扫。据《汉书·外戚传》载，班婕妤在长信宫作赋自伤，有"共洒扫于帷幄兮，永终死以为期"句。平明：天刚亮。金殿：指长信宫。

③团扇：相传班婕妤作《团扇诗》，有"弃捐箧笥中，恩情中道绝"句，以团扇比喻自己失宠被弃。

④"玉颜"二句：意谓寒鸦从昭阳宫飞来，还带着太阳的光彩，而自己失宠憔悴，比不上寒鸦的颜色。玉颜，指班婕妤之容颜。昭阳，昭阳宫，为赵飞燕之妹赵合德所居，亦受汉成帝宠爱。日影，指阳光，又暗喻皇帝的恩幸。

出　塞①

王昌龄

秦时明月汉时关②，万里长征人未还③。

但使龙城飞将在④，不教胡马度阴山⑤。

注释：

① 此题下原为二首，此为其一。此诗即景怀古，思慕古代名
　将，暗讽边将不得其人。出塞：乐府古题，属《横吹曲》。

② 秦时明月汉时关：此句为互文见意，是说，明月仍是秦汉时
　的明月，边关仍是秦汉时的边关。

③ 万里长征：指在万里之遥长久地戍边。

④ 龙城飞将：此处合用二典。龙城，《汉书·卫青传》载，汉车
　骑将军卫青出击匈奴至龙城，斩首数百。龙城为汉时匈奴
　祭天处，在今蒙古人民共和国境内。也泛指边关。飞将，
　《史记·李将军列传》载，汉名将李广为右北平太守时，勇
　猛善战，匈奴称其为"汉之飞将军"。此处泛指古代边塞立
　功的名将。

⑤ 胡马：此指北方少数民族。阴山：在今内蒙古中部。

清平调①三首

李白

其一

云想衣裳花想容②，春风拂槛露华浓③。

若非群玉山头见，会向瑶台月下逢④。

注释：

①清平调：此为乐府曲牌名，为李白所创。又作《清平调辞》。此首以花暗喻人，写杨贵妃如仙之美。

②云想衣裳花想容：云彩想变作她的衣裳，花朵想变作她的容颜，极喻杨贵妃之美。

③露华：带露之花。

④"若非"两句：赞美杨贵妃的美貌，只有在天上仙界中才会见到。群玉山，据《山海经》说，群玉之山为西王母所居之处。会，终应。瑶台，据《拾遗记》说，昆仑山有瑶台，为西王母之宫。

其二①

一枝红艳露凝香，云雨巫山枉断肠②。

借问汉宫谁得似③，可怜飞燕倚新妆④。

注释：

①此首以巫山、神女和汉宫飞燕衬托杨贵妃之美。

②"一支"二句：意谓楚王神女巫山云雨的传说终是虚幻，真比不上杨贵妃受唐玄宗的宠爱，如牡丹花承雨露滋润，让人羡慕。云雨巫山，见本书第251页杜甫《咏怀古迹》其二注释④。

③借问：请问。

④可怜：可爱。飞燕：指赵飞燕。她初为宫女，因貌美，能歌善舞，为汉成帝所宠爱，后立为皇后。倚：依靠。

其三①

名花倾国两相欢②,常得君王带笑看。

解释春风无限恨③,沉香亭北倚栏杆④。

注释:

①此首写沉香亭唐玄宗与杨贵妃赏花情景。

②名花:指牡丹花。唐朝贵族特别看重牡丹。白居易《买花》:"一丛深色花,十户中人赋。"倾国:指杨贵妃。《汉书·外戚传》引《李延年歌》:"北方有佳人,绝世而独立。一顾倾人城,再顾倾人国。"

③解释春风无限恨:君王所爱的名花和美人,能释解心中所有的愁闷怅恨,使之心情舒畅。解释,消释。

④沉香亭:在唐兴庆宫图龙池东。

出　塞①

王之涣

黄河远上白云间②,一片孤城万仞山③。

羌笛何须怨杨柳④,春风不度玉门关⑤。

注释:

①题又作《凉州词》。此为写戍边将士思乡之情的边塞诗。

②黄河远上:又有作"黄沙直上"。

③万仞:形容极高。仞,古代八尺为一仞。

④羌笛:据说笛子出于西羌,故称羌笛。杨柳:笛子古曲中有《折杨柳枝》,词曰:"上马不捉鞭,反拗杨柳枝。下马吹横

笛,愁杀行客儿。"由于古人有临别折柳送行的习俗,故《折
杨柳枝》曲也成为怀乡怨别的曲调。

⑤玉门关:故址在今甘肃敦煌西,为古时通西域要道。

杜秋娘

杜秋娘,唐时金陵(今江苏南京市)人,原为节度使李锜
妾,善唱《金缕衣》。后入宫,为唐宪宗所宠。穆宗立,为皇子
保姆。皇子被废,杜秋娘回故乡,穷老无依。

金缕衣①

杜秋娘

劝君莫惜金缕衣,劝君惜取少年时。
花开堪折直须折②,莫待无花空折枝。

注释:

①题又作《劝少年》。此诗主旨颇有歧解,或解为劝人惜取光
　阴,或解为及时行乐,或解为妓家以花柳自比。此诗词气
　明爽,令人百读不厌。金缕衣:唐教坊曲调名,《乐府诗集》
　编入《近代曲辞》。

②直须:就须。

图书在版编目(CIP)数据

唐诗三百首/顾青编注.—北京:中华书局,2009.7
(2015.1重印)
　(中华经典藏书)
　ISBN 978 - 7 - 101 - 06823 - 8

　Ⅰ.唐…　Ⅱ.顾…　Ⅲ.①唐诗 - 选集②唐诗 - 注释
Ⅳ.I222.742

　中国版本图书馆 CIP 数据核字(2009)第 098717 号

书　　　名　唐诗三百首
编 注 者　顾　青
丛 书 名　中华经典藏书
责 任 编 辑　宋凤娣
出版发行　中华书局
　　　　　　(北京市丰台区太平桥西里 38 号　100073)
　　　　　　http://www.zhbc.com.cn
　　　　　　E-mail:zhbc@zhbc.com.cn
印　　　刷　北京市白帆印务有限公司
版　　　次　2009 年 7 月北京第 1 版
　　　　　　2015 年 1 月北京第 18 次印刷
规　　　格　开本/880×1230 毫米　1/32
　　　　　　印张 11⅞　插页 2　字数 160 千字
印　　　数　176001 - 196000 册
国 际 书 号　ISBN 978 - 7 - 101 - 06823 - 8
定　　　价　19.00 元